SAUMONS, CASTORS ET LOUTRES

JACQUES-YVES COUSTEAU
ET
YVES PACCALET

SAUMONS, CASTORS
ET LOUTRES

FLAMMARION

à la mémoire de Leslie Simonar.

© *Flammarion, 1978*
Printed in France
ISBN 2-08-200440-6

TABLE DES MATIÈRES

première partie

LA TRAGÉDIE
DES SAUMONS ROUGES

Tout près de l'île Kodiak, à quelques milles au sud de la péninsule d'Alaska.

1

l'ensemencement d'un lac

LE SAUMON DE CRO-MAGNON — JOURNAL COLLECTIF
RECONNAISSANCES — ESSAIS DE REPEUPLEMENT
COMPTAGES — L'ANCIENNE CONSERVERIE
LES DEUX LACS

Un lac aux eaux pures. Des montagnes sauvages et enneigées. Un décor vierge de l'Arctique, au cœur de la grande île Kodiak, à quelques milles au sud de la péninsule d'Alaska.

Ce lac s'appelle *Fraser*. Presque à l'embouchure d'un ruisseau qui s'y jette, trois hommes accomplissent un cérémonial étrange. Ils bêchent le lit du cours d'eau, en écartent les grosses pierres, et installent un cercle de fer à même le gravier du fond. Ils ont, à côté d'eux, un seau rempli d'œufs de saumon. Avec beaucoup de précautions, ils égrènent le frai* délicat dans le rond de métal. Puis ils retirent cet accessoire, recouvrent légèrement leur excavation avec du sable, et s'éloignent. Quel est ce mystère ?

L'homme vient de changer le cours de la nature. Mais, pour une fois, il l'a modifié dans le sens de la fertilisation, non pas de l'appauvrissement. En ce lieu, dans ce lac qui n'avait jamais connu le saumon depuis que le monde est monde, des milliers de poissons vont naître et descendre vers la mer.

Cinq ans plus tard. Le même lac. Le même ruisseau. Je suis allongé à plat ventre sur la berge, en compagnie des plongeurs de la *Calypso*. Le lit du cours d'eau se trouve presque à sec. Un saumon hésite à son embouchure. Il se décide enfin, et s'engage, le corps à moitié découvert dans le mince filet liquide. Il remonte le courant à grands coups de queue convulsifs, et passe juste devant nous. On le sent à bout de forces. Mais qu'importe...

La boucle est bouclée. L'œuf semé cinq ans auparavant s'est transformé en un superbe adulte de plus de 0,80 m de longueur, et de près de 6 kg de poids. Le rêve s'est concrétisé. Mais à quel prix...

Ce qui s'est passé pendant ces cinq années, je veux le savoir. Voilà la raison pour laquelle je me suis mis en embuscade près de ce torrent du bout du monde.

Les saumons nés ici, dans ce ruisseau tributaire du lac Fraser, ont grandi pendant douze mois. Ensuite, poussés par une force irrésistible, et totalement transformés du point de vue physique et physiologique, ils sont descendus vers l'océan. Ils ont vécu quatre ans en pleine mer l'existence aventureuse des prédateurs* du large.

Aujourd'hui, ces animaux magnifiques achèvent leur *retour aux sources*. Ils reviennent dans leur ruisseau natal pour y donner la vie — et pour y mourir. Terrible odyssée, à travers les pièges que tendent les éléments, les animaux et les hommes...

Et tragédie de toute façon, car à la brève extase de la reproduction succèdent inéluctablement le vieillissement rapide et l'agonie — le cimetière des saumons.

Le saumon de Cro-Magnon

J'ai lancé cette mission « Saumons » un peu par opportunisme, je dois le reconnaître. Nous nous trouvions, avec la *Calypso,* aux abords de l'île Kodiak au moment précis de l'arrivée du flux migratoire des saumons rouges. On m'en avait décrit le spectacle. Je brûlais de voir, de mes propres yeux, ces centaines et ces centaines de corps fuselés se presser à l'embouchure des fleuves, puis entreprendre de les remonter avec un acharnement que rien ne peut combattre. Je voulais contempler ces poissons puissants dans les rapides. J'avais envie de les regarder bondir par-dessus les cascades.

Mais d'autres raisons se sont ajoutées à celle-ci.

Le saumon a toujours intéressé les hommes, et on n'échappe pas à sa nature. J'ai été stupéfait d'apprendre que la première représentation artistique de cet animal date... de l'âge des cavernes! Il s'agit d'un bas-relief de près de 1 m de longueur, que l'on peut admirer dans la grotte dite (précisément) « du Poisson », à 2 km des Eyzies, en Dordogne. D'autres images primitives en ont été tracées, notamment dans la caverne de Niaux, près de Tarascon-sur-Ariège, dans les Pyrénées. Cet intérêt (culinaire et esthétique) pour le saumon s'est poursuivi tout au long de l'histoire en Europe, et il a son équivalent dans de nombreuses civilisations de l'hémisphère boréal, en particulier chez les Indiens du Canada et des États-Unis. Mais le *saumon de Cro-Magnon* ne pouvait pas ne pas me passionner!

Au reste, pour ce qui concerne le temps présent, je vois dans l'animal un double symbole : celui de l'absurdité de notre mode d'alimentation, et celui de la folie de nos pollutions.

Comme *aliment* des hommes, le saumon a connu une étrange destinée. Aujourd'hui poisson de luxe, il était jadis tenu pour commun. On en nourrissait les serfs de France et d'Angleterre. Les geôliers le réservaient à leurs prisonniers. En Bretagne, l'une des clauses du maigre contrat des ouvriers agricoles stipulait qu'il ne leur serait pas servi de saumon plus de trois fois par semaine... L'homme, et l'homme seul, a provoqué la raréfaction de l'espèce. Or, en nos temps de crise alimentaire internationale, tandis que de tous côtés l'on parle de la mise en valeur des ressources de la mer, le saumon devrait être spécialement étudié et protégé. C'est, en effet, l'un des meilleurs transformateurs de la richesse océanique. Né en rivière, il descend vers l'eau salée alors qu'il ne mesure que quelques centimètres et ne pèse que quelques grammes. Il en revient rose et énorme... Il va, en d'autres termes, puiser dans les profondeurs océaniques des nutriments* qui nous sont inaccessibles — et il nous les rapporte!

Du côté de la *pollution,* le symbole me paraît tout aussi clair. Alors qu'il recherche, pour se reproduire, les eaux les plus pures, le saumon se trouve exposé, pendant son voyage, aux pires dangers de notre civilisation de nuisances. Pollution de la mer, empoisonnement des estuaires et des fleuves, marées noires, rejets d'égouts, effluents d'usines, déchets radioactifs, résidus de pesticides et d'engrais, mais aussi détournement des eaux au profit de l'homme seul (barrages, conduites forcées...) : le saumon subit tout. Face à la dégradation rapide du milieu aquatique, il devient l'image de la complexité et de la fragilité de la vie.

Mais, par-dessus tout cela, le saumon pose d'extraordinaires *problèmes scientifiques.* C'est une énigme de la nature. La façon dont sa migration (dite *catadrome* ou *thalassotoque,* c'est-à-dire « vers le bas » ou « en direction de la mer ») se déclenche et s'effectue; la faculté qu'il a de passer de l'eau douce à l'eau salée; le lieu où il séjourne en s'engraissant au large pendant plusieurs années; les mécanismes qui déterminent sa remontée vers les têtes de bassins hydrographiques (migration *anadrome* ou *potamotoque,* ce qui signifie « vers le haut » ou « en direction des fleuves »); la manière dont il s'oriente, en d'autres termes le fonctionnement des organes des sens qui lui permettent de revenir exactement au ruisseau de sa naissance; le courage et la détermination

Majesté des côtes sauvages de l'Arctique.

qu'il met à franchir les obstacles pour se rapprocher du but ; les modifications physiques et physiologiques considérables qu'il subit à chaque étape de son odyssée ; enfin le processus de vieillissement accéléré qui suit l'acte reproducteur : autant de mystères à résoudre, autant de questions scientifiques passionnantes auxquelles il faut répondre. Beaucoup de chercheurs se sont déjà attelés à cette tâche. Je veux simplement apporter ma pierre à l'édifice commun de la connaissance.

Journal collectif

Pendant toute la durée de cette expédition « Saumons » dans l'île Kodiak, notamment vers le lac Fraser et les ruisseaux qui s'y jettent, les hommes de la *Calypso* ont tenu un *journal collectif*.

Ces hommes s'appelaient Dominique Arrieu, Bernard Delemotte, Albert Falco, Patrice Innocenti, Yves Omer et Jacques Renoir.

Chaque soir, l'un d'entre eux notait ses impressions sur le cahier commun réservé à cet effet. Quelquefois, une même date était honorée par deux plumes différentes — en particulier les jours de grande aventure...

La *Calypso* jette l'ancre au pied des falaises de Kodiak.

C'est cette œuvre à plusieurs voix, cette mosaïque d'expériences vécues, que je veux maintenant transcrire ici, dans sa variété et son unité en même temps.

30 juin (Bernard Delemotte)

« Avec le zodiac et deux chalands chargés à ras bord, nous quittons la *Calypso* dans Mooser Bay, vers 13 h 50. Pas de problème pour le zodiac, très à l'aise dans ces eaux dures. En revanche, les chalands peinent à 5 nœuds tout juste : heureusement que la marée montante nous aide à franchir le goulet.

« Après avoir plusieurs fois raclé le fond de la baie en cherchant le chenal, nous accostons à environ 100 m de l'estuaire, sur la rive gauche du Salmon Creek (ruisseau du Saumon).

« L'endroit nous paraît favorable au campement, quoique infesté de moustiques. Nous décidons, pour les premiers jours de cette mission, d'élire domicile dans une cabane de pêcheurs que nous découvrons à un mille de notre point de débarquement. Il nous faut reconnaître la contrée et ses habitants — en particulier les *ours,* auxquels nous aurions tort de trop nous fier, en dépit de quelques avis optimistes sur leur caractère.

« A 17 heures, le matériel est déchargé sur le rivage, et les deux chalands reprennent le chemin de la *Calypso*. Nous nettoyons la cabane, ce qui n'est pas une mince affaire. Nous montons la tente afin d'y emmagasiner nos divers instruments de travail. La petite tente-igloo supplémentaire nous servira d'abri de jour, en cas de mauvais temps, sur les lieux de tournage mêmes.

« A 19 heures, nous essayons d'établir notre première liaison radio avec la *Calypso*. Guy Jouas répond depuis le bateau, mais il nous faut bien dix minutes de manipulations diverses pour obtenir un son clair et net.

« Notre chef cuistot-chef mécanicien Patrice Innocenti nous offre le pastis du bon accueil : si l'on en juge par la limpidité de ses apéritifs, il fera durer longtemps la réserve... Au menu : pâtes et *corned-beef,* sans compter une excellente sardine à l'huile. Nous félicitons chaudement notre chef pour cette dernière, qui est délicieuse.

« 23 h 20 : Yves Omer et Bébert Falco dorment. Dominique Arrieu et Patrice Innocenti fument une dernière cigarette. Jacques Renoir écrit toujours, visiblement aux prises avec de redoutables problèmes de programme. Pour ma part, je referme la première page de ce livre de bord, je m'enduis généreusement de crème anti-moustiques, et je m'allonge. »

Reconnaissances

1er juillet (Bernard Delemotte)

« Lever à 6 h 30, après une nuit plutôt agitée pour tout le monde : les moustiques nous ont dévorés. Toilette rapide et petit déjeuner succinct : deux tranches de pain-margarine, et café soluble.

« 7 heures : toutes nos tentatives de prises de contact radio avec la *Calypso* restent vaines. Je décide de « faire un saut » jusqu'au bateau : 7 milles et demi à parcourir — une bagatelle, d'autant que la mer est calme... Mais lorsque j'arrive dans le goulet, je me retrouve en plein milieu d'un courant de 7 à 8 nœuds. Le zodiac danse comme un bouchon sur les vagues, balloté de tourbillon en tourbillon, l'hélice hurlante lorsqu'elle sort de l'eau. Impressionnant! Moins d'une demi-heure plus tard, je grimpe tout de même à bord.

« Chacun est à son poste — et les deux chalands prêts à reprendre la mer. L'un emportera le reste de notre matériel. L'autre est affrété pour une expédition « Crabe royal » dans Olga Bay. Si la *Calypso* n'a pas répondu à notre appel radio de 7 heures, c'est qu'elle n'était pas à l'écoute — un autre message à passer d'urgence... Cela me rassure quant à la qualité de notre appareillage. D'ailleurs, Jean, le radio du bord, m'accompagnera jusqu'au camp, afin de déterminer quelle fréquence nous devrons utiliser dorénavant pour obtenir de bonnes communications.

Les hommes de l'*Alaska Department of Fish and Game* et ceux de la *Calypso* collaborent étroitement.

    « Je suis de retour à la cabane à 10 heures. Jacques et Yves sont partis en hydravion pour le lac Akalura : ils sont assez grands pour raconter leur journée eux-mêmes.

    « Avec Falco, nous nous préparons à remonter en zodiac le Salmon Creek — combinaisons de plongée et fusil à la main : sait-on jamais, avec les ours; ils ne sont pas obligés de deviner que nos intentions sont pacifiques...

    « Nous reconnaissons le petit fleuve au moteur sur 200 m environ. Puis il nous faut sauter du zodiac, et le tirer à la force des bras. Le courant est extrêmement puissant. Nous éprouvons les pires difficultés à progresser, bien que nous n'ayons de l'eau que jusqu'aux genoux. Les pierres glissantes du lit

ne nous aident guère à conserver notre équilibre... De temps à autre, nous parvenons à reprendre place dans notre embarcation, et nous avançons de 50 m entre les remous, en slalomant parmi les rochers, le moteur relevé au maximum.

« Après moins de 1 km de cet épuisant gymkhana, nous sommes tout de même obligés d'abandonner le zodiac. Sac au dos, nous continuons notre exploration à pied, le long de la rivière, de l'herbe jusqu'au ventre dans le chemin des ours. Nous suons toute l'eau de notre corps dans notre combinaison de plongée : aussi, de temps en temps, nous roulons-nous avec délices dans le courant glacial du torrent.

« Soudain, les traces d'un grand animal... La façon dont l'herbe est foulée ainsi qu'un tas d'excréments nous font penser qu'il s'agit d'un ours, et qu'il nous précède de peu sur le chemin du bord de l'eau. 100 m plus loin, nous avons la confirmation vivante de ces soupçons : un plantigrade* de belle taille s'enfonce dans le sous-bois.

« D'un côté, nous sommes heureux — et un peu excités — de l'avoir rencontré. De l'autre, nous serrons tout de même instinctivement le lit de la rivière en poursuivant notre route.

« Nous passons trois îles, lorsqu'un superbe rapace* nous survole — envergure impressionnante, extrémité des ailes blanche, piaillement un peu ridicule pour sa taille : aucun doute, c'est un *aigle chauve*. Nous parvenons à localiser son aire dans un arbre.

« Nous ne continuerons pas plus loin aujourd'hui... Lorsque nous rentrons au camp de base, nous n'avons pas aperçu la queue d'un saumon. Mais à l'embouchure du Salmon Creek, nous repérons des quantité d'*halibuts* (sortes de flétans), qui attendent apparemment le frai entraîné par le courant — nourriture dont ils se régalent chaque année à la même époque.

« 20 h 30 : dernière vacation radio avec la *Calypso,* qui quitte Mooser Bay à 22 heures. Nous essayerons d'entrer en contact avec elle tous les jours, à 7 h 30 et à 19 h 30. Compte tenu de ce que nous savons déjà de Salmon Creek, et de ce que Renoir et Omer ont appris de leur côté au lac Akalura, nous avons besoin des ordres du Pacha (1). »

(1) Ici, on s'en doute, le Pacha c'est moi ! (J.-Y. C.)

Une partie paisible du cours de Salmon Creek.

Essais de repeuplement

1er juillet (version Jacques Renoir)

« Au campement, tandis que Delemotte a rejoint la *Calypso,* ce matin-là, Yves Omer et moi-même attendons l'hydravion, que nous avons demandé à une société locale de « taxis aériens ».

« Nous décollons à 11 h 30, après avoir ôté la porte de l'engin pour quelques prises de vue aériennes — notamment de la *Calypso* engagée dans les Olga Narrows (détroits d'Olga).

« Le lac Akalura, dans lequel l'*Alaska Department of Fish and Game* s'apprête à mener une opération « Repeuplement » (que nous voulons précisément filmer), ne se trouve pas dans la même situation que le lac Fraser cinq ans plus tôt. Des saumons y remontent encore. Ils y étaient jadis très abondants, et, jusqu'en 1932, ils avaient même permis l'existence d'une conserverie *(cannery)* locale. Seule, la pêche excessive les avait fait disparaître progressivement. Les hommes avaient fini, dans leur rapacité, par tendre un filet en travers du cours d'eau qui unit le lac à la mer — et bien peu de poissons avaient échappé au massacre.

« Les saumons de repeuplement du lac Akalura proviennent d'un lac voisin, baptisé *Red.* C'est sur ces eaux que nous amerrissons, tout contre l'hydravion frété par les spécialistes de l'*Alaska Department of Fish and Game.*

« Les opérations se déroulent de la façon suivante. A l'entrée du lac, un barrage de bois arrête les saumons dans leur remontée, et les canalise, grâce à un corridor de grillage, vers un enclos d'environ 5 m sur 10 m. Ils sont bien 600 dans ce piège, au moment de notre arrivée, qui tentent de fuir en effectuant des bonds de plus de 1 m au-dessus de l'eau... De là, les animaux, pêchés à l'épuisette, sont déposés sur un toboggan qui les envoie dans l'un des deux réservoirs de l'hydravion du *Fish and Game.* Ces conteneurs, fixés sur les flotteurs de l'appareil, ont une capacité de 25 gallons (112 litres), et peuvent accueillir 25 saumons chacun. L'hydravion décolle, rallie le lac Akalura, et s'y pose. Le pilote, en actionnant une manette de l'intérieur de sa cabine, fait basculer les réservoirs, et libère les poissons.

« Jusqu'à 16 heures, nous filmons ces scènes. Tantôt j'impressionne la pellicule avec les péripéties du chargement des animaux dans les réservoirs *ad hoc,* tantôt Omer plonge avec sa caméra sous-marine dans l'enclos grouillant où les saumons ne cessent d'affluer : il fera là, au milieu de cette agitation prodigieuse, quelques images dignes d'intérêt — bien que le ciel plombé ne nous dispense que peu de lumière, et que nous n'ayons pas apporté d'éclairage.

« Grâce à l'amabilité des techniciens du *Fish and Game,* qui nous prêtent

Les saumons arrivent par dizaines dans les ruisseaux de Kodiak.

une embarcation légère, nous pouvons même filmer la libération des saumons dans leur nouveau domaine : le lac d'Akalura.

« C'est à contrecœur que nous renonçons à tourner, lorsque la lumière devient vraiment trop faible sous la surface. Nous décollons en direction de la *Calypso,* près de laquelle nous venons amerrir. Avant que la journée ne s'achève, il nous faut encore réaliser des vues aériennes du bateau (en compagnie de Bassaget), et essayer de « livrer » l'hydravion à Deloire et Ron « Church », qui en ont besoin de leur côté pour leur travail dans Olga Bay. Ils l'auront avant la nuit... Quant à nous, nous sommes de retour au camp de base à 19 h 30. »

Comptages

2 juillet (Jacques Renoir)

« Lever à 7 heures. Biscottes traditionnelles. Nous partons en zodiac, Delemotte et moi, pour l'embouchure de l'Akalura River, à proximité de laquelle s'élèvent les ruines de l'ancienne conserverie. Nous y sommes à

9 h 30. Le but de cette expédition, ce sont les *stations de comptage* des saumons que le *Fish and Game* a installées dans ce petit bassin hydrographique — l'une *(Akalura Station)* à proximité du lac du même nom, l'autre (*Upper Station,* « Station Haute ») sur un ruisseau qui s'y jette.

« Une sorte de brouillard lumineux monte sur les rives de l'estuaire. Le ciel se découvre progressivement en commençant par l'est. L'ancienne conserverie, aux bâtiments rouge vif, se détache merveilleusement sur l'horizon des montagnes enneigées.

« Près des ruines de l'édifice, nous rencontrons James Ross, l'un des « techniciens du saumon » du *Fish and Game*. Il nous indique que nous devons chercher la cabine de comptage n° 1 plus haut sur la rivière, dans un lieu où le cours d'eau devient étroit et bordé d'herbes géantes. Il ajoute que nous n'éprouverons aucune difficulté à nous y rendre en zodiac.

« A peine avons-nous atteint notre but, que Roger Norris, le deuxième homme de l'équipe locale, se précipite à notre rencontre, tout heureux de rompre ainsi la monotonie d'une journée de travail. Il nous conduit au barrage où le comptage proprement dit s'effectue. Et il nous apprend que, depuis la surexploitation des premières années du xxe siècle, au maximum 50 saumons remontent chaque jour l'Akalura River au plus fort de la migration...

« Le comptage est en même temps un marquage : on veut savoir ce que deviennent les animaux qui passent. On les capture donc au filet. On leur accroche deux disques numérotés de part et d'autre de la nageoire dorsale. On les mesure. On les pèse. Et on leur prélève quelques écailles afin de déterminer leur âge. »

Remarque (J.-Y. C.)

L'*écaille* du poisson est constituée par la juxtaposition de minces bandes concentriques : les bandes les plus proches du centre sont les plus anciennes, les premières formées; les plus externes sont les plus récentes, les dernières nées.

Ces bandes sont visibles grâce aux fins intervalles qui les séparent, et qui correspondent à des arrêts momentanés de la production de substance par les organes excréteurs spécialisés : ainsi peut-on parler de véritables *lignes de croissance*.

Au centre de chaque écaille, on remarque une zone de lignes de croissance très serrées, qui correspond à la première phase de la vie de l'individu — alevinage et période juvénile en eau douce. (Le saumon rouge ne passe qu'un an dans son ruisseau natal avant de descendre vers la mer, mais le saumon de l'Atlantique y demeure le double de ce temps.)

Sur la périphérie de l'écaille, s'inscrivent les lignes de croissance de la phase océanique de l'animal. On y distingue des bandes larges, qui témoignent de la prise de poids rapide du poisson à la belle saison, et des bandes étroites, qui correspondent au ralentissement de sa croissance en hiver. Il suffit de savoir compter pour en déduire l'âge du propriétaire.

Le saumon de l'Atlantique parvient quelquefois à retourner à la mer après être venu se reproduire en rivière (mais c'est moins fréquent qu'on ne le croyait naguère). Dans ce cas, on observe, sur chacune de ses écailles, une « marque de ponte », c'est-à-dire une zone d'interruption de sa croissance entre deux séjours nourriciers dans l'océan. Cela n'arrive jamais chez le saumon rouge du Pacifique.

2 juillet (JacquesRenoir, suite)

« La matinée passe rapidement. Nous quittons la cabine de comptage n° 1 pour essayer d'atteindre *Upper Station*. Le brouillard se lève : nous manquons l'embouchure de la rivière qui doit nous y conduire. Nous errons un bon moment avant de parvenir au but — mais heureusement, les fonds sont partout suffisants pour nous permettre d'avancer au moteur.

« Deux étudiants, Tom Emerson et Spencer Schaeffer, tiennent la station n° 2 pour le compte du *Fish and Game*. Eux aussi semblent ravis de nous voir — d'autant qu'ils n'ont pas été épargnés par le sort. Peu de temps auparavant, une crue de la rivière a totalement détruit leur barrage, et ils ont dû en reconstruire un autre. La cabine de comptage elle-même, où ils ont établi leurs quartiers, menace ruine, et ils sont en train de s'en bâtir une nouvelle...

« A part ça, ils ont le moral! Ils l'auraient davantage s'ils voyaient passer plus de saumons. Leur ruisseau, depuis la surexploitation à laquelle j'ai déjà fait allusion, est devenu d'une pauvreté biologique consternante.

« Nous les quittons, dans un paysage sublime, après qu'ils nous ont donné de l'essence (faute de quoi nous serions tombés en panne sèche). Retour au camp de base vers 14 h 30.

« Pendant notre absence, Yves Omer s'est amusé à filmer les amours de deux gros crabes... Nous déjeunons tous ensemble et, sur les conseils éclairés (comme il se doit) de Bébert Falco, nous allons tirer le portrait des *halibuts* à l'entrée du Salmon Creek.

« Le temps est au beau. Les montagnes enneigées composent d'admirables cartes postales! Dans les herbes aquatiques, non loin du bord de la rivière, une mère cane promène ses quatre canetons — petites boules de duvet encore incapables de voler, mais qui pédalent à toute vitesse dans l'eau dès que nous montrons le bout du nez.

« A 19 h 30, au camp, tentative de communication radio avec la *Calypso*. Nous l'entendons, elle ne nous reçoit pas : mauvaise volonté évidente! Puisque c'est comme ça, nous allons nous amuser un peu : je tourne une séquence

entièrement « bidon », où Bébert et Bernard sont censés être « au rapport ». Ils parlent en son « synchro », et laissent des silences que ceux du bateau devront nous remplir en « *off* », pour punition, à la première occasion...

« Après le dîner, Bernard et moi nous rendons encore de l'autre côté de la baie, afin d'essayer de convaincre un pêcheur de saumons nommé Dave de ne pas relever ses filets avant le lendemain matin : nous aimerions le filmer dans cette tâche. Il finit par accepter, mais de mauvaise grâce, car il craint que les phoques, les crabes ou la marée ne le privent, pendant la nuit, du fruit de son « travail » (hum...).

« Il est minuit et demi lorsque je referme ce journal. Bruits de bidons à l'extérieur. D'après Patrice, c'est un ours. »

3 juillet (Albert Falco)

« Branle-bas de combat à 6 heures. Temps splendide. Mer calme. Lorsque nous nous taisons nous-mêmes, le silence est extraordinaire : on n'entend plus que l'écho des torrents au loin, dans la montagne.

« Café à 6 h 30, et éparpillement général. Delemotte, Renoir, Omer et Arrieu partent filmer les pêcheurs de la baie. Je reste au camp avec Patrice — lui pour préparer le repas de midi, moi pour la liaison radio. De son côté, il

Les ruines monumentales de l'ancienne conserverie.

◄ La station de comptage et les barrages à saumons d'Akalura River.

Déjeuner rapide au camp de base : les moustiques sont de la partie.

puise dans le réservoir naturel : je veux dire qu'il attrape un superbe saumon à la cuiller, et que, du même coup, il a résolu le problème du déjeuner.

« Quant à moi, je me débats avec mes ondes. Le contact est bon en provenance de la *Calypso,* mauvais dans l'autre sens (quoique légèrement meilleur qu'hier au soir). Mais après tout, le bateau se trouve maintenant dans le port de Kodiak, soit à 180 km de nous...

« 9 h 15 : retour des cinéastes, et double déception. Premièrement, il y avait bien peu de saumons dans les filets des pêcheurs. Deuxièmement, Jacques Renoir a des problèmes de cellules. Non, non, il n'est pas malade ! Par contre, les petits appareils dont il se sert pour mesurer la lumière ne vont pas bien du tout...

« Il nous faut mettre au courant la *Calypso* de toute urgence. Et, comme ils n'entendent pas grand-chose venant de notre émetteur, nous n'avons pas d'autre solution que d'envoyer notre message depuis la station-radio de Mooser Bay. Jacques et moi faisons le voyage en zodiac. 26 minutes aller. 36 minutes retour. Nous arrivons juste pour faire honneur à l'excellent déjeuner de Patrice : saumon mayonnaise et pâtes aux morilles !

« L'après-midi : cinéma. Quelques excellentes séquences, malgré des difficultés de tournage dues à un fort vent de sud-ouest : le zodiac dans Salmon Creek ; les rapides ; les plongeurs sur les sentiers à ours ; Yves Omer à l'eau dans les remous ; les *halibuts* de l'embouchure du fleuve ; et surtout une vingtaine de petits saumons qui remontent le courant. »

L'ancienne conserverie

4 juillet (Yves Omer)

« La belle journée que celle-là — qui est aussi la fête nationale américaine...

« Lorsque nous nous tirons de nos duvets douillets, c'est pour contempler une mer sans ride, et ressentir la caresse d'une douce brise. Nous voilà rassurés : hier au soir, le vent avait son allure de tempête, et nous ne présagions rien de bon pour ce jour-ci.

« Notre plan de travail ? La vieille conserverie, et à nouveau la station de comptage du lac Akalura. Tout étant aplani — mer, craintes et difficultés d'organisation —, nous entassons tant bien que mal notre matériel dans le zodiac, des caméras aux ceintures de plomb, en passant par un groupe électrogène et un repas de douanier en service, sur lequel doivent vivre quatre gros mangeurs. Bébert, Dominique, Jacques et moi-même grimpons en sus dans ce frêle esquif, qui n'a pas intérêt à manquer d'air...

« Un quart d'heure de route nous suffit à avoir assez froid pour saluer d'un « Ah! » de contentement le soleil qui passe les montagnes. Ici et là, des canards décollent dans la lumière encore indécise. Ou bien nous voyons émerger discrètement la tête de quelques phoques des ports *(harbor seals)*. Par contre, la rive est un désert de cailloux noirs, où nous essayons en vain de distinguer la silhouette d'un ours.

« Une pointe de terre, puis une autre, puis un resserrement, puis une large ouverture : et la vieille *cannery* se dévoile aux regards. Elle s'aperçoit de loin, toute rouge, dans le vert et le blanc du paysage. Les appareils de photo crépitent. Les bâtiments délabrés grossissent, puis défilent devant nous, tandis que nous raclons un peu le fond en effrayant les soles et les *halibuts* qui gardent l'entrée de la rivière Akalura. Quant aux saumons, ils ont apparemment oublié notre rendez-vous. Bébert Falco, hilare, nous avait pourtant prédit qu'ils seraient si nombreux que nous devrions les écarter de force devant nous, pour ouvrir un chenal au zodiac...

« Les deux occupants de la station de comptage n° 1 se réveillent au bruit de notre moteur, et sortent nous accueillir encore à moitié endormis. Il est 8 heures. Avant qu'ils n'aient vraiment réalisé, nous avons déchargé l'ensemble de notre matériel, et tourné une séquence!

« La majeure partie de la matinée doit être consacrée à filmer les opérations de comptage et de marquage des saumons : capture des animaux au barrage; passage dans un enclos pompeusement nommé « salle d'attente »; anesthésie légère; relevé des dimensions et du poids; détermination du sexe (par la rondeur du flanc, la forme de l'anus et l'aspect de la tête); évaluation de l'âge (grâce aux écailles); baguage (marques rondes fixées à la dorsale, et portant mention du jour, du mois et de l'année); enfin, libération des poissons près de la rive, où le courant n'est pas trop fort, afin de leur laisser le temps de reprendre leurs esprits après ce traumatisme...

« Le seul ennui, c'est qu'au barrage, *pas un saumon* n'attend l'ouverture de la trappe pour se précipiter dans le piège des hommes. L'équipe de cinéma est au complet, la star se fait désirer... Nous avons l'habitude. Nous comblons le trou premièrement par un solide *breakfast,* et deuxièmement par une visite de la conserverie abandonnée. Un chemin de planches branlantes nous mène jusqu'au cœur de ces locaux désertés depuis 1932 pour cause d'abus de saumons... Ce ne sont que ruines de bois, baraques effondrées et quais bizarrement inclinés sur l'eau. L'herbe folle envahit tout. Ici et là, d'antiques chaudières et des étuves cabossées attestent du genre de travail qui se menait à l'usine, tandis que des ancres rouillées témoignent d'une belle activité portuaire passée.

« Ces ruines, curieusement, ont encore un occupant humain : un vieux guide de chasseurs d'ours, qui dispose d'une radio. Nous lions connaissance, et il nous raconte quelques anecdotes du temps jadis. Ainsi apprenons-nous

Pour les hommes de la *Calypso,* tout n'est pas toujours simple...

Superbe raté, dans une cage à saumons de la station de comptage d'Akalura River.

A la belle saison dans l'Arctique, les moustiques sont extraordinairement agressifs.

que, pourvu que l'on procède selon les règles, 19 jours et nuits suffisent pour fumer le saumon. Cependant, lorsque Bébert l'interroge sur le meilleur endroit qu'il faut viser pour tuer net un ours qui charge, il se contente de hocher la tête, et de conclure qu'il vaudrait mieux que nous n'ayons jamais à tirer...

« Lorsque vient midi, les nuages qui commençaient à accourir à l'horizon s'épaississent et se transforment en sombres nuées de pluie. Il sera dit qu'aujourd'hui n'est pas un jour faste. Nous rangeons notre matériel sous la bruine. Et, comme un malheur n'arrive jamais seul, nous nous apercevons que le zodiac commence à se dégonfler, et que nous n'avons pas de pompe. Nous rallions à grand peine la station de comptage de nos amis James Ross et Roger Norris, où nous passons la nuit. »

Les deux lacs

5 juillet (Yves Omer)

« Nous allons explorer simultanément deux systèmes hydrographiques : Innocenti et Delemotte le lac Fraser, Renoir, Falco, Arrieu et moi-même le lac Red.

« Notre équipe quitte la première le camp de base. Voyage sans histoire. Temps gris. Journée d'installation. Pluie. Promenade le long de la rivière pour repérer les éventuels passages de saumons intéressants. Et soudain, les voilà, nos poissons! Enfin!... A un tournant du cours d'eau, ils se présentent par dizaines et par dizaines. Dans quelques centimètres d'eau à peine, ils marchent plus qu'ils ne nagent. Spectacle inoubliable...

« Traces d'ours. Aigles chauves. Superbes petits îlots bordés de nénuphars. »

5 juillet (version Bernard Delemotte)

« Temps bouché. Brouillard et crachin. Nous attendons l'hydravion depuis 8 heures. A 10 h 30, il est là. Deux vols sont nécessaires pour transporter les quatre mousquetaires et leur matériel au lac Red. Renoir, Falco, Omer et Arrieu resteront trois ou quatre jours sur place, puis nous rejoindront, Patrice et moi, à la chute de la Fraser River, non loin du lac Fraser. Nous embarquons à notre tour. Dure journée de transbordement, sous la pluie froide et les nuages qui rasent le sol. A 21 heures, les tentes sont en place, et nos équipements à l'abri. Nous sommes invités à dîner par l'équipe de comptage du *Fish and Game* : délicieux et copieux repas, qui nous réconcilie avec l'existence. »

6 juillet (Yves Omer)

« Soleil le matin, puis le temps se couvre. Tournage tout de même — extérieur et sous-marin — au barrage édifié par le *Fish and Game*. La pluie nous force à regagner notre tente dès 19 heures. Froid. Humidité. »

6 juillet (version Bernard Delemotte)

« Temps clair : le soleil semble de la fête. Nous jetons notre premier véritable coup d'œil sur les environs. L'herbe n'est pas très haute, et l'on distingue, ici et là, de petits bosquets. De chaque côté de la vallée, quantité de ruisseaux tombent en cascadant. Nous grimpons vers le lac.

« Soudain, devant nous, la grande chute de la Fraser River, qui tourneboule dans un fracas d'enfer. Et des saumons par centaines, qui bondissent hors de l'écume blanche, pour essayer de franchir ce redoutable obstacle. L'homme, lorsqu'il a artificiellement peuplé le lac Fraser, a sous-estimé la difficulté. Maintenant, les poissons, poussés par leur instinct qui les oblige à remonter pondre dans leur torrent de naissance, s'épuisent à sauter par-dessus ce mur liquide qui atteint au total une vingtaine de mètres de hauteur. Bien peu y parviennent. La plupart, rejetés brutalement en arrière par la force de l'eau, prennent un bref temps de repos en aval de la cascade, et repartent à l'assaut...

« Sérieux déjeuner. Contact radio avec la *Calypso,* qui travaille à présent dans le sud de l'île Kodiak, sur un haut-fond apparemment fort riche. Liaison de bonne qualité : nous sommes en effet, ici, à 120 m d'altitude. Ils ont l'air tout excité, mais ne tarissent plus de conseils de prudence, lorsque nous leur racontons que la veille, nous sommes tombés (enfin, pas tout à fait, heureusement...) sur un *ours énorme*, qui devait bien atteindre les 3 m de hauteur debout ! »

Remarque (J.-Y.C.)

L'ours brun de Kodiak et des îles avoisinantes, dont on faisait autrefois une espèce spéciale *(Ursus middendorffi)*, n'est en réalité qu'une race géographique de l'ours brun commun *(Ursus arctos)*; mais c'est la plus grande et la plus puissante de toutes : un adulte dépasse 900 kg de poids, et mesure jusqu'à 3,60 m de hauteur, dressé sur ses pattes de derrière. Comme tous ses congénères, l'animal est omnivore, c'est-à-dire qu'il met à son menu des végétaux (feuilles, fruits, racines), de petits animaux (insectes, rongeurs), de plus grandes proies (ruminants), et, nous le verrons bientôt, des saumons... L'île de Kodiak même en compte environ 2 500 exemplaires.

6 juillet (Bernard Delemotte, suite)

« L'après-midi, nous entreprenons le tour du lac Fraser. Toute la pièce d'eau pullule de truites voraces, de taille souvent monstrueuse. Des canards sauvages nichent par dizaines (la plupart sont en train de couver) dans deux îles basses et herbeuses, proches de la sortie du trop-plein du lac. Plus curieux : des oiseaux de mer de toutes sortes ont, eux aussi, choisi de construire leurs nids sur le rivage de cette étendue d'eau douce montagnarde.

« Nous remontons sur quelques centaines de mètres trois petites rivières à saumons — dont deux nous semblent praticables pour les plongeurs : la Stumble et la Pinel. Les poissons n'y sont pas encore parvenus.

« Le temps s'est gâté. Nous rentrons à 18 heures. Contact radio avec la *Calypso,* en route pour Col Bay. Contact également avec l'équipe Bébert au lac Red : pour eux, tout va bien; beaucoup de saumons, mais conditions atmosphériques exécrables. »

7 juillet (Bernard Delemotte)

« Ce matin, excellent contact avec la *Calypso.* R.A.S., sauf un petit détail : je me suis fait littéralement dévorer par les moustiques. Hier au soir, je ne pouvais plus compter le nombre de piqûres qu'ils m'avaient infligées sur les mains, le cou et le visage. Ce matin, j'ai la tête comme une citrouille, et je suis rouge de fièvre. Patrice Innocenti m'accompagne.

« Nous allons reconnaître la partie de la Fraser River comprise entre la chute et les premiers rapides. Le zodiac, moteur relevé, glisse dans l'eau cristalline, dans le silence absolu du matin, tandis que la brume se lève lentement

A l'embouchure de Salmon Creek, les adultes au bec crochu se présentent maintenant en masse.

Comment filmer des saumons presque sans lumière du jour, et dans vingt centimètres d'eau.

◀ A la poursuite des premiers poissons parvenus dans le cours supérieur de Salmon Creek.

sur les montagnes alentour. Nous avons l'impression de nous laisser porter par le fleuve vers le bout du monde.

« Nous accomplissons nos 800 premiers mètres pratiquement sur le dos des saumons, qui se pressent ici en foule. Le fond de la rivière est jonché de corps de ces poissons morts, épuisés par le voyage et les tentatives infructueuses de franchissement de la chute.

« Autour de nous, des canards surpris dans leur sommeil décollent, tout ruisselants. Ils battent longuement des ailes à la surface de l'eau, avant de parvenir à s'enlever dans l'air.

« La brume s'est maintenant complètement dissipée. Tant que la rivière n'a pas encore pris ses allures de grande folle, nous traversons la contrée inviolée dans une sorte de sérénité bouleversante. Le paysage serait lunaire, s'il n'était recouvert d'une végétation du vert le plus intense.

« Un coude. Puis un autre. Puis une série de virages serrés. Le cours d'eau s'encaisse. Un bruit sourd commence à se faire entendre. Nous sommes sur nos gardes. Le courant s'accélère : nous mettons le cap sur la berge en toute hâte. Il était temps : nous parvenons à accoster juste avant un rapide d'une trentaine de mètres, où le zodiac et nous-mêmes aurions été, disons secoués...

« Nous amarrons notre embarcation, et nous continuons à pied, sans quitter la berge, les jumelles en bandoulière et le fusil chargé — en scrutant chaque buisson plusieurs dizaines de mètres à l'avance. Nous sommes sur un chemin d'ours : l'herbe foulée et des excréments frais nous indiquent que l'animal est probablement passé par là ce matin. S'il s'est arrêté, nous préférons ne pas lui marcher sur la queue...

« Maintenant la rivière redevient navigable, et forme même une sorte de petit étang dans lequel nous apercevons deux îles. L'une d'entre elles est surmontée d'un bouquet d'arbres. On nous a dit que les ours affectionnent ce genre d'endroits pour dormir. Il nous faut absolument passer tout près pour poursuivre notre route : aussi est-ce avec une certaine appréhension que nous enfilons nos cuissardes... Précisément au moment où nous arrivons à la hauteur de l'îlot, nous entendons, à moins de 15 m, de sinistres craquements dans les branches. Nous décampons aussi vite que nous le pouvons... directement dans un trou d'eau qui nous remplit les bottes!

« Lorsque nous reprenons pied sur la berge, nous voyons une boule rousse détaler vers la montagne, dans une direction diamétralement opposée à la nôtre par rapport à la petite île. Les jumelles nous révèlent que c'est un ours énorme, d'au moins 2,50 m de longueur, qui court, s'arrête, nous regarde, repart, etc. Nous préférons ne pas nous demander ce qui se serait passé si l'animal avait eu l'idée de fuir en sens inverse...

« 13 h 15 : retour au zodiac. Relevé topographique. Le soir : mise au propre du relevé. Contact avec la *Calypso,* qui vient de découvrir une île peuplée de loutres de mer. L'équipe du lac Red arrive demain. Aujourd'hui, nous avons eu tout au plus trois heures de soleil en additionnant tous les rayons.

« Au moment où je vais me coucher, je suis comme frappé par une évidence. Ce que je goûte le plus, peut-être, dans nos expéditions au bout du monde, c'est la qualité du *silence* nocturne. Dans nos villes, les vibrations des moteurs de toutes sortes, lointains ou proches, ne cessent jamais. Au contraire, dans les lieux restés sauvages, dès qu'on s'immobilise soi-même, on vit de longs moments d'absence totale de bruit. La nuit en prend aussitôt une épaisseur étrange, à la fois inquiétante et merveilleuse. Inquiétante, parce que l'on sent monter en soi les vieilles terreurs ancestrales, celles que les hommes préhistoriques ont dû éprouver face à la nature hostile. Et merveilleuse, parce que le cœur et le corps semblent soudain battre et exister au même rythme lent que le reste du cosmos... C'est dans ces conditions que l'on est le plus *réceptif* aux messages du monde. C'est alors que l'on a presque le sentiment de *comprendre* tout à fait les animaux que l'on est venu étudier. La journée, on ne fait que les observer... »

les ruisseaux des ours qui pêchent

TOUS AU LAC FRASER — LES ÉCHELLES A POISSONS
LES OURS DE KODIAK
SCÈNES DE CHASSE PACIFIQUES AU LAC KARLUK
LA RIVIÈRE EST ROUGE DE SAUMONS
COMPORTEMENT AMOUREUX — MIDDLE CREEK

7 juillet (version Dominique Arrieu)

« Il fait jour dans la tente. Quelle heure est-il ? Bébert se lève avec allégresse — comme chaque matin —, s'habille et sort. Inquiétude générale : est-il déjà si tard ? Trois minutes plus tard, Bébert rentre. Il se recouche sans dire un mot. Et tout le monde se rendort, au clapotis régulier de la pluie sur la toile.

« Quelques ronflements plus tard... Il pleut toujours. Petit déjeuner : chocolat et pain (sans beurre : Bernard nous a brimés). Toilette sommaire. La brume bouche le paysage, et un crachin breton nous pique le visage. Ce qui n'empêche pas les mouches de venir nous agacer...

« A midi, toujours pas d'éclaircie digne de ce nom. Au menu : filets de saumon marinés depuis la veille dans du jus de citron (Bébert se régale), et boîte de singe réchauffée avec des pâtes ; fromage ; café arrosé de rhum ; cigare traditionnel. Sieste pour faire venir le beau temps.

« Vers 15 heures, ça y est ! Un rayon de soleil ! Nous courons au barrage du lac Red, où nous tournons quelques belles images de saumons en train

Les plongeurs de la *Calypso* au travail dans la grande cascade.

de franchir la porte de leur enclos (jusqu'à présent, ils refusaient de coopérer, effrayés par notre éclairage sous-marin).

« Puis nous partons pour le grand virage où la rivière a moins de 10 cm de profondeur. C'est à une demi-heure de marche : Yves porte sa croix (sa caméra sous-marine), Jacques la sienne (sa caméra d'extérieurs), Bébert tient le fusil, et j'ai le sac à dos. Sur place, le spectacle de dizaines de saumons qui avancent presque en marchant dans le courant est superbe — et les cinéastes s'en donnent à cœur joie. Seul désagrément : des nuées de mouches un peu trop affectueuses... Une mouette et quelques aigles viennent également semer la panique dans le bel ordonnancement des plans prévus par Jacques et Yves.

« Le soir, dîner frugal : conserves et riz. Nous réussissons tout de même à dénicher du sucre pour le café. Le temps s'est gâté de nouveau, et il fait plutôt frisquet. »

Tous au lac Fraser

8 juillet (Dominique Arrieu)

« Réveil à 5 h 30. Aujourd'hui, nous allons rejoindre Delemotte et Innocenti près du lac Fraser. Temps maussade, bruine bretonne. L'hydravion arrive à 7 h 15 : premier voyage, Jacques et le matériel. Second voyage, trois quarts d'heure plus tard : Bébert, Yves et moi-même. A destination : un Bernard gonflé de piqûres, et un Patrice hirsute.

« Nous élisons domicile dans la maison que le *Fish and Game* a édifiée près de la chute d'eau que les saumons éprouvent tant de difficultés à franchir. Les trois techniciens qui y logent sont aussi hospitaliers que sympathiques. Ils conservent le plus radieux sourire, bien que nous nous comportions chez eux à peu près comme une armée d'occupation... Ils ne cessent de s'inquiéter de notre confort, et nous reçoivent royalement.

« Juste avant midi, l'un d'entre nous aperçoit une mère ourse et son petit, qui longent la rive en contre-bas de la maison. Jacques, Bébert et Bernard sautent dans le zodiac, et se laissent dériver en silence vers les deux animaux. Ils les approchent et les filment quasiment d'aussi près qu'ils auraient pu le faire dans un jardin zoologique — mais avec quelques risques en plus...

« Déjeuner copieux, et *sur une table,* s'il vous plaît, avec des assiettes et de vrais couverts! L'après-midi, il tombe des hallebardes : inutile de songer à travailler. Le soir, biftecks en cuir véritable, mais dessert, café *et* cigares : la vie de château, en quelque sorte. Jeux de cartes. Lecture ou écriture, selon les goûts, pour finir lajournée. Concert nocturne de ronflements. »

9 juillet (Patrice Innocenti)

« Réveil à 7 h 30. Temps gris, plafond bas, pluie fine : ce n'est pas dans ces conditions que nous commencerons le tournage du saut des saumons au bas de la chute de la Fraser River.

« Légère éclaircie à 13 h 30. Yves et Bébert sont déjà en tenue de plongée. Et après avoir éprouvé beaucoup de difficultés à traverser le lit du torrent, ils sautent dans ses eaux bouillonnantes, pour n'en sortir qu'une heure plus tard... Yves se déclare satisfait de ce qu'il a pu « mettre dans la boîte ». Mais il n'en retourne pas moins, presque aussitôt, faire une deuxième bobine...

« Pendant ce temps, Jacques s'adonne aux plaisirs de la pêche à la ligne : il a prétendu qu'il parviendrait bien, de la sorte, à améliorer notre ordinaire. Et, contrairement à tous les pronostics, il y réussit effectivement! Son hameçon a accroché une fort belle pièce par la nageoire dorsale.

« Le reste de la journée? Remontée pénible du matériel, gonflage des bouteilles, mise en charge des batteries, etc. Le train-train... Pour finir : pieds sous la table, et duvet confortable. »

10 juillet (Bernard Delemotte)

« C'est aujourd'hui jeudi, et nous le passerons comme lorsque nous étions écoliers : en vacances. Nous sommes en effet à court de pellicule. Sans compter le temps bouché, la bruine et le vent de nord-est à 10 nœuds.

« 7 h 30 : tentative de liaison radio avec la *Calypso*. Zéro. 8 heures : contact avec la cabine de comptage; grâce à eux, nous aurons peut-être nos indispensables films à 11 h 30.

« Bébert, Yves et moi partons pour le lac, afin d'y reconnaître les affluents les plus intéressants. Yves semble particulièrement enchanté par les passages de sable de Middle Creek, et par les zones de ponte en eau calme de Stumble.

« Nous rentrons à 12 h 30, pour apprendre que la pellicule n'est toujours pas là. Les vacances continuent. Enfin, nous réussissons à toucher, dans l'ordre, un rayon de soleil à 16 heures et le film à 17 h 30. Une heure plus tard, tout est en place au bas de la cascade.

« Dans le zodiac, on trouve : Bébert à la barre, Yves et sa caméra sousmarine, Jacques et son 10 mm, moi-même et un groupe électrogène, sans oublier le câble. Nous amarrons l'embarcation à 3,50 m de la chute. Yves saute à l'eau, et est aussitôt entraîné par le courant, malgré ses deux ceintures de plomb. Nous lui en passons une troisième, et nous nous lestons tous en conséquence. Les saumons sont là, par dizaines, à la limite de l'écume. Ils prennent leur élan et, en utilisant les remous de l'eau créés par la chute même, ils jaillissent littéralement hors de l'élément liquide, à plus de 2 m de hauteur, vers le sommet du rideau blanc qu'il leur faut absolument passer... La cascade

La grande cascade, et l'échelle à poissons, à droite.

est trop grande : presque tous retombent en arrière, violemment culbutés sur les rochers par la force du courant. Sous l'eau, le spectacle est fascinant. Nous sommes cernés par ces énormes bêtes aux formes élégantes et équilibrées — allure hydrodynamique et muscles puissants. Les mâles ont cette tête impressionnante qui les caractérise à l'époque de la reproduction : mâchoires crochues, courbées l'une vers l'autre comme un étrange bec armé de dents... Les poissons, déjà rougissants, ont presque tous des balafres profondes, et certains même offrent aux regards de larges zones de chair à vif. D'autres ont les nageoires déchirées, ou un œil crevé. Mais rien n'y fait : toujours et toujours, inlassablement, jusqu'à la mort, chaque saumon recommence à sauter, à trouer la surface tumultueuse pour se fracasser encore sur les roches pointues de la cascade.

« Je n'ai pas pu m'empêcher de caresser au passage certains de ces entêtés pathétiques...

« Dîner copieux et délicieux, préparé par nos trois hôtes de la cabine. 23 h 30 : manifestations sonores nasales en tous genres. »

Comment franchir de tels obstacles ?

Les échelles à poissons

11 juillet (Jacques Renoir)

« Temps brumeux, pluvieux, cafardeux. En principe, nous devons travailler avec les trois hommes du *Fish and Game*. En principe...

« Nous allons tout de même nous livrer (caméras à l'appui : ça donnera ce que ça donnera...) à une petite *étude morphologique* des saumons de remontée. Nous en trouvons à divers stades de leurs modifications : certains présentent encore une livrée gris vert et un ventre argenté; d'autres ont déjà le dessous qui rosit, et, chez les mâles, le bec qui se crochète (ces animaux sont très justement surnommés *bécards*); d'autres, enfin, sont devenus tout à fait rouges de corps, tandis que leur tête a pris la plus jolie teinte verte, et que leur rostre aux dents proéminentes s'est monstrueusement hypertrophié. C'est extraordinaire : 200 à 300 saumons au moins passent entre nos mains (capturés au filet), avant d'être relâchés dans le courant. Bébert s'attache à relever le nombre et l'importance de leurs blessures. Omer ne fait à peu près que des gros plans de têtes de poissons. Dominique enregistre les sons d'ambiance : bruits de chutes d'eau, ronflement du groupe électrogène, etc.

« Après un déjeuner copieux, le temps semble se lever un peu. Nous nous dirigeons vers la grande chute. Près du deuxième méandre de la rivière, un important groupe d'aigles tourne dans le ciel gris. Nous essayons de les appâter avec un cadavre de saumon, que nous disposons sur la berge : peine perdue. Non seulement ils n'approchent pas davantage, mais ils s'éloignent même progressivement de nous.

« Nous revoici au bas de la grande cascade. Il y a là au moins 20 m de dénivellation totale. Comment voulez-vous que des saumons franchissent ce mur ? Pourtant, ils ont la technique : Bernard explique à la cantonade que les masses d'eau tombant sur les rochers créent d'énormes tourbillons et provoquent des contre-courants dont les poissons se servent pour bondir. Et c'est ainsi qu'ils peuvent atteindre des vitesses de 25 à 30 km/h.

« Ici, aucun espoir. Pour que les saumons puissent tout de même passer l'obstacle de la chute et gagner le ruisseau de leur naissance, le *Fish and Game* a fait construire une *échelle à poissons* longue de 57 m. Cette sorte d'escalier aux marches très étirées devrait permettre aux saumons d'arriver jusqu'au lac. Les échelles à poissons, cependant, ne sont pas toujours efficaces : elles manquent d'eau, ou bien elles sont mal « rythmées » (elles ne ressemblent pas à un courant naturel), ou bien encore elles sont difficiles à localiser pour les animaux. C'est ce qui se passe ici : l'échelle a été installée à droite des chutes, et les saumons ont du mal à en trouver l'entrée. Certains y parviennent malgré tout. Je ne puis m'empêcher de penser que, pour affronter ce trou noir, il faut un certain « courage ».

« Omer, au pied de la chute, s'essaye à faire quelques plans de l'entrée des poissons dans l'échelle. Compte tenu de la difficulté qu'il éprouve à se tenir dans le courant, il aura bien gagné son plat de pâtes ce soir. »

Les ours de Kodiak

12 juillet (Albert Falco)

« Ce matin, les nuages sont hauts dans le ciel ; il ne pleut pas ; et on aperçoit même une trouée de ciel bleu vers l'ouest. Miracle ! Dès 8 h 30, tout le monde — y compris nos trois amis du *Fish and Game* — est au bas de la cascade.

« Travail fructueux. Vers 10 h 30, le soleil se montre, et les poissons prennent toutes les couleurs de l'arc-en-ciel. Mais les mouches sont toujours là : nous n'arrêtons pas de nous donner des gifles à nous-mêmes.

« Vers midi, nous apercevons de nouveau une mère ourse, mais avec deux petits, cette fois. Nous la suivons avec nos jumelles jusqu'à ce qu'elle disparaisse dans un bois. L'après-midi, Omer se met à l'eau avec sa caméra, et tourne pendant plus de trois heures au sein même de la cascade. L'eau étant à environ 4 °C, ce sera la plus longue douche glacée de son existence... Les prises de vues, déjà difficiles, sont encore singulièrement compliquées lorsqu'un saumon lui saute sur la tête ou sur la caméra... Renoir, dans les rochers, tourne des scènes d'ensemble. Dominique et Patrice font des photos. A 18 heures, toute l'équipe est de retour au camp. Nous préparons notre premier envoi de pellicules, que l'hydravion vient prendre. »

13 juillet (Yves Omer)

« C'est dimanche — un véritable dimanche : les paresseux goûtent longuement la douceur de leur duvet. Nous atteignons midi, puis le soir, au rythme lent des pieds qui traînent. »

14 juillet (Dominique Arrieu)

« Hier fut un jour de détente : aujourd'hui ne sera pas chômé. Après une (une de plus) vaine tentative de liaison radio avec la *Calypso*, nous voyons arriver les deux *marqueurs d'ours* que nous attendions vingt-quatre heures plus tôt. Ils doivent nous conduire au lac Karluk, et nous « présenter » aux plantigrades locaux. Mais déception! Les saumons sont en retard, et les ours ne sont pas encore descendus pêcher. Rendez-vous dans quelques jours.

« Nous tournons quantité de scènes de raccord (la vie au camp, les transports de matériel, le départ des plongeurs en zodiac, etc.). Des nuées de mouches et de moustiques nous assaillent : comme d'habitude, c'est surtout le blond Bernard qui trinque. Et à la rivière, Jacques noie une fois de plus ses bottes, toujours à la recherche de plans géniaux...

« Soudain Bébert arrive en s'écriant : « L'ourse! L'ourse! Elle est là avec ses petits! » Elle se trouve à 200 m à peine de nous à vol d'oiseau. Elle musarde sur la rive du cours d'eau. Ses deux oursons la suivent en batifolant dans les herbes, et en essayant d'attraper les pies qui viennent les narguer. Jacques, Bébert et Bernard entreprennent aussitôt de savantes manœuvres d'approche. L'ourse n'a rien vu. Mais, bien qu'elle se promène, elle avance beaucoup plus vite qu'eux, et ne tarde pas à les semer.

« Nos trois amis abandonnent la poursuite directe, et coupent vers la montagne afin de se poster sur le chemin du retour de l'animal. M'est avis qu'ils manquent légèrement d'expérience comme pisteurs d'ours, car ils reviennent bredouilles une heure plus tard.

« Pour fêter le 14 juillet, un banquet digne de Lucullus nous attend ce soir : lorsque nous rentrons au camp, quatre filets de saumons enrobés de bacon

Un ours de Kodiak traverse le cours supérieur de la Canyon River.

Un autre superbe spécimen de plantigrade, au lac Karluk

Ce jeune ours sera marqué à l'oreille et recensé par les spécialistes.

fument sur la table, amoureusement préparés par Patrice. Un régal! Champagne, chansons, et les anciens de l'équipe évoquent leurs campagnes sur la *Calypso...* Dodo à 1 h 30. ».

15 juillet (Patrice Innocenti)

« Ce matin, Jacques Renoir veut tourner quelques scènes de réveil au camp. La bonne aubaine... Nous retrouvons la douceur de nos sacs de couchage à 10 heures, et il ne faut pas moins de cinq prises de vues à Jacques pour être satisfait!

« Bernard et Yves, qui avaient parié de se laver torse nu dans l'eau glacée de Salmon Creek, s'exécutent sous l'œil de la caméra. A la suite de ce geste héroïque, ils se réchauffent le corps en buvant un jus brûlant.

« L'après-midi, pluie ininterrompue. Belote : Jacques et Dominique contre Bernard et Patrice. Pendant ce temps, Bébert, qui s'est aménagé un poste d'observation, guette aux jumelles les évolutions de l'ourse et de ses deux garnements, qui se tiennent maintenant sur la colline derrière la cabane. A la belote, Jacques et Dominique sont vainqueurs. »

Scènes de chasse pacifiques au lac Karluk

16 juillet (Yves Omer)

« 8 heures : départ de Renoir et Delemotte pour le lac Karluk, au rendez-vous des marqueurs d'ours. L'après-midi : nouveau bain héroïque dans la rivière. L'eau est à 6 °C. »

16 juillet (version Bernard Delemotte)

« Arrivée au lac Karluk à 10 heures. Nous étanchons tout d'abord le toit de la cabane qui nous a été désignée. Et nous prenons le chemin de Canyon River, afin de filmer le Prédateur Ours. Mission excitante, mais... glaciale. Sac à dos, caméra en bandoulière, cuissardes, blouson et bonnet de mer : nous progressons dans le cours d'eau en traversant avant chaque coude, afin de nous trouver toujours à l'extérieur du virage, et d'avoir ainsi un champ de vision plus large.

« Soudain, un ours, puis un deuxième. Le plus gros des deux soulève des gerbes d'eau en s'enfuyant dans la rivière. Pan! Un coup de feu retentit à ma droite. Le plantigrade jaillit hors de la rivière : quelque chose brille sur son arrière-train, tandis qu'il disparaît dans les hautes herbes de la berge. Les marqueurs d'ours nous ont rattrapés. Ce sont eux qui ont tiré, et c'est une seringue anesthésiante que j'ai vue dans les fesses de nounours. »

(Suite : Jacques Renoir)

« Je reprends la plume. Dure journée. Bernard est crevé, et je ne vaux guère mieux que lui. (Déjà minuit et demi.) Ce matin, nous avons été accueillis très amicalement par l'équipe des marqueurs : le marqueur lui-même, Brins; un chirurgien, George (il nous dira plus tard qu'il est là pour prélever un ovaire d'une ourse); et un photographe, Rich.

« Dès notre première sortie à Canyon River, Bernard et moi apercevons deux ours, dont l'un de belle taille, à 50 m à peine devant nous dans la rivière. Le marqueur nous a rattrapés : il tire. Dans le mille! Mais nous cherchons en vain l'animal « anesthésié » : dose trop faible... Le plantigrade a eu le temps de parcourir une grande distance avant de tomber endormi.

« Nous continuons, Rich, Bernard et moi, à remonter la Canyon River. Le photographe mène la marche lorsque, au sortir d'une courbe, nous le voyons reculer précipitamment et se saisir de son fusil : il est tombé nez à nez avec un nouvel ours. Mais ce dernier s'enfuit aussitôt dans la direction opposée... Je suis surpris de la façon décontractée dont nous approchons ces animaux. On marcherait vers un troupeau de vaches avec plus de prudence! Le risque me paraît pire encore quand nous traversons de hautes herbes : elles nous dissimulent, mais elles ne cachent pas trop mal les ours non plus!

« D'autant que des ours, il y en a vraiment beaucoup dans le secteur. Il ne se passe pas cinq minutes sans que nous en apercevions un nouveau. Nous en découvrions deux qui se livrent à d'étranges allées et venues dans le lit de la rivière. Puis nous en voyons quatre ensemble : un mâle, une femelle et deux petits. Le mâle galope dans l'eau en essayant d'attraper un saumon; après maintes tentatives ratées, il plonge la tête dans l'eau, et ramène un poisson entre ses mâchoires.

« Dans l'après-midi, nous ne rencontrons pas moins de seize de ces carnassiers. Nous filmons sans répit, en regrettant pourtant que le temps soit bouché : je travaille à 2,8. Notre réserve de bobines épuisée, nous prenons le chemin du retour. Nous retrouvons le groupe des marqueurs, auquel se sont joints Dick Hensel et Jim (un étudiant biologiste spécialiste des mammifères). Ils n'ont découvert endormi que l'un des quatre ours qu'ils ont tirés. Nous nous rendons sur les lieux. C'est une femelle de 6 pieds qui ronfle profondément. Ses mamelles sont pleines de lait. Elle porte un anneau d'identification à l'oreille, et a déjà été tatouée trois ans auparavant. Il ne reste plus qu'à lui passer un collier radio-émetteur autour du cou. Ainsi, en écoutant le signal émis, les spécialistes pourront-ils suivre sa migration, savoir où elle accouchera, combien de temps elle gardera ses petits, etc. En parlant de petits, ceux qu'elle a à présent se manifestent en grognant dans la futaie toute proche. Ils la rejoindront dans deux minutes, quand nous aurons fini de souder le collier, et que nous nous serons éloignés.

« Il est près de 21 heures quand nous arrivons au camp. Dîner rapide. Bernard dort déjà en avalant sa dernière bouchée. »

17 juillet (Bernard Delemotte)

« Départ à 8 heures pour Canyon Creek, où nous arrivons 35 minutes plus tard. Il ne pleut pas, et le ciel est un peu plus lumineux qu'hier : nous affichons 4 ou 5,6.

« Nous remontons la rivière depuis un quart d'heure environ, lorsqu'un véritable vol de pies se lève à notre approche. Les oiseaux étaient en train de nettoyer une tête de saumon — en commençant par les yeux, bien entendu. Le poisson n'est mort que depuis quelques heures à peine : l'ours qui s'en est régalé ne doit pas être loin.

« Nous continuons notre marche, entourés chacun par un véritable halo de mouches : ces maudits insectes se rattrapent de la journée de mauvais temps d'hier, qui les a obligés à « tenir la feuille ». Nous nous enduisons de crème — sans illusions.

« Un vol de mouettes, plus haut sur la rivière, nous fait soupçonner qu'un ours est occupé à pêcher là. Nous accélérons l'allure. Chaque fois que nous traversons la rivière, des dizaines de saumons se mettent à jaillir de toutes parts. Les poissons sont d'un étonnant rouge écarlate; leur long bec crochu, aux dents acérées et blanches, achève de rendre bizarre leur tête verte... Lorsque nous parvenons à l'endroit où planaient les mouettes, pas d'ours en vue! Nous grimpons dans la pente pour mieux surplomber le canyon. C'est là, dans le vert cru des herbes, que nous apercevons la tête, puis le corps beige d'une femelle accompagnée de trois petits. Elle hume le vent, et redescend vers le fond de la vallée, talonnée par ses loupiots, que je trouve particulièrement sages, pour des oursons! Nous conservons notre altitude, car le vent n'est pas pour nous. En bas, Madame avance dans le lit de la rivière avec nonchalance. Les petits gambadent autour d'elle, et jouent à s'asperger mutuellement, en tapant de la patte sur l'eau. Mais l'ourse entraîne son monde vers le sommet du ravin qui nous est opposé — exactement en face de nous, à 60 ou 70 m à peine à vol d'oiseau. Là, nous assistons, en retenant notre souffle, à une attendrissante scène de famille : les enfants luttent à bras-le-corps, dressés sur leurs pattes

Femelle adulte endormie; au premier plan, le collier émetteur qu'on s'apprête à lui passer.

Les marqueurs d'ours au travail; l'animal sera suivi par radio dans ses moindres déplacements.

Bernard Delemotte et la mère ourse.

Un marqueur d'ours et l'ourson.

postérieures ou roulant ensemble dans les herbes; le plus noir des trois transgresse apparemment un interdit maternel, car l'ourse le corrige d'un solide coup de patte...

« La mère et ses oursons disparaissent. Nous attendons une bonne heure son retour sans résultat. Puis nous redescendons la rivière, où nous patrouillons encore pendant deux heures. Nous apercevons quatre ours qui pêchent, mais de très loin, à environ 1 km. Puis trois autres plantigrades encore, avant de rentrer au camp à 18 heures. »

La rivière est rouge de saumons

17 juillet (version Yves Omer)

« Expédition saumons à l'embouchure de Salmon Creek. Bébert construit un radeau, sur lequel nous embarquons groupe, bouteilles, caméras, etc. Nombreux poissons, difficiles à filmer car la lumière est très faible. Des *halibuts* nagent en foule sous les saumons.

Les saumons utilisent les tourbillons de l'eau pour se propulser par-dessus les rapides.

« Froid. Fatigue. Mais nous avons rencontré, à un moment donné, un véritable mur de saumons : ce spectacle fantastique nous a rendu notre courage. »

18 juillet (Bernard Delemotte)

« Tiens donc! Voilà qu'il pleut aujourd'hui : cela nous change un peu. Nous nous chargeons comme des ânes à l'aube, et il est 9 heures quand nous débarquons sur la plage qui borde l'embouchure de Cotton Wood River. La rivière est rouge de saumons. Large de 2 m, elle est profonde de 30 cm au maximum, et bien souvent de 4 à 5 cm seulement. Dans ces passages presque à sec, les poissons éprouvent les plus grandes difficultés à avancer. Ils attendent par petits groupes dans de rares creux d'eau, en se refaisant des forces, en reprenant leur souffle. Puis ils se lancent, l'un derrière l'autre. Ils rampent littéralement sur le gravier, se contorsionnent violemment, la gueule ouverte. Tantôt, couchés sur le côté, ils paraissent ne plus pouvoir repartir. Tantôt, au contraire, ils avancent frénétiquement en soulevant derrière eux une gerbe d'écume.

« Après avoir consacré plusieurs heures aux saumons, nous voulons terminer la journée par une visite aux *aigles chauves* dont nous avons repéré un nouveau couple. Nous parvenons rapidement au pied de l'arbre où ces rapaces ont construit leur nid. L'aire est perchée à 10 ou 12 m du sol, portée par trois grosses branches. Elle est haute de 1 m, et atteint un diamètre de 1,20 m. Les oiseaux sont là, qui tournoient au-dessus de nos têtes.

« Un arbre a sa base pratiquement accolée à celle de l'arbre qui porte le nid : nous décidons d'en faire l'ascension. En plantant clou sur clou, puis en grimpant aux branches, j'arrive au niveau de l'aire : j'y trouve deux petits — ou plutôt deux jeunes car, en dépit du duvet qui les couvre encore, ils ont déjà atteint la taille d'une poule. Le dessus du nid est à peu près plat, et rendu plus confortable par de fines herbes sèches accompagnées d'un peu de laine d'ours. Le logis me paraît propre, si l'on excepte une queue et une arête centrale de saumons. Les bébés se sont dressés à mon arrivée, sans doute effrayés; puis ils se sont mis à claquer du bec dans ma direction, comme ils le font lorsqu'ils demandent à manger à leurs parents. J'admire un moment leur fin duvet mi-roux mi-café au lait, leur œil rond, large et noir, et leur bec sombre bordé de jaune à la base. Quand ils se dressent en déployant leurs moignons d'ailes, ils découvrent aussi de magnifiques pattes jaune d'or, déjà armées de longues serres noires. Je parviens à mettre un saumon dans leur aire, mais ils n'y touchent pas : à leur âge ils ne mangent que de la nourriture régurgitée par leurs père et mère. »

Comportement amoureux

19 juillet (Jacques Renoir)

« Brins me réveille à 6 heures, pour quelques prises de vues aériennes des ours. Ciel très nuageux : j'ouvre entre 2,8 et 4. Je parviens tout de même à réaliser quelques courts plans de mâles solitaires et de femelles accompagnées de leurs oursons. Nous nous posons à 8 heures, et je réveille mon ami Bernard avec un plaisir sadique — vengeance longuement mûrie, car en général, c'est l'inverse qui se produit.

« Rich, Bernard et moi partons, peu après, rejoindre Dick Hensel, qui relève les pièges à ours qu'il a posés la veille. La première trappe que nous visitons retient prisonnier un ourson de 6 mois environ. L'animal reçoit aussitôt une marque d'oreille et un tatouage sur la lèvre supérieure et à l'aine (après, toutefois, avoir été endormi par une piqûre : on ne manipule pas un plantigrade de 6 mois sans une bonne dose de tranquillisant). Les autres pièges n'ont rien donné. Pendant que j'ai filmé la séquence, Bernard a *fait semblant* de tourner de son côté : il n'a plus de pellicule.

« L'après-midi, les marqueurs d'ours sont désespérés : ils ne parviennent plus à apercevoir la queue d'un plantigrade. Nos allées et venues, ces derniers jours, ont dû déranger les animaux. Je profite de mon temps libre pour tourner quelques raccords, tandis que Bernard observe pendant de longues heures le comportement amoureux des saumons.

« Nous rentrons à la cabane. Rich a rapporté un saumon, que Bernard apprête pour le repas : les éloges qu'il reçoit pour ce plat-là me paraissent tout à fait mérités. Nous philosophons ensuite jusqu'à la nuit tombante, c'est-à-dire fort tard, sous cette latitude et à cette date. »

20 juillet (Bernard Delemotte)

« Le jour se lève sur un lac Karluk sombre, mais sans vent. A 8 h 45, tandis que le soleil est là depuis 4 heures, nous n'ouvrons toujours qu'à 2,8.

« Matinée : grand périple autour du lac. Visite de quinze trappes à ours disséminées près des ruisseaux et des rus. Toutes vides.

« Casse-croûte. Départ à 13 heures en barquette, sur le lac. Nous stoppons derrière un épaulement de terrain, qui masque l'embouchure d'un ru directement tributaire de la pièce d'eau. Nous passons la tête précautionneusement de l'autre côté : un *renard* recule sur la petite plage qui se découvre à nos yeux. Il a les deux pattes antérieures dans l'eau, et tient un saumon dans sa gueule. Nous nous en approchons avec des ruses de Sioux, jusqu'à 20 m environ. Jacques tourne — et le renard lève aussitôt la tête dans notre direction. Nous a-t-il flairés ? A-t-il entendu un froissement d'herbes ? Le voilà en tout cas qui s'enfuit sans demander son reste, en nous abandonnant sa proie. Le saumon n'est pas très abîmé : on dirait que Maître Goupil lui a seulement appuyé sur le ventre pour en extraire les œufs.

« Dans les ruisseaux, partout des saumons... Les poissons se groupent, puis se mettent à sauter dans une frénésie de coups de queues. Ils se calment, se rassemblent, et foncent une nouvelle fois vers l'amont, dans une folie d'éclaboussements.

« En voilà un qui s'élance devant nos yeux. Il lui faut parcourir environ 2 m, dans 1 ou 2 cm d'eau : on voit d'ici quels problèmes cela peut poser à un animal aussi massif. Courageusement, le poisson frétille dans le gravier, de toute l'énergie dont il est capable. Il avance, il avance, les yeux hors de l'eau. Aveuglé, il dévie de sa route et va s'échouer directement sur un banc de sable. Il se contorsionne pathétiquement, tombe sur le flanc, parvient à se redresser, amorce un demi-tour, le réussit, et glisse doucement, doucement vers l'eau — tellement doucement que ç'en est pour nous un supplice. Les dents en avant,

Inlassablement, jus-
qu'à ce qu'il passe
ou qu'il meure, le sau-
mon tente de franchir
la cascade.

il happe goulûment l'air. Ses mouvements deviennent de plus en plus mous. Il retombe sur le côté. Nouveau soubresaut : il glisse de quelques centimètres supplémentaires. Son museau effleure l'eau : à ce contact, tout son corps semble repris d'une énergie étonnante. L'animal se met à battre l'air et le gravier à grands coups de queue. Il gagne, il gagne! Il est dans l'eau à mi-corps... Il est sauvé!

« Des dizaines et des dizaines de fois, cette scène pathétique se reproduit devant nous; et chaque fois, nous la suivons avec la même angoisse. Lorsque, de temps à autre, un mâle puissant aux mâchoires arquées et une femelle au ventre large parviennent ensemble dans un havre à l'eau plus profonde, nous ne pouvons nous empêcher d'applaudir comme des gosses...

« Hier, près d'une poche d'eau calme sur un petit ru, j'ai pu observer pendant deux heures d'horloge *le manège amoureux des saumons*.

« La femelle s'approche du mâle, qui commence à tourner en rond. Elle lui mordille le bas-ventre et les ouïes pendant quelques minutes. Puis c'est elle qui se met à tourner : le mâle la suit dans cette ronde, comme hypnotisé par la danse. Au bout d'un instant, Monsieur vient se placer à la hauteur de Madame, flanc contre flanc. Il touche l'orifice de ponte de sa compagne avec son aileron dorsal. La femelle stoppe, frémit violemment pendant une seconde, et recommence à tourner. Quand la scène s'est répétée plusieurs fois, tout en continuant à nager en cercles, la femelle s'incline sur le côté et, d'un frétillement de queue, soulève un peu de sable et de gravier du fond. Chaque fois qu'elle repasse à la même place, elle creuse un peu plus ce qui va devenir son *nid*. Le trou, de forme elliptique (et dont le grand axe est dans le sens du courant), prend forme progressivement. Lorsque tout est en place, et que l'excitation des partenaires atteint son comble, la femelle lâche ses *œufs* dans l'excavation, et le mâle perd sa *laitance* — son sperme — réalisant ainsi la fécondation externe de l'espèce.

« J'ai noté plusieurs détails supplémentaires, concernant le comportement des saumons avant la ponte. Avant que le mâle et la femelle ne se soient « choisis » et retrouvés dans la gravière de leurs amours, c'est le mâle qui se bat — contre d'autres mâles. (Ces combats, au stade d'épuisement où se trouvent tous les prétendants, restent d'ailleurs bien symboliques.) Mais lorsque la danse nuptiale a commencé, alors c'est la femelle qui défend « son partenaire » contre les entreprises de subornation des autres femelles. Qu'une concurrente essaie — au sens propre — d'entrer dans la danse, et elle est aussitôt chassée hargneusement, à grands coups de museau, par la « légitime » épouse... »

Remarque (J.-Y.C.)

Une femelle de saumon pond, en moyenne, 5 000 œufs de 5 à 6 mm de diamètre — parfois dans plusieurs nids, et alors fécondés par autant de mâles différents. Comme si elle voulait accumuler les chances de perpétuation de l'espèce...

Mais sur ces 5 000 œufs, on a calculé que 100, au maximum, donnent des alevins*. Parmi ces jeunes, 50 seulement atteignent l'océan. Après quatre ans d'aventures en pleine mer, 30 survivants prennent la route du retour. 10 sont capturés par les pêcheurs, 5 tués par des prédateurs, et 5 meurent d'accident. Une dizaine à peine parviendront finalement à se reproduire sur les frayères de leur naissance.

21 juillet (Jacques Renoir)

« Ce matin, de nouveau, grande « virée » des trappes (14). Résultat négatif. Déception d'autant plus grande qu'il commence à pleuvoir, et que nous ne pourrons même pas aller filmer les saumons. Nous revenons au campement pour faire la prise de son du signal radio émis par le collier que nous avons passé à la maman ourse voilà cinq jours.

« L'après-midi, malgré la pluie battante, Brins, Rich, Bernard et moi remontons le Canyon Creek. Un ours, pataud, descend la rivière et parvient à attraper un saumon dans un grand éclaboussement d'écume. Il rapporte le poisson sur la berge. Mais il nous flaire, car le vent nous est défavorable, et il s'éloigne à grands pas. Le saumon se débat dans l'herbe et, à force de convulsions, parvient à regagner la rivière. En continuant notre marche vers l'amont, nous rencontrons un autre ours pêcheur : mais cette fois, le saumon a moins de chance. Il finit dans l'estomac du prédateur.

« Retour au camp vers 18 heures. Nous dînons : une excellente dinde, ou peut-être du cochon, ou peut-être du cochon d'Inde, enfin! A 21 heures, Brins nous emmène au lac Fraser en hydravion, où nous retrouvons Bébert, Yves, Dominique et Patrice. Surprise : le Pacha est là! Longue conversation avec lui. Il a eu l'idée — géniale — d'apporter un gallon de rouge... »

Middle Creek

22 juillet (Bernard Delemotte)

« Aujourd'hui, en quelque sorte, nous faisons les honneurs de la région au Pacha. Nous l'emmenons dans les endroits les plus intéressants que nous ayons explorés — et, bien entendu, à la grande chute de la Fraser River.

« Mais lui veut surtout que nous profitions de sa présence pour reconnaître

La cascade est trop haute.

Jeunes aigles chauves au nid.

d'autres sites de travail. Nous explorons trois ruisseaux tributaires du lac Fraser : le Middle Creek, où les saumons commencent à remonter, puis le Stumble et le Pinel, sur lesquels j'avais déjà jeté un coup d'œil, et dont les poissons n'ont pas encore atteint l'embouchure.

« Retour au camp à 19 heures. Repas sérieux. Champagne. Et, comme à son habitude, chaque fois qu'il est là, le Pacha nous entretient de grands projets de missions futures ! »

23 juillet (Dominique Arrieu)

« Réveil à l'aube. Le soleil brille. Beaucoup de vent. A 10 heures, l'hydravion de Gil doit venir reprendre le Pacha. Longue communication radio avec la *Calypso*. A 11 heures, l'avion arrive enfin. Au revoir général : le Pacha s'en va visiter les morses et les loutres de mer.

« L'après-midi, travail dans la joie. Au crépuscule, séquence très poétique et très belle à la cascade : les plongeurs dans l'écume blanche, que le dernier soleil irise et rend presque immatérielle... Jacques, emporté par son enthousiame, se jette tout nu dans la vasque naturelle que la chute a creusée sous elle. Grand étonnement d'Yves, qui s'y trouve déjà en scaphandre, et qui se demande un instant quel est ce grand saumon pâle à deux bras et deux jambes... »

24 juillet (Yves Omer)

« Journée de pluie, parfaitement maussade jusqu'à la fin de l'après-midi. A ce moment-là, un aïoli bien à point, et saumoné, nous redonne le courage qui nous faisait défaut. Un rayon de soleil nous permet de tourner quelques images de l'échelle à poissons de la Fraser River, où les animaux ont toujours autant de mal à s'engager. Bébert imagine divers artifices pour les y contraindre (filets « directionnels », etc.) — sans grand succès. Les acteurs, trop fatigués par leurs sauts et leur long jeûne, refusent d'obéir. »

25 juillet (Albert Falco)

« Malgré le vent qui souffle à 15-20 nœuds, nous nous déplaçons tous (Renoir excepté : il s'en est allé pour le port de Kodiak hier au soir) à Middle Creek. Nous y arrivons à 8 heures. Les ours ont dévoré de nombreux saumons, ici, et seules quelques dizaines de ces poissons sont en train de pondre. Il ne nous faut pas moins de six heures d'attente, les pieds dans l'eau, pour tourner une seule bonne séquence.

« Vers 16 heures, nous rejoignons le camp, pour nous y préparer, à notre tour, à partir pour le port de Kodiak. Décollage à 18 h 15. Quelques minutes plus tard, nous survolons le lac Karluk, que Bernard et Jacques connaissent bien. Paysage magnifique : beaucoup de verdure, des restes de neige au creux des collines, et des ruisseaux partout, près desquels nous apercevons de nombreux ours occupés à pêcher.

« Encore un coup d'ailes, et nous nous retrouvons brutalement plongés dans l'univers civilisé : bâtiments de l'aéroport de Kodiak, maisons, distributeurs de cigarettes et de boissons, eau chaude-eau froide de la baignoire de l'hôtel... Saisissant contraste! Enfin... Nous sommes là pour trois jours de repos : sachons en profiter.

« Le soir, dans l'eau de mon bain — bien chaude, à 37 °C, comme il se doit —, je me livre à quelques réflexions humoristiques et philosophiques sur le destin comparé des hommes et des saumons.

« Je me dis que, finalement, les uns comme les autres, nous n'avons de plus profond désir que celui de retourner dans les eaux qui nous ont fait naître. Le saumon nage comme un fou vers l'amont des bassins fluviaux, pour se retrouver dans le liquide glacial où il a éclos plusieurs années auparavant.

« L'homme, à mon exemple, éprouve un plaisir extraordinaire à se plonger tout entier dans un bain qui soit à l'exacte température des entrailles de sa mère... Le saumon ne réussit qu'une seule fois, dans son existence, à redevenir ainsi nouveau-né. L'homme organise toute sa civilisation, tout son urbanisme, pour pouvoir revivre quotidiennement cette expérience. »

Le destin du saumon : revenir pondre et mourir dans son ruisseau natal.

3

les mystères du homing

LES SAUMONS ET LES OURS
LA MORT DES SAUMONS ROUGES — ADIEU KODIAK
CYCLE DE VIE — QUESTIONS — LE PROBLÈME DU RETOUR

28 juillet (Bernard Delemotte)

« Finies, les vacances! Finie, la *dolce vita*... A 6 heures, nous sommes sur le pied de guerre — prêts à regagner le lac Fraser. Temps exécrable. Mais le métier et la connaissance du terrain de Gil, le pilote de l'hydravion, font merveille. Et, malgré une visibilité de moins de 1 mille, nous amerrissons à 9 h 30, non loin du campement, sous une pluie battante. Nous sommes trempés en arrivant à la cabane. Beau début, pour cette seconde partie de la mission...

« A 17 h 30, une éclaircie nous permet un petit voyage d'exploration en aval de la cascade. Mais le ciel ne nous sourit que pour mieux nous mouiller ensuite : car à peine sommes-nous parvenus sur les lieux, qu'il tombe des hallebardes.

« Le soir, ambiance... humide! Heureusement, bon contact radio avec la *Calypso,* ce qui nous remonte le moral. Ils ont presque du soleil, eux... En tout cas, ils ont accompli un excellent travail avec les morses. Bientôt minuit. Dehors, la pluie tombe toujours. »

29 juillet (Patrice Innocenti)

« Temps incertain. A 10 heures, tournage sous-marin à l'entrée de l'échelle à poissons. Bébert et Yves sont à l'eau. Surprise : parmi les saumons rouges, un *saumon rose* égaré. Celui-là n'a pas été « ensemencé » au lac Fraser cinq ans plus tôt. Alors, que fait-il dans cette rivière ? Comment est-il arrivé jusqu'ici ? Une anomalie de la nature. Une erreur de programmation génétique... En tout cas, voilà qui prouve qu'il peut y avoir des « ratés » dans l'instinct de retour de nos poissons. Ils sont *presque* infaillibles : mais ce « presque » ne manque pas d'importance... »

Remarque (J.-Y.C.)

Nous nous sommes, quant à nous, pendant cette mission, occupés exclusivement du *saumon rouge*. Mais la famille des *salmonidés* compte bien d'autres représentants (corégones, etc.).

Les saumons proprement dits sont divisés en deux grands groupes : ceux de l'*Atlantique,* qui appartiennent au genre *Salmo,* et ceux du *Pacifique,* qui constituent le genre *Oncorhynchus.*

Dans le genre *Salmo,* on trouve non seulement le saumon de l'Atlantique lui-même *(Salmo salar),* mais encore la truite *(Salmo fario),* qui lui est très proche, et qui compte de nombreuses sous-espèces *(Salmo fario lacustris, Salmo fario trutta,* etc.).

Dans le genre *Oncorhynchus,* la plupart des spécialistes classent sept espèces différentes :

— *O. nerka,* le saumon rouge que nous connaissons bien, et qui est encore appelé *sockeye, blueback, beni-masu* (au Japon), *krasnaya* ou *nerka* (en U.R.S.S.);

— *O. gorbuscha,* le saumon rose, qui est aussi baptisé *kara-futo-maru* (au Japon) et *gorbuscha* (en U.R.S.S.);

— *O. keta,* le saumon « chum », que les Japonais nomment *sake* et les Russes *keta;*

— *O. kisutch,* le saumon « coho », dit également *silver salmon, gin-maru* (au Japon) et *kisutch* (en U.R.S.S.);

— *O. masou,* appelé *masu* au Canada et aux États-Unis, *masu* ou *yamama* au Japon, et *sima* en U.R.S.S.;

— *O. rhodurus,* nommé *amago* ou *amego* au Japon;

— *O. tshawytscha,* le saumon « chinook », ou *spring salmon,* ou *king salmon,* ou encore *masunosuka* (au Japon) et *chavycha* (en U.R.S.S.).

Les saumons et les ours

29 juillet (Patrice Innocenti, suite)

« En début d'après-midi, Jacques, Yves et Bernard remontent la rivière en zodiac. Bébert, toujours fasciné par les ours, en aperçoit un qui grimpe à un arbre — chose rare à Kodiak, si l'on en croit les spécialistes. »

30 juillet (Dominique Arrieu)

« Réveil à 7 heures. Petit déjeuner et toilette sommaires. Temps très couvert, mais sans pluie. Bébert, Bernard, Yves et Patrice se dirigent vers le lac Fraser avec le zodiac : ils ont dans l'idée d'effectuer une plongée profonde juste en face de l'embouchure de Middle Creek. Jacques et moi partons au camp du *Fish and Game,* afin d'observer et de filmer la façon dont les techniciens s'y prennent pour récupérer d'un côté les œufs des femelles de saumons, de l'autre la laitance des mâles... Ayant frai et sperme, ils procèdent à des fécondations artificielles, à l'abri des prédateurs, et obtiennent des pourcentages de naissances exceptionnels. Les alevins nés « en couveuse » peuvent être transportés dans n'importe quel ruisseau favorable, qu'ils reconnaissent alors pour « leur », et dans lequel ils viendront pondre à leur tour cinq ans plus tard.

« Nous rejoignons, transis et trempés, nos camarades de l'équipe « plongée profonde » à 13 heures. Le feu que Bébert a allumé sur la plage nous réchauffe le cœur et le corps. Bernard et Yves sont déjà remontés du fond du lac, complètement gelés. Leur incursion ne leur a pas appris grand-chose : la faune et la flore des lacs de montagne, très spécialisée, et soumise à des conditions d'existence difficiles, ne varie guère d'une région à l'autre.

« Une gigantesque grillade de truites au bacon nous requinque. Quel régal !

« Retour au camp. Préparatifs de départ. Nos trois amis du *Fish and Game* nous servent, le soir, un repas d'adieu mémorable, qui se termine par une bataille de tartes entre Patrice et moi-même. C'est lui qui a commencé (1). Chants d'au revoir, en anglais et en français. »

31 juillet (Jacques Renoir)

« Notre adieu au lac Fraser, qui devait être bref, s'est prolongé jusqu'au début de l'après-midi. Deux voyages de l'hydravion sont nécessaires pour nous emmener tous, avec notre matériel, à Canyon Creek, où nous devons passer quelques jours dans une cabane de l'*U.S. Fish and Wildlife Service* (Service U.S. de la Pêche et de la Vie Sauvage). A notre arrivée, la cabane est fermée : son locataire habituel, un certain Ben Drucker, n'a pas pu venir nous y attendre, et ne viendra pas avant quatre jours. Nous trouvons refuge dans l'espèce de vaste garage attenant à l'habitation. Nuit froide. »

_____

(1) — Non, c'est lui. *(Note de Patrice.)*

Dans les échelles à poissons
le courant est rapide.

1ᵉʳ août (Jacques Renoir)

« Lever pénible, à cause de la température... Brrr! Cette journée, qui s'annonçait morose et stérile, se transforme miraculeusement en un vendredi actif et fertile (ai-je dit que nous sommes vendredi ?). En effet, l'hélicoptère de notre ami Brins passe par là, et nous embarquons pour un marquage d'ours dans la région de Sturgeon River.

« Un premier ours est repéré. L'hélicoptère le rattrape, le suit en rase-mottes à 10 m à peine, et Brins tire : en plein dans les fesses. Le dard est très apparent. L'ours continue de galoper. Les pales de l'hélicoptère (magistralement piloté par un sympathique casse-cou que ses amis appellent John « August ») couchent l'herbe autour du plantigrade. L'animal tombe. Il lève une tête toute tremblante vers nous. Il trouve la force de repartir, mais s'écroule à nouveau, définitivement, non loin de là. L'hélicoptère se pose. Brins fait une injection de tranquillisant à l'ours, pour lui éviter d'éventuelles convulsions. Pose du collier émetteur. Redécollage.

« La seconde cible de cette chasse pacifique est une superbe ourse blonde, accompagnée de deux petits. Marquage réussi. Puis nous levons trois gros plantigrades, dont un mâle impressionnant. Coup de feu : gagné. Après la poursuite habituelle, l'ours s'effondre. Nous nous posons. Brins approche. Je le suis. Nous sommes à 15 m de l'animal à peine, lorsque mon compagnon m'attrape par le bras et m'entraîne en arrière vers l'hélicoptère à une vitesse quasiment supersonique : l'ours n'est qu'à moitié endormi, et il fonce! Heureusement, le narcotique est puissant, et le grand carnassier vaincu ne parvient à faire que quelques pas dans notre direction. Mais tandis que nous le marquons, je crois déceler, chez tous les protagonistes humains de l'opération, une certaine nervosité...

« L'après-midi se passe au camp, tandis que l'hélicoptère et Brins sont repartis vers d'autres aventures (à suivre!)... Yves Omer grimpe jusqu'à une frayère à saumons, et y installe une caméra sous-marine avec un système de déclenchement à distance : bonnes prises de vues d'un couple de poissons en pleine parade nuptiale. Dominique Arrieu, quant à lui, enregistre des sons de saumons en train de remonter des rus presque à sec. Vers le soir, Bernard, Dominique et moi-même parcourons Canyon Creek en zodiac. Nous y assistons à une belle scène de bagarre entre deux saumons mâles : les animaux, s'étant attrapés par le bec, luttent avec hargne, bien que visiblement épuisés par leur voyage. Au fond du torrent, il y a déjà des centaines de corps de poissons morts... Ils crèvent de fatigue, et ils continuent à s'affronter! »

Les saumons se pressent à l'entrée de l'échelle de Salmon Creek.

La mort des saumons rouges

2 août (Albert Falco)

« Ce matin, les nuages sont bas. A Canyon Creek, les tâches sont rapidement réparties : Omer et moi sommes de quart près des saumons qui pondent; Renoir et Delemotte remontent la rivière; Arrieu continue d'enregistrer des bruits divers; et Patrice pêche les truites de notre déjeuner.

« Mais à midi, bouleversement général : l'hélicoptère de Brins se pose près du camp. Les marqueurs d'ours ont endormi un très gros plantigrade, qui est tombé dans un ruisseau. Ils nous demandent de venir les aider. Grâce à l'hélicoptère, il ne nous faut que quelques minutes pour récupérer Renoir et Delemotte. L'ours, véritablement gigantesque, gît sur le dos dans le ruisseau, les quatre pattes en l'air. Il doit peser au moins 750 kg : pas facile de le tirer sur la berge! Nous y parvenons malgré tout. Ses pattes antérieures sont d'une incroyable puissance. Il a les yeux ouverts, et il pousse de temps à autre de grands soupirs. Un chasseur lui tatoue l'intérieur de la lèvre inférieure, et lui arrache une dent pour déterminer son âge. L'ours porte sur le poitrail de larges cicatrices — souvenirs de féroces combats contre des congénères. Il reçoit le traditionnel collier émetteur.

« A 15 heures, le travail reprend au camp comme prévu initialement. Omer et moi, au bord de la frayère à saumons, continuons d'observer le comportement de ces animaux au cours de la ponte. Un détail avait échappé à Bernard l'autre jour : la femelle laisser tomber ses œufs un par un lorsque le mâle s'approche d'elle, et vibre de tout son corps pendant 4 ou 5 secondes après chaque expulsion. Lorsqu'un bon nombre d'œufs sont tombés dans le nid, et que le mâle les a fécondés avec son sperme, elle les recouvre de sable grâce à quelques coups de queue rapides. »

3 août (Yves Omer)

« Journée ordinaire, c'est-à-dire sans soleil. On m'a donné d'autorité le journal de bord à remplir, et je manque absolument d'inspiration. Remontée de Canyon Creek. Ours. (Qu'est-ce qu'ils peuvent massacrer comme saumons, ceux-là! Ils en ont les pattes remplies d'écailles...) 98 boîtes de pellicule tournées : restent 2 dans notre réserve. »

4 août (Bernard Delemotte)

« Journée radieuse, soleil, chaleur. Nouvelles images de pontes de saumons. Yves réussit un long travelling sous-marin dans la rivière, au beau milieu d'un troupeau de saumons mêlé de truites.

« Mais ce qui nous frappe le plus, ce sont les quantités de cadavres qui

Le saumon franchit sans peine ce petit rapide.

commencent à s'amonceler au fond de l'eau. Après leurs noces, les saumons se dégradent physiquement à une vitesse impressionnante. Les changements physiologiques du *vieillissement,* qui demandent 20 à 40 ans chez l'homme, s'effectuent chez eux en une semaine, deux au maximum. Après avoir abandonné leurs œufs ou leur sperme, les poissons perdent leurs couleurs. La queue de la femelle blanchit et sa nageoire dorsale se déchiquète. Les flancs du mâle voient s'estomper leurs pigments. Tous deux sont profondément atteints. Des taches noires apparaissent sur leur dos. Leurs tissus se nécrosent. Ils ont subi tant de coupures, de blessures, de traumatismes, pendant leur interminable voyage, que des bactéries et des champignons microscopiques prolifèrent soudain sur leurs plaies. »

Remarque (J.-Y.C.)

Les raisons de la mort quasi collective des saumons restent mystérieuses. Si les physiologistes parviennent à les percer à jour, il n'est pas impossible qu'ils nous apportent du même coup quelques précieuses lumières sur le mécanisme du vieillissement des hommes...

Quoi qu'il en soit, cette grande hécatombe animale n'est pas inutile : elle constitue même une étape indispensable du cycle grandiose de la vie aquatique. Les épinoches, les truites se précipitent à la curée. Les éléments nutritifs provenant du corps des saumons enrichissent le plancton végétal et animal du lac. Ce plancton nourrira — entre autres — les alevins nouveau-nés de nos saumons rouges... qui trouvent ainsi le repos en livrant leurs chairs à leurs eaux natales.

4 août (Bernard Delemotte, suite)

« Midi. Contact avec la *Calypso,* tandis que sept délicieuses truites au bacon grillent sur un feu de bois : Jacques n'en peut plus de saliver, et la *Calypso* nous apprend à la radio le succès de son opération « Loutres de mer ».

« L'après-midi, visite aux petites chutes de Meadown Creek, où de nombreux saumons bondissent encore. Sur le chemin du retour, un renard fort cabot, si je puis dire, pose pendant près d'une demi-heure devant nous. Hélas! Plus de film...

« Lorsque nous rentrons, l'homme de l'*U.S. Fish and Wildlife Service*, qui n'a pas pu nous accueillir le 31 juillet, nous attend. Il s'appelle Ben Drucker et il est biologiste. A la place du garage, il nous ouvre les portes d'une maison tout confort — où nous nous précipitons. Après l'installation, pour fêter l'événement, tout le monde tout nu dans le lac! L'eau est fraîche (8 à 10 °C). Le savon écume. Nous sentons bon. »

5 août (Patrice Innocenti)

« Sous les ordres de Ben Drucker, installation d'une cage à saumons à proximité du campement, afin d'observer dans le détail les différentes phases du vieillissement de ces animaux.

« En fin de matinée, Bébert embarque dans l'hydravion de Gil. Il va chercher des pellicules — et, au moins aussi important, il emporte notre courrier.

« Plus tard, nous remontons le Canyon Creek : nous dérangeons une dizaine d'ours dans leur repas de saumons. Le soir au dîner, les ours nous laissent manger nos saumons tranquilles. »

Adieu Kodiak

6 août (Dominique Arrieu)

« Temps maussade. Vent fort. Pas de nouvelles de la pellicule. Visite à l'aire des aigles chauves. Enregistrement des piaillements des aiglons. Ensuite, départ pour Middle Creek : nous filmons un véritable charnier de saumons à l'embouchure de ce ruisseau. Pêche à la truite pour le repas du soir. Une brochette en 3 minutes : aucun charme.

« Aujourd'hui, Jacques a pris la décision énergique de se raser. Il reste un moment la moitié du visage nette et l'autre hirsute. Puis il termine son œuvre de ravalement. C'est maintenant le seul non barbu de la troupe. »

7 août (Jacques Renoir)

« Vent violent et éclaircies passagères. En route pour Meadown Creek, nous nous faisons doucher copieusement. Le temps s'améliore ensuite, mais reste nuageux, si bien que, cinématographiquement parlant, nous avons continuellement de fausses teintes. Nouvelles observations de luttes entre saumons mâles, de parades nuptiales et de pontes. A l'embouchure de Meadown Creek, comme à celle de Middle Creek hier, nous découvrons un vaste cimetière de saumons. Les poissons en sont à tous les stades de la décomposition. Yves filme une femelle qui, le dos emporté et les yeux crevés, vit encore : son ventre est plein d'œufs. Les truites, venues en foule, se repaissent voracement des cadavres qui coulent au fond de l'eau. »

8 août (Dominique Arrieu)

« Journée radieuse. Seule une brume cendrée, sans doute venue d'un volcan, enlève un peu de transparence à l'atmosphère. Raccords à Meadown Creek.

Pendant les prises de vues, un ours de taille moyenne s'approche à moins de 10 m de nous. Léger vent de panique lorsque le plantigrade, au lieu de s'enfuir, fait quelques pas supplémentaires dans notre direction... Seul Jacques, imperturbable, continue de filmer. Sa curiosité satisfaite, l'ours finit par s'éloigner.

« Pendant l'après-midi, Gil nous rend visite — sans pellicule, mais avec le courrier. Belote traditionnelle avant le coucher. »

9 août (Bernard Delemotte)

« 6 h 30 : pluie. 10 heures : soleil. 12 heures : le plafond de nuages est déjà revenu, avec un véritable crachin de Brest... Nous avons, hier, épuisé notre ultime réserve de pellicule : pourvu que les films frais arrivent dans la journée; nous sommes convaincus que dans 48 heures, il n'y aura plus guère de saumons dans les rivières.

« Pendant la nuit, des ours ont déchiré notre tente de matériel, et mordillé les instruments qu'ils y ont trouvés. Ils ont vite abandonné cette nourriture insipide, mais la pluie, survenue ensuite, a fait quelques dégâts.

« *Calypso* (communication radio difficile) connaît à peu près les mêmes problèmes de pellicule que nous. Il paraît que le retard d'approvisionnement est dû à une grève des transports aériens. Évidemment, au fin fond de notre île Kodiak, nous n'avons guère de moyens de nous tenir au courant de l'actualité sociale. »

10 août (Yves Omer)

« Temps mi-figue, mi-raisin, comme le moral. Préparation du travail pour le lendemain. En fin d'après-midi, amerrissage de l'hydravion — avec la pellicule! »

11 août (Patrice Innocenti)

« Cette nuit, Jacques et Bernard ont dormi dans le zodiac, afin de surprendre (et de filmer, si possible) les ours qui, depuis avant hier, s'intéressent de près à notre campement. Ils les ont devinés, mais au plus fort des ténèbres. Pas de film, mais la preuve que les plantigrades possèdent soit une certaine intelligence, soit un certain sens de l'humour, soit les deux en même temps.

« Plongée à l'embouchure de Meadown Creek, sur le cimetière de saumons. Journée de soleil, c'est-à-dire de travail et d'enthousiasme. »

Un passage presque à sec.

De nouveau, un peu plus d'eau...

12 août (Dominique Arrieu)

« Lever matinal. Temps beau et froid. Jacques, Bernard et Yves filment des séquences importantes sur le vieillissement des saumons. Je les rejoins un peu plus tard, avec Ben, le biologiste. Nouvelle plongée à l'embouchure d'un ruisseau (cette fois, Canyon Creek) : nouveau cimetière de saumons.

« L'après-midi, grands rangements. Le soir, dîner d'adieu pantagruélique, en compagnie de tous nos amis du *Fish and Game* et du *Wildlife Service*. Apéritifs. Gigantesque rosbif aux pommes de terre sautées (ouf! fini, le saumon!). Dessert. Et discussions interminables sur la photo, les ours et les baleines. »

13 août (Bernard Delemotte)

« L'hydravion arrive à 8 heures. Je fais partie du premier voyage avec Jacques. Le temps de charger, et, à 9 heures, la mer... Un vent de 40 nœuds, des odeurs d'algues et d'iode, des vagues, quelque chose qui bouge, qui vit, enfin! Littéralement, je me redresse. L'environnement statique des lacs et des montagnes, dans lequel nous venons de passer un mois et demi, a certes ses charmes — sa noblesse. Mais on s'y sent un peu prisonnier. Seule, la mer fournit une authentique et totale impression de liberté...

« Pour le reste, je ne m'étends pas sur cette journée : transporter du matériel en montagne ou au bord de l'océan, c'est bonnet blanc et blanc bonnet. »

14 août (Bernard Delemotte)

« Journée d'attente, que nous meublons tout de même intelligemment (eh! oui) en embarquant sur un bateau de pêche au saumon. Marins sympathiques, que ceux de ce *Lily 21 :* d'immenses gaillards, qui appellent leur capitaine « Papa ». Yves, dans la mer, à l'intérieur du filet, filme la panique et l'agonie des saumons pris dans les mailles. Images terribles, qui s'ajoutent, dans notre tête, à celles des cimetières lacustres de ces poissons. *La tragédie des saumons rouges...* Tout ce qui vit, par définition, doit mourir. Mais peu d'espèces, autant que le saumon, portent dès la naissance la marque évidente du trépas. »

15 août (Bernard Delemotte)

« Et voilà : la *Calypso* est à quai. Les retrouvailles sont chaleureuses. Cette fois, ç'en est bien fini de la mission « Saumons »... Savez-vous quel temps il fait? Il pleut. »

Cycle de vie

Ainsi s'achève, ce 15 août-là, le journal de bord collectif des hommes de la *Calypso*.

Toute l'équipe nous est revenue profondément impressionnée par son expédition. La tragédie des saumons rouges a ému Bernard Delemotte et ses amis. Mais ce qui les a le plus frappés, c'est le caractère inéluctable des événements qui marquent la vie des poissons. De la naissance à la mort du saumon, il n'y a pas place *une seule fois* pour l'initiative individuelle — pour le libre arbitre, pour l'exercice de la *liberté*. Je dirais plus : le hasard même semble ne jamais intervenir. Un *déterminisme* strict — celui de la programmation génétique — commande toutes les phases du devenir de l'individu. Les facteurs apparemment aléatoires (présence de prédateurs, filets des pêcheurs, accidents dans les cascades, etc.) jouent comme des lois d'airain si l'on regarde l'espèce entière : sur 5 000 œufs pondus par la femelle, moins de dix donnent, au bout du compte, des reproducteurs — et peu importe lesquels. C'est cela la règle de base de l'« entité » saumons...

Il existe, dans la nature, de grands « cycles » fondamentaux, desquels dépendent tous les êtres vivants : cycle de l'eau, cycle du carbone, cycle de l'azote, etc. Le saumon, en tant qu'espèce, obéit lui aussi à une sorte de *cycle* — moins important pour la biosphère* que les précédents, bien entendu, mais qui a le même caractère de régularité nécessaire.

Le premier stade est celui de l'*œuf*, pondu et fécondé dans la frayère.

Puis vient la *période vésiculée :* l'alevin, pendant environ 3 mois après l'éclosion, vit en puisant dans la réserve nutritive de sa *vésicule vitelline*. Cette poche en forme de poire qu'il a sous le ventre, et dont le volume originel atteint celui du reste du corps, se résorbe lentement, au fur et à mesure que le jeune acquiert plus d'indépendance alimentaire. A 3 ou 4 semaines, les nageoires de l'animal sont individualisées. A 5 semaines, ses branchies ont leur aspect final, et sa nageoire caudale, qui était d'abord semi-circulaire et convexe, devient fourchue. L'alevin, qui mesurait 2 cm de longueur à l'éclosion, n'atteint toujours pas 3 cm à 12 semaines.

Le troisième stade de développement est appelé *période nue*. L'alevin, vésicule vitelline résorbée, n'a pas encore d'écailles apparentes. Celles-ci sont en préparation. Elles ne viennent protéger le corps qu'à la fin du 4e mois.

La *période des écailles* dure un an chez les saumons du Pacifique, et deux ans chez ceux de l'Atlantique. L'alevin, qui mesure à peine 3 cm au début, atteint 12 à 15 cm à la fin de cette phase, selon les espèces. Il se nourrit abondamment du plancton* du ruisseau de sa naissance. Les Anglo-Saxons l'appellent *parr*.

Monter, toujours monter...

A la fin de la première (Pacifique) ou de la deuxième année (Atlantique), l'alevin de ruisseau *(parr)* subit d'extraordinaires modifications physiques et physiologiques. Il change de couleur (chez la plupart des espèces, il pâlit et s'argente). Il acquiert la capacité de vivre en eau salée. Et surtout, une force irrésistible le pousse à suivre le courant vers l'aval, jusqu'à la mer. Il s'est transformé en *alevin de descente,* ou *tacon,* ou *grison* (ou encore *tocan;* en breton, *glizik*) — c'est-à-dire, pour les Anglo-Saxons, en *smolt.* On nomme *smoltification* l'ensemble des phénomènes qui caractérisent cette période.

La migration vers la mer (catadrome, thalassotoque) est une migration *alimentaire* — ou, comme disent les scientifiques, *trophique* (du grec *trophê,* « nourriture »). Dans l'océan, les saumons — maintenant adultes — passent leur temps à manger. En eau douce, ils avaient finalement très peu grossi : un tacon pèse moins de 50 g. Dans les riches eaux marines, ils vont multiplier dès

Le corps aux trois quarts hors de l'eau.

la première année ce poids par 50. A la fin de leur phase marine (= thalassique), ils l'auront multiplié par 300 chez certaines espèces — jusqu'à atteindre 15 kg (saumon de l'Atlantique)...

La migration de remontée dans les fleuves et les ruisseaux, jusqu'aux têtes de bassins hydrographiques (dite anadrome ou potamotoque, on s'en souvient), est une migration *reproductrice, génétique*. Les animaux, de nouveau poussés par une force irrésistible à entreprendre un voyage de plusieurs centaines (voire de plusieurs milliers) de kilomètres, changent encore d'allure. Ils cessent de se nourrir (même si, au début de leur nage amont dans les fleuves, ils conservent le réflexe de mordre à la ligne des pêcheurs). Ils prennent une couleur différente — variable selon les espèces : roussâtre chez le saumon de l'Atlantique, mais verte et rouge chez le saumon rouge, comme on l'a vu. Leur tête se déforme. Leur museau s'hypertrophie (chez les mâles), leurs mâchoires s'arquent et prennent l'allure d'un bec redoutable (d'où leur surnom de bécards). Leurs glandes sexuelles mûrissent. Et, pour un petit nombre d'entre eux, ils parviennent à donner la vie à leur tour dans leur torrent d'origine...

Cette septième étape du cycle des saumons (la période dite *de la remontée*) donne lieu à de nombreuses variations selon les espèces. Les saumons du Pacifique reviennent dans les fleuves à l'âge de 4 ou 5 ans, sous forme de *grands reproducteurs;* il existe chez eux, à ce moment-là, une parfaite homogénéité de population. Les saumons de l'Atlantique compliquent singulièrement ce schéma de base. Certains ne passent qu'une seule année dans la mer, et retournent donc dans leur ruisseau natal à 3 ans (le tacon, chez cette espèce, descend à 2 ans); ils remontent les fleuves au printemps et en été : on les appelle *saumons de printemps, saumons d'été, garbillots, castillons, saumoneaux,* ou plus souvent *madeleineaux* (en anglais : *spring salmons, summer salmons,* ou *grilses*). D'autres demeurent 2, 3, 4, voire 5 ou 6 ans (c'est exceptionnel) dans l'océan; ils arrivent à l'embouchure des fleuves en hiver, et correspondent aux *grands reproducteurs* uniques des espèces pacifiques; on les nomme *saumons d'hiver (winter salmons), saumon frais, saumons bleus,* etc. Une troisième catégorie, jusqu'ici inconnue dans le Pacifique, est composée de saumons qui, ayant déjà réussi une fois à accomplir l'acte sexuel, ont survécu, sont redescendus vers la mer, et sont remontés de nouveau l'année suivante en eau douce pour donner la vie. Ces heureux rescapés, moins nombreux qu'on ne l'a cru jusqu'à une date récente, sont baptisés *saumons refaits* ou *charognards* en France, et *kelts* ou *mendeds* dans les pays anglo-saxons. Il est à noter que madeleineaux, saumons d'hivers et saumons refaits, s'ils ne sortent pas de l'océan à la même époque de l'année, se reproduisent tous en hiver.

Le cycle de vie du saumon s'achève — toujours dans le Pacifique, la plupart du temps dans l'Atlantique — par la *dégénérescence rapide* et la mort, au cours des 8 à 15 jours qui suivent la ponte et la fécondation.

Questions

Les métamorphoses* et la prodigieuse odyssée des saumons recèlent bien des mystères, que les scientifiques sont loin d'avoir tous résolus.

Je voudrais en passer quelques-uns en revue.

1º *Qu'est-ce qui détermine la transformation de l'alevin en tacon?* En d'autres termes, *quel est le mécanisme de la smoltification?*

La descente vers la mer du très jeune saumon (de 1 an ou de 2 ans, selon qu'il est du Pacifique ou de l'Atlantique) s'effectue au printemps. Divers facteurs semblent influencer l'animal : les crues, la température, la lumière. Le voyage commence de préférence la nuit, par temps couvert, et en période de hautes eaux. Mais la date de la migration change aussi en fonction des conditions climatiques des derniers mois d'hiver : si janvier, février et mars ont été particulièrement froids, elle se déclenche plus tard que d'ordinaire.

Ces différents facteurs externes, pour déterminer le comportement de l'animal, doivent être *intégrés* par lui. Ici, le rôle essentiel revient aux organes des sens, à certaines parties du cerveau, et à des glandes sécrétrices d'hormones* (glandes *endocrines*).

Sous certaines conditions de *température,* par exemple, la peau réagit, le cerveau reçoit le message des terminaisons nerveuses spécialisées (« points de chaleur »), et l'hypothalamus* envoie à la *glande thyroïde** un « ordre » : celui d'activer sa sécrétion d'hormone. (En fait, l'hypothalamus correspond avec la « reine des glandes », l'*hypophyse**, qui lui est toute proche, et qui sécrète elle-même une hormone de stimulation de la thyroïde.)

Le même schéma global peut être tracé en ce qui concerne les facteurs *lumineux.* Les variations de l'intensité de la lumière du soleil au fur et à mesure que le printemps approche, et plus encore les modifications de la durée relative des jours et des nuits (rythme *circadien*), sont perçues par l'œil (1) et « mesurées » par le cerveau. Celui-ci, par sa partie « hypothalamus », excite la glande hypophyse, laquelle, à son tour, envoie davantage de thyréostimuline à la thyroïde. Cette dernière produit en grande quantité (mais tout est relatif, avec les hormones...) sa propre sécrétion. Et le corps réagit tout entier : on a démontré depuis longtemps déjà (Landgrebe, 1941) que l'injection d'hormone thyroïdienne à un alevin de ruisseau (*parr*) suffit à lui donner la plupart des caractères distinctifs (couleur, etc.) du tacon *(smolt).*

Facteurs externes (crues, température, lumière) et facteurs internes (hypersécrétion thyroïdienne) se conjuguent donc pour bouleverser la morphologie et la physiologie du jeune saumon, et déterminer sa descente vers l'océan.

Comment parvient-il à s'*orienter* vers la mer? C'est une autre question. Bien évidemment, il perçoit la direction du courant grâce à cet organe des sens particulier aux poissons, qui s'appelle la *ligne latérale**. Mais cela ne suffit pas — notamment dans les lacs. D'autres mécanismes interviennent. Les bouleversements physiques et physiologiques dus à l'hypersécrétion thyroïdienne ont leur importance. Ainsi, en perdant son pigment gris-brun et en devenant argenté, le tacon se trouve-t-il peut-être moins bien protégé contre les radiations solaires, et recherche-t-il des rivières de plus en plus profondes — jusqu'à la mer. Ainsi également, les modifications sanguines qu'il subit (taux anormal

---

(1) Et également par la pituite*, ou glande pinéale.

de sucres et de protéines) lui font-elles probablement se mettre en quête d'eaux de plus en plus salées. Ainsi encore la diminution du taux de chlore dans ses muscles et la déminéralisation de ces mêmes organes lui interdisent-elles certainement de lutter contre le courant, même s'il en éprouvait l'envie...

En tout cas, la préparation à la descente vers la mer et la mise en place des mécanismes d'orientation du tacon constituent un ensemble très cohérent. Le jeune saumon leur doit, en outre, de se trouver prêt à affronter le considérable changement de *salinité* qui l'attend lorsqu'il arrive à l'estuaire de son fleuve.

L'adaptation à des milieux de salinités différentes, ou *euryhalinité* (par opposition à la *sténohalinité,* qui caractérise les animaux qui ne supportent pas les changements de concentrations en sels dissous), commence seulement à faire l'objet d'études précises. Chez le saumon, on suppose qu'elle est imputable, entre autres, à l'influence de l'hyperactivité thyroïdienne sur les reins et le système excréteur.

2° *Où les saumons vont-ils lorsqu'ils sont en mer?*

Cette question est restée longtemps sans réponse, et il faut bien reconnaître que si elle a été en partie résolue, tout est encore loin d'être clair dans ce domaine.

(Notons tout de suite que l'homme, sitôt qu'il a découvert les premiers refuges océaniques du saumon, s'est empressé d'aller... l'y pêcher. Cette nouvelle prédation humaine, à un stade de l'existence du poisson où elle n'avait jamais eu lieu, est extrêmement dangereuse : les effectifs des diverses espèces concernées s'en trouvent encore diminués.)

D'une façon générale, les saumons arrivés à la mer au terme de leur migration de descente mènent une vie *pélagique* — c'est-à-dire de pleine eau. Ils se nourrissent de toutes sortes d'animaux marins : vers, crustacés* flottants, petits poissons, etc.

Il semble bien que, pour chaque espèce, il existe de véritables « terrains d'engraissement ». Ce sont les points de l'océan particulièrement riches en crevettes et autres petits crustacés mangeurs de plancton — c'est-à-dire, pour l'essentiel, les zones sub-polaires de rencontre des eaux froides et des eaux chaudes.

Dans l'Atlantique, outre quelques régions de pâture provisoire disséminées (partie méridionale de la Baltique, ouest de la Norvège, est de Terre-Neuve), le grand centre de rassemblement des saumons se trouve *entre le Groenland et le Labrador, c'est-à-dire à l'entrée des détroits d'Hudson et de Davis.* Tous les saumons d'Europe, de la côte est américaine et de la côte est canadienne, passent une ou plusieurs années dans ce périmètre limité. Leurs aïeux venaient là quand l'Atlantique était moins large : eux les imitent, alors que l'océan, par le jeu de la dérive des continents, mesure maintenant 5 000 km d'est en

Enfin la frayère est atteinte.

ouest. Un saumon né en Bretagne, et nageant sans s'arrêter à la vitesse record pour l'espèce de 50 km par jour, ne met pas moins de 100 jours à revenir de son lieu de pâture à sa rivière de ponte...

Dans le Pacifique, les animaux n'ont pas d'aussi longues distances à parcourir. Leurs points de rassemblement en mer sont disséminés au large des îles Aléoutiennes, et il en existe un important dans la partie centrale du golfe d'Alaska.

3º *Comment se déclenche la migration de remontée vers les rivières?*

On l'ignore encore absolument. Un processus de mûrissement interne doit amener le saumon vers l'état de « crise » qui lui fait entreprendre son voyage. L'hypothèse émise par le Dr Roule dès 1920 *(Étude sur les saumons des eaux douces de la France...)* n'est pas plus mauvaise qu'une autre : « L'organisme, pendant la vie de croissance en mer, assimile avec intensité, accumule dans ses tissus de nombreuses réserves, arrive à cet état de replétion physiologique où toute acquisition supplémentaire de cette sorte devient moins aisée. Il lui faut dépenser les matériaux accumulés. Cette phase est celle de la préparation. »

Si le facteur déclenchant fondamental reste à découvrir (outre la prise de poids excessive, on a évoqué une véritable programmation génétique *dans le temps* du comportement de l'animal), en revanche, on connaît bien l'*état* physique et physiologique dans lequel le saumon arrive en vue des eaux douces. En peu de mots, ce qui le caractérise, c'est la *surexcitation thyroïdienne* — comme pendant sa smoltification, mais avec de nombreuses variantes secondaires, bien entendu. Le poisson devient hypersensible à la salinité du milieu, et probablement très sensible au taux d'oxygène et de gaz carbonique dissous.

Le problème du retour

Bien d'autres questions se posent, dès lors que l'on aborde le vaste chapitre de la migration des saumons.

Par exemple : *A quoi est due la fameuse couleur rose de leur chair lorsqu'ils arrivent dans les estuaires?* (Réponse : A des pigments caroténoïdes. c'est-à-dire voisins de ceux qui colorent la carotte. Ces pigments, d'origine alimentaire, sont transformés par les tissus de l'animal. A mesure que ce dernier approche

Comment recueillir les œufs d'une femelle en lui pressant sur le ventre.

L'acte reproducteur accompli, le saumon épuisé se laisse aller sur le flanc.

de la maturité sexuelle, ils passent dans les œufs, qui deviennent roses, au détriment des chairs, qui repâlissent. Ces substances ont une fonction non négligeable dans le développement ultérieur des embryons et des alevins. Rien d'étonnant à cela : elles sont voisines de la vitamine A.)

Ou bien : *Quelle est l'origine même de la migration?* (Réponse : Difficile à dire! Mais on a le sentiment que le saumon dérive de la truite, dans l'ordre de l'évolution. Or, chez la truite de lac *Salmo fario lacustris,* le phénomène migratoire existe : l'adulte remonte les plus petits ruisseaux pour aller pondre; l'alevin passe quelque temps dans son ru natal, avant d'entreprendre son voyage de descente vers le lac; il se développe, et à maturité, il va pondre à son tour dans son torrent d'origine. On le voit : le parallélisme avec le destin du saumon est frappant. L'hypothèse avancée est que le saumon serait en fait une truite amenée à descendre de plus en plus bas à la recherche de sa nourriture, et qui aurait fini par la trouver dans le plus grand des lacs imaginables : la mer... Bien entendu, ce genre de supposition doit être examinée avec la plus grande prudence, dans l'état actuel de nos connaissances.)

Mais la plus passionnante de toutes les questions posées par la migration des saumons, est celle du *retour* de ces animaux à leur ruisseau d'origine (le *homing,* pour parler comme les anglo-saxons). En d'autres termes, le grand problème est celui de leurs *moyens d'orientation.*

Commençons par éliminer ce qui s'explique simplement. Ce n'est pas lorsque le saumon s'est déjà bien approché des côtes qu'il est difficile de percer à jour le secret de ce prodigieux sens du « foyer ». A ce moment-là, plusieurs facteurs du milieu le guident :

* *La salinité.* Le sens du goût du poisson est bien développé. Toutes les expériences prouvent qu'il est capable, lorsqu'il approche des estuaires, de se diriger sans erreur vers les eaux les plus douces.

* *La température.* L'eau des fleuves est plus froide que celle de la mer, particulièrement en hiver et dans les régions nordiques. Aucun doute que le saumon se sert de ce « gradient », de cette *échelle progressive* du chaud et du froid, pour se diriger.

* *L'oxygène.* Le poisson qui s'apprête à remonter les fleuves arrive en état d'hyperthyroïdie, c'est-à-dire qu'il « tourne au maximum de son régime ». Ses besoins en oxygène sont très supérieurs à ce qu'ils étaient durant la phase d'engraissement au large. Comme les fleuves contiennent davantage d'oxygène dissous que la mer, on comprend que le poisson s'y transporte. De même, on conçoit que l'animal continue sa route jusqu'au bout vers l'amont : aucune eau n'est aussi oxygénée qu'un torrent de montagne.

* *Le gaz carbonique.* Selon certaines expériences, le saumon paraît très sensible au taux de gaz carbonique dissous. Comme l'oxygène l'attire (tro-

pisme* positif), le CO_2 le fait fuir (tropisme négatif). Il choisit donc, entre deux milieux, le plus pauvre en dioxyde de carbone — le fleuve plutôt que la mer, le ruisseau plutôt que le fleuve.

* *Le pH*. Le saumon perçoit finement l'acidité ou l'alcalinité de l'eau (son potentiel hydrogène, ou *pH*). Il préfère un environnement liquide *alcalin*. Ce sens « de l'acide » l'aide probablement surtout à se diriger lorsqu'il a déjà entamé sa remontée en eau douce, et qu'il doit choisir de continuer sa route dans une rivière ou dans son affluent.

* *Les odeurs*. Aucun doute là non plus : le saumon possède un odorat de super-limier. Les expériences sur le rôle du sens olfactif dans le *homing* se succèdent depuis que le Pr Craigie a mené les premières en 1926. Les plus convaincantes sont probablement celles des Prs Hasler et Wisby : ces derniers ont démontré que les saumons différencient sans peine l'eau de deux fleuves voisins; qu'il s'agit bien d'une sensibilité aux parfums, puisque la destruction de l'épithélium* olfactif des animaux supprime cette faculté de discrimination; et que les substances actives sont très volatiles, puisqu'elles s'évaporent sous vide à 25 °C. Les saumons choisissent ainsi (au moins en partie) *au nez* leur itinéraire.

Aucun des divers facteurs que nous avons passés en revue (salinité, température, oxygène, gaz carbonique, pH et odeurs) n'est susceptible *seul* de faire réagir le poisson. Ce dernier tient compte du faisceau général de ses sources d'information. Il pourra aussi bien, provisoirement, préférer un cours d'eau *plus* salé à un moins salé, un ruisseau *moins* oxygéné à un plus oxygéné, etc. Il se fie à un *ensemble* de paramètres, bien plus qu'à telle ou telle variable particulière.

A plus forte raison, aucun des facteurs ci-dessus ne suffit à guider le saumon *depuis la pleine mer jusqu'à l'embouchure de son fleuve*. Quel gradient de salinité, ou de température, ou de gaz dissous, ou de pH, peut-il exister entre l'ouest du Groenland et l'Europe occidentale, ou entre le Kamtchatka et l'île de Kodiak? Comment les odeurs d'un minuscule fleuve côtier ne seraient-elles pas totalement éliminées, à force de dilution, dans 5 000 km d'océan? Même si, comme on en a émis l'hypothèse, l'odeur du ruisseau d'origine du saumon s'inscrivait de façon indélébile dans le système nerveux de l'animal dès sa naissance, on voit mal comment elle pourrait lui parvenir à travers des milliards de mètres cubes d'eau... Que cette empreinte lui serve quand il arrive à proximité des côtes, par contre, cela ne fait aucun doute.

Alors, en pleine mer, comment fait-il?

Une ancienne hypothèse, reconsidérée récemment sur la base d'un modèle mathématique élaboré par un ordinateur, voudrait que le saumon *migre entièrement au hasard*. Après tout, disent les tenants de cette théorie, une grande

Un processus de vieillissement accéléré commence : les chairs du poisson se nécrosent ; la mort est proche.

Mais ce cycle immuable recommencera : l'alevin né de l'œuf ira à la mer, et dans cinq ans remontera sa rivière natale.

Puissance extraordinaire du poisson qui saute...

partie des poissons disparaissent au cours du voyage. Victimes des prédateurs, ou égarés ? Il arrive près des côtes, où le relais de l'odorat devient possible, à peu près autant de saumons que la théorie prévoit qu'il en arriverait s'ils voyageaient au hasard... La seule objection sérieuse que l'on peut faire à cette idée tient dans le comportement même des poissons que l'on voit migrer : ils ont vraiment l'air de savoir où ils vont — même en plein cœur de l'océan. Quand on essaie de les faire nager en sens inverse, ils s'y refusent obstinément — ce qu'ils n'auraient aucune raison de faire s'ils se déplaçaient sans but.

D'autres explications, apparemment un peu fantaisistes (mais sait-on jamais), ont été fournies. On a pensé, par exemple, que le saumon possède un système de *guidage par inertie,* localisé dans l'appareil vestibulaire de son oreille interne ; mais les anatomistes et les physiologistes consultés sur cette possibilité ne l'ont pas retenue. On a dit aussi que le poisson peut se repérer grâce à un sens extrêmement fin de la *pesanteur* (également localisé dans son

oreille interne); ce sens lui permettrait de détecter les variations régionales du champ de gravitation terrestre, et par conséquent de se porter dans la direction de son choix. On a encore évoqué la possibilité d'une perception, par l'animal, du *champ magnétique* de notre planète (mais par quel organe? Mystère...). On a songé aussi à la *lumière polarisée,* que certains insectes utilisent à coup sûr dans leur orientation. On a écrit bien d'autres choses encore.

Mais il semble bien, d'après les expériences les plus modernes (en particulier celles du Pr Arthur D. Hasler), que le saumon, à l'instar d'autres animaux, compte essentiellement sur le *soleil* pour retrouver sa route. Comme l'abeille et comme de nombreux oiseaux migrateurs, il possède une *horloge interne* précise, grâce à laquelle, en percevant la position de l'astre dans le ciel, il peut en « déduire » la direction à suivre. Il procède, en cela, à la façon d'un marin qui, ayant cassé sa boussole, mais disposant d'une table des coordonnées du soleil aux différentes heures, aux différentes saisons et aux différentes latitudes, serait obligé de faire le point sans cesse pour garder le cap. Un navigateur, dans cette situation, consulte un livre, et calcule. Le poisson porte son livre écrit dans son patrimoine génétique (sinon en détails, du moins dans ses grandes lignes); son système nerveux, travaillant comme un ordinateur, analyse les données des sens (yeux) et prend les « décisions » nécessaires en fonction du *programme* de voyage que l'évolution a tracé à l'espèce.

Au reste, comme il est prouvé, désormais, que le saumon migre aussi *de nuit,* cette boussole solaire doit être complétée par d'autres moyens d'orientation. On suppose, sans en être sûr, que l'animal est sensible (grâce à sa *ligne latérale*) aux *grands courants océaniques* et aux *vents dominants* — les seuls facteurs facilement détectables, avec le soleil, qui se fassent sentir sur des centaines et des centaines de milles...

Mais comme disait, dans l'ancienne Chine, l'empereur Wou des Léang (464-549) :

> « *Insondable la profondeur des eaux!*
> *L'apparence des choses est facile à voir;*
> *Mais leur principe est d'une quête ardue.* »

Tant de mystères restent à résoudre, dans la vie du saumon, que je préfère laisser le dernier mot au poète.

deuxième partie

L'HIVER DES CASTORS

Un infini de forêts, de lacs, et de rivières.

4

des dents pour ronger

UN INFINI DE FORÊTS, DE ROCHES ET D'EAU
INDÉSIRABLES ET DÉPORTÉS — MA CABANE AU CANADA
LES FONDRIÈRES DU MAITRE TERRASSIER
LE MUSC — PORTAGE ET FOURRURE
UN VÉGÉTARIEN PRÉVOYANT
CHOISIR SON ENVIRONNEMENT

Le crépuscule tombe sur le lac et sur la forêt : entre les arbres, les ténèbres s'épaississent. C'est l'heure des animaux nocturnes.

Le castor, grimpé sur la rive herbeuse, se dresse sur ses pattes de derrière, contre le tronc laiteux, d'un petit bouleau. Il s'assoit sur sa large queue plate et écailleuse, et saisit l'arbre entre ses bras. Il incline la tête sur le côté, et attaque résolument le bois avec ses longues incisives. Il entame une partie du fût, puis se déplace et taille l'autre côté du tronc. En quelques minutes, il en arrive à ne laisser subsister qu'un mince pivot axial, si fragile que le premier coup de vent renverse l'arbre.

Le rongeur regarde choir le bouleau sans paraître se préoccuper beaucoup du point de chute. Les accidents sont rares, mais certains castors se sont fait prendre sous le végétal qu'ils avaient tranché. L'animal que je contemple ici travaille seul. Il arrive cependant que deux congénères se relaient pour couper le même arbre.

La puissance des dents du castor est telle qu'il peut cisailler d'un seul coup des branches plus épaisses que le pouce : la section en est alors oblique et parfaitement nette, comme si elle avait été donnée par un couteau très tranchant.

Ce qui m'a frappé d'abord, lorsque j'ai vu de près mon premier castor, c'est la taille respectable de ce rongeur*, le plus grand de l'hémisphère boréal : les individus de 1 m de longueur et de 25 kg de poids ne sont pas rares (en moyenne : 80 cm et 15 kg); le record de taille est de 1,30 m (sans la queue), et celui de poids de 32 kg.

Mais plus encore, peut-être, que cette carrure d'athlète, la queue bizarre de l'animal attire l'œil. Ce large appendice écailleux, aplati en palette, long de 25 à 30 cm et large de 10 à 12, lui sert aussi bien à guider sa nage, qu'à donner l'alerte d'un coup sec à la surface de l'eau, ou qu'à... s'asseoir pour mieux ronger.

Le castor, c'est aussi, bien entendu, quatre dents extraordinaires — quatre incisives* recourbées (que je viens de voir employer ce soir avec une ardeur et une efficacité rares). Il s'agit là de puissantes lames de ciseaux, de couleur orange vif, longues d'un pouce, et qui ne cessent de s'affûter chaque fois qu'elles rongent. L'ivoire (dentine) de leur zone postérieure s'use plus vite que la couche d'émail très dur de leur partie antérieure; si bien qu'il en résulte quatre outils très tranchants, au fil desquels les troncs des bouleaux, des peupliers et des saules ne résistent pas longtemps.

Un infini de forêts, de roches et d'eau

Un infini de forêts, de roches et d'eau, d'une beauté sauvage, où les verts étranges et les bleus profonds de mille lacs et de mille rivières s'unissent aux ors des arbres en automne : voici l'empire des castors.

C'est ce paysage sublime que je contemple depuis les airs, tandis que je rallie en hélicoptère la base avancée qu'une équipe de la *Calypso* a établie dans le nord de la province canadienne de la Saskatchewan. (652 000 km² — près de 100 000 km² de plus que la France : voici qui donne une idées des immensités auxquelles nous allons être confrontés...)

Nous nous sommes installés dans une cabane de bois rouge que nous avons construite nous-mêmes, sur une rive déserte du lac *Foster,* entre les 56e et 57e degrés de latitude septentrionale. Depuis la chute dorée des feuilles en automne jusqu'à l'explosion de la sève nouvelle au printemps, nous allons devenir les témoins passionnés de la lutte des castors pour survivre en hiver.

J'ai décidé cette mission, qui va nous faire vivre un hiver entier dans la neige et le blizzard du Grand Nord, parce que je veux observer le castor *dans son milieu naturel.* C'est ma règle : j'ai toujours procédé de la sorte pour toutes les espèces que j'ai étudiées. Mais à la vérité, l'idée de l'expédition n'est pas neuve. Elle est née voici quatre ans déjà, bien loin du Grand Nord canadien, au chaud climat de la Floride, alors que nous tournions un film sur les « sirènes oubliées », les lamantins*. La contemplation de ces gros mammifères boudinés et nus, paresseusement attablés à des festins de jacinthes d'eau dans des canaux surchauffés par le soleil tropical, nous avait fait rêver, par contraste, d'industrieux rongeurs à la fourrure précieuse, dans la neige et la glace des contrées septentrionales...

J'ai grande envie, maintenant que nous sommes à pied d'œuvre, de contribuer à éclaircir un vieux mystère qui passionne les spécialistes du comportement animal : celui de la part que prennent respectivement l'*instinct* et l'*intelligence* dans le travail du plus entreprenant, du plus actif et du plus hardi des ingénieurs-bâtisseurs à quatre pattes.

Un autre problème me hante. Je veux parler des conflits qui opposent l'homme au castor, et de la façon dont l'homme règle à sa façon ces litiges.

Lorsqu'un castor a choisi le territoire qui lui convient (le cours d'eau qui lui plaît, où il se sent en sécurité, et près duquel il est sûr de trouver une nourriture abondante), il édifie un barrage, creuse des galeries d'accès et construit une hutte d'habitation avec une ardeur et une obstination proprement incroyables. Rien ne le fait plus renoncer, ni la hache destructrice de l'homme, ni même, dans certains cas, le dynamitage de son œuvre. Autant de fois que nécessaire, il viendra colmater la brèche ou reconstruire le mur écroulé. « Seule la mort l'empêche de bâtir », disaient les anciens coureurs des bois.

Cette opiniâtreté, tout à fait bénéfique à l'espèce dans la nature, pose un problème redoutable lorsqu'elle heurte l'égal entêtement des hommes. Le castor et nous-mêmes avons en commun le privilège de modifier sensiblement notre environnement pour vivre. Nous adaptons le milieu à nos besoins, au moins autant que nous adaptons nos exigences à notre environnement. Lorsque nos territoires d'activités respectifs se coupent, des conflits s'ensuivent. Force est de reconnaître que, jusqu'à une époque récente, les litiges se sont toujours soldés par une déclaration de guerre unilatérale de l'homme au castor.

Il faut dire que ce rongeur n'a rien d'un bricoleur du dimanche. Quand il tire des plans, c'est sur des dizaines de mètres carrés. Ses chantiers atteignent une surface impressionnante. Ses retenues d'eau sont autant de nouveaux lacs. Les dégâts qu'il cause involontairement aux entreprises humaines peuvent être notables. Le castor est admirablement équipé pour abattre des arbres; c'est en quelque sorte sa nature; mais, s'il préfère les bouleaux et les peupliers, il jettera tout aussi bien à terre une demi-douzaine de petits arbres fruitiers en une seule nuit. De même son instinct (son programme génétique) lui *impose* absolument de construire des barrages : peu lui importe, alors, d'interrompre un canal d'irrigation, de combler un drain d'assèchement, ou de submerger une route sous l'eau de sa retenue.

Indésirables et déportés

C'est (aussi) en partie pour étudier la validité des solutions que le gouvernement canadien apporte à ce problème, que j'ai décidé notre hivernage dans le Grand Nord.

En deux mots, la situation est la suivante : les barrages des castors doivent être assez élevés pour maintenir, en toutes saisons, un niveau d'eau minimal (vital) dans les bassins ; jamais les prédateurs, en particulier, ne doivent pouvoir gagner à pied sec l'entrée des huttes d'habitation : ours, loups, lynx, renards, gloutons ne feraient qu'une bouchée des jeunes incapables de s'enfuir. Mais il arrive parfois que les rongeurs, par leur travail, provoquent l'inondation des routes ou des prairies situées à la lisière de leur domaine.

Voici quelques années à peine, on ne s'embarrassait guère de sentiment. Un piège à palette ou une trappe : l'animal était capturé, achevé, dépouillé ; on allait vendre sa fourrure au marchand du coin : c'était tout bénéfice. Lorsque le cours des peaux chutait, un simple coup de fusil réglait la question.

Aujourd'hui, la protection de la nature est devenue une exigence. On a en outre, compris le rôle capital que le castor joue dans l'équilibre écologique, de la forêt canadienne. Par conséquent, on ne tue plus. On *transplante* les « indésirables » dans le Grand Nord, où ils n'entrent plus en conflit d'intérêts avec les hommes.

Tout le problème est de savoir si cette déportation n'est pas, malgré tout, fatale aux animaux. Intervient-elle toujours à la bonne époque de l'année ? Les rongeurs ont-ils le temps (et les capacités physiques) de se réinstaller rapidement dans un environnement inconnu ? Est-on toujours sûr qu'ils ne seront pas impitoyablement rejetés et condamnés à la famine par leurs congénères premiers occupants des lieux ? Leur capture, puis leur libération dans un autre cadre d'existence, ne masquent-elles pas, au bout du compte, une mort différée ? S'il est prouvé, au contraire, qu'il y a des survies et des adaptations satisfaisantes, a-t-on une idée précise du pourcentage de réussites ?

Avant de décoller en hydravion pour le lac Foster et le Grand Nord — avant d'aller vivre l'hiver des castors —, Philippe Cousteau et l'équipe avancée de la *Calypso* pouvaient effectivement se poser ces questions. Ils avaient eu l'occasion d'observer les « dégâts » des castors dans la région du lac *La Ronge* (le bien nommé !). Dans cette contrée « civilisée », les projets d'aménagement de l'homme et du rongeur entrent assez fréquemment en contradiction. Philippe et ses compagnons avaient pataugé sur des routes inondées par les barrages des castors, et ils avaient assisté, en observant des trappeurs employés par le Département Canadien des Ressources Naturelles, à la capture et au déplacement d'animaux adultes jugés indésirables.

En canoë sur le lac Foster.

« Lorsque l'idée de la mission « Castors » a pris corps, raconte Philippe, j'ai confié à Louis Prézelin le soin de localiser l'endroit où nous irions travailler. Au mois de juillet de cette année-là, c'était chose faite : Louis me demandait de le rejoindre dans un bourg de 3 000 âmes baptisé La Ronge. De là, nous devions par la suite nous envoler en hydravion vers le lac Foster pour le grand hivernage. Ivan Giacoletto rallia notre camp de base en août, après avoir passé neuf jours inconfortables au volant du camion qui transportait le matériel de cinéma, de plongée et de... charpente. Entre le lac La Ronge et le lac Foster, il n'y aurait plus d'autre moyen de transport que l'hydravion : pas la moindre route — pas même la plus sommaire des pistes « jeepables ». Pendant les mois glacés, aucun canot, aucun cheval, ne pourraient plus franchir les 200 km de désert blanc qui nous sépareraient de la ville la plus proche...

« En attendant le grand départ pour le « Nord profond », j'ai tenté de longues heures de filmer dans la région du lac La Ronge les diverses opérations de construction d'un barrage par les castors. J'avais, avant de venir, dépouillé une documentation pléthorique sur ce thème, qui a bien séduit les naturalistes : mais pas un des auteurs n'avait explicitement indiqué que les castors travaillent exclusivement *la nuit* : handicap insurmontable pour un cinéaste... Tous les matins, je trouvais de nouveaux arbres abattus près du site que les animaux avaient choisi; mais quand, le soir suivant, j'arrivais avec mes projecteurs pour tirer le portrait des bûcherons à l'œuvre, pfuit!... en une seconde, ils avaient disparu. Je parvenais, certes, en déployant des trésors d'astuce, à filmer les rongeurs en plongée — et c'était déjà un exploit, tant ils sont farouches. Un matin à l'aurore, en compagnie de François Charlet, j'avais même réussi le prodige d'approcher à trois mètres, sous le vent, un de ces sauvages occupé à transporter un tronc d'arbre aussi gros que lui (hélas, la lumière était trop faible). Mais jamais je n'étais arrivé à observer à ma guise un de ces animaux en train d'abattre un bouleau ou un tremble.

« C'est alors que nous eûmes connaissance des « déprédations » (ce n'est évidemment pas le terme que nous aurions employé) dont les rongeurs se rendaient responsables à l'encontre des routes de la région. Une mission allait remplacer l'autre.

« Puisqu'il apparaissait impossible, pour l'instant, de filmer les castors au travail, nous allions nous attacher, en priorité, à étudier leurs problèmes de voisinage avec l'homme.

« A une dizaine de kilomètres de La Ronge, ces animaux s'étaient carrément servis du remblai surélevé d'une route pour construire leur barrage. Preuve d'intelligence? Peut-être pas. En tout cas, excellente utilisation du terrain. L'eau, en montant, submergeait déjà de plusieurs décimètres la chaussée... Nous nous rendîmes sur les lieux. L'automne était là.

« Pour « résoudre » le problème, le Département des Ressources Naturelles avait chargé deux trappeurs indiens de capturer et de déplacer les rongeurs « fautifs ». Les hommes, habitués à cette tâche, firent sauter sous nos yeux à la dynamite une partie du barrage — non pas pour le détruire, mais simplement pour attirer les animaux inquiets dans la brèche, et les y prendre à la trappe. Le stratagème fonctionna comme prévu. Un castor vint se jeter dans le piège.

« On le chargea sur une camionnette, et en notre présence, on alla le relâcher à plusieurs dizaines de kilomètres de son territoire d'origine, dans une rivière qui ne ressemblait pas particulièrement à la sienne — plus rapide, plus tumultueuse que celle qu'il croyait être naguère son royaume.

« Pour autant qu'on sache interpréter les réactions d'un castor, le pauvre animal ne m'a pas paru spécialement enchanté de son déménagement involontaire. Bien que visiblement terrorisé par les hommes, il a hésité et reniflé longtemps avant de quitter la prison dont on lui ouvrait la porte. Et lorsque enfin il s'est décidé à plonger dans l'eau rapide, qui d'entre nous n'a pas douté de ses chances de survie ? »

Nous aurons, en plein hiver, par des températures intenables, l'occasion de méditer sur ce plongeon dans l'inconnu : lorsque nous repérerons, parmi les glaces du torrent, à quelque distance de notre cabane, un couple d'adultes affamés, sans forces et sans logis. Ces animaux-là, l'automne précédent, à 200 km plus au sud, se préparaient-ils, guidés par leur instinct, à affronter la saison difficile en renforçant leur barrage et en entassant des provisions ? Et furent-ils jugés « indésirables » par le service local des Ponts et Chaussées ?

Ma cabane au Canada

Pour parvenir au lac Foster, l'hydravion de Philippe a survolé un immense labyrinthe d'arbres et d'eau — l'empire végétal et liquide qui fut jadis celui des castors.

Aujourd'hui, l'aire de peuplement de ces rongeurs s'est considérablement rétrécie : une véritable peau de chagrin. Où ils abondaient voilà moins d'un siècle, on n'en trouve parfois plus trace — plus un barrage, plus une hutte. Leur sort, au Canada, n'est pas aussi précaire que dans de nombreuses régions des États-Unis ou que (bien pis) en Europe. Mais il risque de le devenir. Les activités humaines réduisent chaque jour davantage les dernières terres vierges. Chaque année, dans le Grand Nord, la « civilisation » gagne une cinquantaine de kilomètres sur la nature. Dans une génération, si rien n'est fait, ç'en sera terminé de la faune sauvage.

Les rivages du lac Foster, pourtant, fournissent encore une extraordinaire impression de sauvagerie — cette même impression que ressentirent puissamment les premiers découvreurs européens de l'Amérique. Pas une route, pas une habitation, pas une fumée qui s'élève : rien que des rochers, des arbres et de l'eau. Ah! si, pourtant, autre chose : une miraculeuse petite plage de sable blond, où les vaguelettes du lac viennent doucement s'éteindre... C'est là, à la limite des arbres, que la cabane sera construite.

Quelques instants avant que l'hydravion ne se pose sur le lac en soulevant des gerbes de gouttelettes illuminées par le soleil rasant d'automne, Philippe et

En place pour ronger...

◀ Les bouleaux figurent parmi les arbres préférés du castor.

ses compagnons ont aperçu deux *élans* sur la rive. Ces énormes cousins du cerf et du chevreuil, que l'on appelle « orignaux » au Canada, étaient en train de se gaver de feuilles. Ils prenaient visiblement des forces pour l'hiver. Ils ne trouveraient plus, en effet, pendant les mois de glace, que de rares et maigres végétaux — écorces et lichens — enfouis sous la neige. Ils avaient déjà perdu leurs larges bois palmés, et n'en acquerraient de nouveaux qu'au début du printemps, comme tous les autres cervidés*. C'étaient deux individus de haute stature : l'élan est un ruminant massif. Poitrail puissant, tête découpée à la hache, bosse au garrot, et larges sabots pour ne pas enfoncer trop profondément dans la neige en dépit d'une masse considérable : tel est l'animal. Le mâle adulte de l'espèce dépasse 2 m de hauteur et pèse plus de 450 kg.

Si nous voulons suivre la destinée incertaine des castors dans le Grand Nord canadien, il est grand temps que nous nous préparions à l'épreuve. Ce n'est jamais une plaisanterie que d'hiverner sous ces latitudes; plus d'un voyageur imprudent y a laissé la vie. Et si, pour le moment, tout le monde jouit de la douceur exceptionnelle de l'été de la Saint-Martin, les feuilles dorées des arbres disent assez que la saison des tempêtes et du gel n'est pas loin.

Les hommes de l'expédition déchargent en plaisantant le matériel de construction nécessaire à l'établissement du camp. (L'hydravion constitue véritablement un moyen de transport idéal, dans ces contrées aux mille lacs.) La cabane qui abritera notre petit monde pendant de longs mois doit être solide : le gros-œuvre sera en panneaux préfabriqués, amenés par la voie des airs. Le reste sera de bois, bien entendu, puisque c'est un matériau que l'on trouve ici à profusion. Madriers massifs, planches épaisses! La toiture et les moindres ouvertures seront doublées, pour limiter autant que possible les déperditions de chaleur.

Les plongeurs de la *Calypso,* devenus charpentiers pour les besoins de la cause, sont aidés dans leur labeur par des Indiens de la tribu des *Crees.* Ces descendants directs des premiers occupants humains du Centre-Nord canadien se révèlent des travailleurs très habiles. En même temps qu'une grande gentillesse, on sent chez eux, dans leurs attitudes, dans leur constante retenue, une sorte d'amertume cachée. Ce regret parfois confus des terres vierges et des anciennes coutumes indigènes est commun, me semble-t-il, à tous les peuples soumis, spoliés de leurs richesses par la colonisation blanche. Voilà des hommes qui vivaient pourtant dans une harmonie parfaite avec la nature : et nous n'en avons pas écouté la moindre leçon! Ils s'intégraient à leur milieu sans le détruire : et nous nous moquions d'eux en les traitant de « sauvages »! On ne peut même pas dire qu'ils agissaient « écologiquement » sans le savoir, car ils étaient parfaitement conscients de ce qu'ils faisaient en respectant leur environnement. L'étude de leurs traditions orales le prouve, comme le démontrent les avertissements pathétiques qu'ils ont lancés aux premiers colons ravageurs. Ceux-ci avaient apparemment des oreilles pour ne pas entendre.

Maintenant les Indiens vont partir : la carcasse de l'habitation est montée, les planchers sont posés, le toit mis. L'ensemble offre une superficie utile d'une centaine de mètres carrés. Il comporte quatre mini-chambres, une salle de bains (toute théorique), et un « carré », c'est-à-dire une grande pièce centrale qui fait à la fois office de salon, de salle à manger et de cuisine.

Le premier d'entre tous à pénétrer dans la cabane, c'est le chien des Crees, un setter irlandais, bien fier et bien roux, comme il se doit... Les hommes de la *Calypso,* quant à eux, puisent allégrement dans le nécessaire à pharmacie, pansant qui une estafilade au doigt, qui un ongle noirci par un coup de marteau incertain...

Les fondrières du maître terrassier

Lorsque je débarque à mon tour de l'hélicoptère, la cabane est tout équipée. Elle est prête, dirais-je, comme un navire armé pour la périlleuse traversée de l'hiver. Une « *Calypso des neiges* » en quelque sorte...

« Cette maison, raconte Philippe, nous l'avons dessinée nous-mêmes. Ce n'était pas un quatre étoiles, mais pas davantage le Radeau de la Méduse. J'ose prétendre, après coup, qu'elle n'était pas si mal conçue que cela, puisque même par des températures extérieures de — 43 °C, nous n'avons jamais souffert du froid. »

J'ai demandé au Dr Keith Hay, spécialiste incollable du comportement des castors, de se joindre à nous. Il sera notre conseiller éclairé, notre Mentor au pays des barrages et des rongeurs. Je ne le regretterai pas. Sa science et sa finesse feront merveille. Sa compréhension, quasi instinctive, des réactions de ses animaux favoris nous permettra les observations les plus difficiles et les plus passionnantes.

Nous filmerons le castor *au travail, en liberté :* images rarissimes. Et véritable gageure, comme Philippe s'en est déjà aperçu; car ce noctambule méfiant ne consent à sortir de son logis confortable (prudemment, ô combien!) qu'en fin d'après-midi, lorsque la lumière décroît. Il faut savoir d'avance par quelle galerie ou par quel canal il viendra, quels arbres il attaquera, ce soir-là, de ses quatre incisives, si l'on veut mettre à profit les courts instants qui restent avant l'obscurité totale. Sans une connaissance infaillible des mœurs de l'animal, aucune chance.

« Merveilleux endroit! lance le Dr Hay, en prenant pied pour la première fois sur notre petite plage. Est-ce que vous avez aussi apporté tout ce sable ?

— Sûr, répond Philippe : il est venu par avion du Sud de la France.

— Mais non, rectifié-je, c'est du Pacifique Sud! »

La glace est rompue. Le travail commence sans tarder. Keith Hay et moi partons pour une expédition de reconnaissance aux alentours de la cabane. Nous avons passé d'amples cuissardes pour nous déplacer à travers les marécages qui bordent le lac. Bien nous en a pris! Car voici qu'à peine en chemin, nous pataugeons péniblement dans une vaste fondrière — de la boue jusqu'aux genoux, avec des trous d'eau où nous n'aurions plus pied, et de grandes nappes instables qui ressemblent à des sables mouvants...

Cette fondrière n'est pas naturelle. Elle n'est pas due à l'action conjuguée de l'eau, des plantes et des bactéries qui décomposent ces dernières. Ce sont les castors qui l'ont entièrement aménagée. Elle fait partie de leur système de défense : même un ours tenaillé par la faim n'irait pas s'aventurer dans cette succession de pièges aquatiques.

« Regardez ça, s'exclame soudain le Dr Hay, qui enfonce dans l'eau jusqu'aux cuisses, et qui avance ainsi pendant quelques mètres avec la plus grande difficulté : j'ai les pieds dans un de leurs canaux. Ils en creusent toujours plusieurs, au fond de leur bassin, qui conduisent à différents lieux de pâturage. Celui-ci se prolonge manifestement jusqu'à la terre ferme, en direction des broussailles, et je parierais même qu'il continue jusqu'au bosquet de saules, tout là-bas. Certains canaux mesurent plus de 100 m de long, et on y circule aisément en barque. De cette façon, le castor se trouve complètement protégé contre les prédateurs, depuis l'instant où il quitte sa hutte jusqu'à celui où il atteint sa « salle à manger ». A l'inverse, s'il est menacé pendant qu'il se nourrit, le canal le reconduit en quelques secondes, sous l'eau, sans avoir à se dépêtrer

L'ouvrage d'une nuit à peine pour une famille de castors.

◀ Les incisives du castor sont d'une efficacité rare.

dans la boue ni à perdre du temps parmi les herbes, jusqu'à l'abri salvateur. Par ailleurs, le canal est bien utile pour amener à pied d'œuvre les branches dont le rongeur se sert pour construire et réparer son barrage et sa hutte. Il permet enfin la constitution, non loin du logis, d'une réserve de nourriture pour l'hiver. Ce souci du confort, cette science de l'aménagement du territoire, chez le castor, me remplissent d'admiration, au moins autant que ses dons d'architecte-constructeur ».

Le musc

Le Dr Hay finit de parler, lorsque nous apercevons, à quelques mètres à peine de l'endroit où nous nous trouvons, une sorte d'île miniature, de quelques pouces de diamètre. Ce dôme de végétaux entassés, composé de roseaux et d'herbes mouillées, flotte en partie sur l'eau.

C'est ce qu'on appelle un *monticule odorant*. Le Dr Hay me précise que, dans certains cas, le castor y adjoint quelques pierres ou de la boue. Mais l'essentiel, c'est qu'il y laisse tomber une ou deux gouttes de son *musc, ou castoréum.*

« Sentez cela de très près, dit Keith Hay : vous y décèlerez facilement l'odeur sucrée qui constitue la « signature » du castor. »

Je m'approche. Je colle mon nez à l'endroit que m'indique le Docteur. Et mon odorat, pourtant atrophié, d'*Homo sapiens** ordinaire, me livre de la façon la plus nette le message chimique du rongeur. Au moins en ai-je la sensation, si je n'en possède pas la signification...

Les monticules odorants, ou « tas-signes » (en anglais *sign heaps*), servent probablement aux castors à marquer leur territoire. Ce sont des bornes « personnalisées », des panneaux indicateurs qui disent aux voisins : « Attention, ici commence une propriété privée! » Peut-être, en outre, ces repères parfumés ont-ils une fonction importante au tout début de la saison des amours, lorsque mâle et femelle doivent se chercher et lier connaissance.

La plupart des mammifères sauvages terrestres marquent les frontières de leur domaine, soit avec un peu d'urine, soit avec des excréments solides, soit encore avec quelques gouttes d'une sécrétion spécialisée. L'originalité du castor, dans ce domaine, est double. D'une part, étant constructeur, il ne se contente pas de marquer les herbes ou les pierres de rencontre, mais il édifie lui-même les bornes-frontières qu'il signe. D'autre part, ses glandes spécialisées fournissent une substance à l'odeur particulièrement tenace — que l'homme a longtemps recherchée d'ailleurs.

Le castor possède plusieurs sortes de glandes sécrétrices qui s'ouvrent vers l'extérieur. Ainsi débouchent, près de son anus, deux sacs à huile (ou poches à graisse), où est élaboré le liquide gras dont l'animal a besoin pour imperméabiliser sa fourrure.

Les glandes périnéales, où se forme le musc, consistent en deux organes de 8 cm de long et d'environ 4 cm de large, analogues, dans leur origine, aux glandes sébacées qui abondent dans notre propre peau. Il s'en écoule un « sébum » liquide épais, onctueux, jaunâtre quand il est frais, mais de plus en plus brun à mesure qu'il vieillit, et qui répand une odeur nauséabonde, du moins lorsqu'il se trouve en quantité importante. Le castor n'en dépose que de rares gouttelettes sur son monticule odorant : c'est la dilution extrême du castoréum qui, dans ce cas, nous le fait paraître sucré et agréable à sentir.

Le musc a contribué à l'extermination des castors dans de nombreux bassins fluviaux. Bien des légendes couraient naguère sur ses vertus médicinales. Toutes les parties du rongeur étaient certes réputées bénéfiques : ainsi essayait-on de guérir de nombreux maux en ajoutant des dents de castor pilées à la soupe du patient ; ainsi recommandait-on aux épileptiques de dormir sur une fourrure de cet animal... Mais avec le castoréum, on croyait véritablement détenir le remède miracle, la panacée universelle. Il était déclaré souverain contre toutes les douleurs de ventre et surtout les coliques. On vantait son action contre les spasmes, la sciatique, l'apoplexie, l'épilepsie et les atteintes nerveuses en général. Il était donné dans les cas de maladies infectieuses graves, comme la pleurésie et la tuberculose. On prétendait encore qu'il améliorait le pronostic de la surdité, qu'il aiguisait la vue, et qu'il arrêtait le hoquet !

Portage et fourrure

Les rives boisées des lacs, les berges des rivières et les marais confus sont les pâturages favoris des castors. Ils aiment ces étendues indécises où la terre et l'eau se marient, dans un foisonnement d'herbes et de racines, de peupliers frémissants et de bouleaux aux troncs couleur de lait.

Les trouver, les observer, noter les particularités de leur comportement, étudier leurs habitudes, apprendre leurs mœurs, percer les secrets de leur organisation sociale : tout cela réclame beaucoup d'astuce et de patience. On repère aisément leurs huttes et leurs barrages. Il est infiniment plus difficile de suivre les évolutions des animaux eux-mêmes.

Pour que notre mission soit fructueuse, pour que la récolte soit bonne (tant en images qu'en informations scientifiques), nous devons diversifier nos zones d'opération. Avant que la neige ne nous interdise à peu près tout déplacement en terrain inégal, Philippe et quelques hommes de l'équipe s'apprêtent à aller visiter un lac de castors isolé, loin de notre base.

Ils vont pour cela faire du *portage,* à la manière des trappeurs européens des siècles écoulés. Ils vont expérimenter les agréments divers d'une marche interminable parmi les rochers, les broussailles et les arbres, le canoë sur l'épaule... Plus d'un y perdra des litres de sueur. On ne comptera plus les glissades et les dérapages parfaitement incontrôlés, ponctués d'exclamations que la bienséance interdit d'imprimer... Mais non j'exagère : les hommes de la *Calypso* sont durs à l'effort.

La cabane des hommes de la *Calypso* sur la rive du lac Foster, en hiver.

Toute cette expédition aura pour but la connaissance, donc la protection des castors. Au contraire, les grands portages des trappeurs, depuis le temps de la découverte et jusqu'à une date très récente, ont eu pour unique objet le massacre, c'est-à-dire la soif des dollars.

La fourrure du castor est d'une grande beauté. Si ce n'est pas la plus précieuse, c'est assurément l'une des plus chaudes. Les amateurs ne s'y sont pas trompés, hélas pour l'espèce! De couleur variable selon les animaux (du brun pâle plus ou moins jaunâtre au brun noir), elle apparaît généralement plus brillante et plus claire sur le dos, plus mate et plus sombre sur le ventre. (La queue nue, les mains et les pieds restent uniformément noirs.)

On y trouve, à l'observation attentive, deux sortes d'éléments constitutifs. A l'extérieur viennent des *poils de garde* relativement grossiers, longs, luisants,

L'hydravion constitue un moyen de locomotion irremplaçable dans ces solitudes glacées.

bruns, parfois mouchetés de jaune d'or à leur sommet. Sous cette couche protectrice, gît un épais duvet court (la *sous-fourrure*), très soyeux, très doux, très dense et de nuance plombée. Une couche d'air chaud reste prisonnière de cette fourrure inférieure, et permet à l'animal de résister aux pires variations thermométriques. Mais à la condition que le tapissage supérieur des poils de garde demeure rigoureusement imperméable : sans quoi l'eau atteint la peau même du castor lors de la nage, et la mort s'ensuit rapidement, par abaissement brutal de la température corporelle.

Les soins que le rongeur apporte à sa fourrure sont d'une minutie constante — à la mesure du risque qu'il courrait à rester sale. Sitôt sorti de l'eau, il se sèche touffe par touffe et imperméabilise son manteau protecteur en y étalant un peu de graisse qu'il tire de ses deux glandes anales spécialisées.

Puis il se peigne longuement, en utilisant à cet effet une remarquable adaptation de ses pieds : ses deuxième et troisième orteils portent un ongle fendu — appelé *ongle-peigne* —, précisément destiné à cette tâche vitale de l'entretien du poil.

Philippe et ses compagnons ont atteint le lac des castors qui formait le but de leur mission de reconnaissance. Tandis qu'ils observent, immobiles, dissimulés derrière des buissons, l'un des rongeurs de la colonie occupé depuis de longues minutes à ce travail de nettoyage, ils ne peuvent s'empêcher de songer à ce qu'ils ont lu et entendu concernant le massacre des castors. *Massacre* est le seul mot qui convienne.

L'homme a compris depuis des siècles quel profit il pouvait tirer de la belle et chaude parure du castor. En Europe, l'extermination de l'animal a commencé dès la Grèce antique. Elle a continué pendant l'époque romaine et le Moyen Age, jusqu'aux Grandes Découvertes. C'est dans une large mesure la demande croissante de peaux de castors sur le Vieux Continent, notamment pour les besoins de la chapellerie, qui a lancé les trappeurs sur toutes les voies d'eau de l'Amérique du Nord. Un rongeur a été l'un des principaux moteurs de l'exploration du Nouveau Monde! Peu d'animaux, autant que celui-ci, ont ainsi changé le cours de l'histoire...

Les cargaisons de fourrures venues d'Amérique, qui se transformaient une fois en Europe en beaux louis d'or ou en guinées brillantes, ont été largement à l'origine de la guerre franco-anglaise pour la possession du Canada, dans la deuxième moitié du xviiie siècle.

La fourrure du castor a, par la suite, acquis le statut de monnaie d'échange dans toute l'Amérique du Nord. Pendant les années 1780, douze fourrures payaient par exemple un fusil de quatre pieds. Six fourrures permettaient d'acheter l'une des célèbres couvertures rouges de la Compagnie de la Baie d'Hudson. (Ces couvertures, jusqu'à une date récente, étaient encore mesurées et étiquetées par référence au castor : une « 3 points et demi », pour un lit à une place, était censée avoir la largeur de trois peaux de castors adultes, plus celle d'un petit!)

Les fortunes individuelles qui se sont faites sur le dos (au sens littéral) des castors ne se comptent pas. La plus célèbre de toutes a probablement été celle de John Jacob Astor qui, ayant investi quelques guinées dans le commerce de ces fourrures à la fin des années 1780, se retira un demi-siècle plus tard archimillionnaire...

L'espèce, dans ces conditions, aurait fini par disparaître de la surface de la Terre, si... la mode ne s'en était mêlée. C'est à l'esprit de légèreté de l'homme, à ses envies papillonnantes, à ses goûts changeants — en un mot à sa futilité — que le rongeur doit d'avoir survécu, comme il devait d'avoir manqué mourir. Vers 1840, un extraordinaire engouement pour les chapeaux de soie s'empara

Les Indiens Crees ont été les premiers occupants de la région.

des anciens amateurs de couvre-chefs en castor : les trappeurs, privés de débouchés, n'y trouvèrent plus leur compte, et se tournèrent vers la commercialisation d'autres espèces, devenues plus lucratives.

La vérité oblige à dire que le castor revint de temps à autre à la mode, jusqu'à nos jours, et malgré sa raréfaction constante : autant d'années de malheur pour lui! A présent, si l'animal est protégé dans de nombreuses régions, il demeure encore la victime des braconniers et de certains paysans qui le déclarent « nuisible ». Dans le Grand Nord canadien, il peut être pris au piège légalement par les indigènes, à raison d'un maximum de deux individus adultes par colonie et par an.

Ronger, ronger, ronger : presque l'unique occupation du castor.

L'une des huttes de castors édifiées en bordure du lac Foster.

Forteresse de bois, dôme inexpugnable : la cabane du castor n'est jamais loin de la forêt nourricière.

Un végétarien prévoyant

Philippe et ses compagnons ont de la chance : avant que l'hiver ne fasse prendre en glace le bassin des castors, ils les observent librement au travail — et à table.

Aussi longtemps que l'homme n'est pas intervenu avec pièges, filets et trappes, les castors ont vécu heureux grâce à leur industrie. Quoique plutôt lents dans leurs déplacements, ils n'ont jamais éprouvé beaucoup de peine à échapper à leurs ennemis naturels, en nageant puis en plongeant jusqu'au cœur de leurs fortifications. Barrages, canaux, terriers, souterrains : tout chez eux est admirablement organisé pour une survie agréable, dans un environnement taillé sur mesure.

L'un des plus grands plaisirs de ces rongeurs, auquel ils consacrent des heures entières de leurs jours — et davantage encore de leurs nuits —, c'est de *manger*.

Rare image, au cinéma ou à la télévision, que celle du castor en liberté, attablé à son festin végétal, assis sur son derrière et la queue repliée sous les fesses (étalée vers l'arrière : c'est plutôt la position de l'animal pendant son travail de bûcheron)... Or, cette image, Philippe et ses compagnons l'ont rapportée de leur expédition d'arrière-automne; des dizaines de millions de téléspectateurs l'ont vue après eux.

Les castors suivent un *régime végétarien strict*. Leurs menus ne manquent pas de diversité, mais ces animaux délaissent totalement certains groupes de plantes, notamment les conifères (pins, sapins, mélèzes...). Ils montrent, au contraire, une prédilection très nette pour certains genres d'arbres à feuilles caduques. Des études soviétiques très précises, menées sur le castor d'Europe *(Castor fiber)* dans la réserve de Voronej, en plein pays cosaque, ont montré que ce rongeur consomme, occasionnellement ou régulièrement, 148 des 565 espèces végétales locales. Le castor américain procède à peu près de même avec les plantes propres au Nouveau Monde. Son alimentation varie en fonction de la saison — davantage d'herbes et de racines en été, presque exclusivement des branches d'arbres en hiver. Il fait ses délices de plusieurs espèces florales entières (orties, oseilles, spirées), de racines aquatiques, de rhizomes (tiges souterraines) d'iris, de jeunes pousses de lis d'eau, et de ramilles d'arbres et d'arbustes divers (chênes, aunes, aubépines). Mais son vrai régal — la base de son alimentation — ce sont les saules, et plus encore les arbres des genres *Populus* (peupliers, trembles) et *Betula* (bouleaux).

Des rameaux de ces derniers végétaux, le castor extrait avant tout un mince tissu de croissance, situé sous l'écorce : le *cambium* ou assise génératrice (scientifiquement, il s'agit d'un méristème*). Le reste lui a l'air plutôt indigeste.

Mais parce qu'il ne se nourrit finalement que d'une fraction minime de chaque branche, l'animal doit se constituer de sérieuses réserves pour l'hiver.

Les castors n'hibernent* pas, contrairement à d'autres rongeurs comme la marmotte ou le loir. Ils ne tombent jamais en léthargie, même si les très basses températures ralentissent notablement leur activité. Leurs exigences alimentaires demeurent à peu près constantes tout au long de l'année. Comme ils ne quittent guère les parages de leur hutte une fois le bassin gelé, ils périraient à coup sûr sans un magasin de provisions attenant à leur demeure.

Vu la durée des grands froids dans les régions qu'ils fréquentent, les castors ne survivent qu'en se constituant de grosses provisions de branches. Leur *lit de nourriture* (en anglais : *feedbed*) est entassé par couches successives, depuis le fond du bassin jusqu'à sa surface, sur une hauteur qui atteint fréquemment 2 m à 2,50 m. Il faut voir avec quelle persévérance, avec quel inlassable courage, les animaux vont et viennent de la forêt à leur garde-manger, rapportant dans leur bouche, à chaque voyage, une branche supplémentaire... Tous s'attellent à la tâche, sans distinction de sexe.

Parfois, lorsque leur aire de coupe est située en amont de leur logis, les castors font flotter le bois avec adresse, jusqu'à proximité de leur habitation. Mais dans tous les cas, ils l'entassent avec méthode, en partant du fond, où ils plantent dans la boue leurs premières branches — qu'ils ont sectionnées en biseau à cet effet. Les suivantes sont amarrées à ces points fixes. L'ensemble de l'échafaudage reçoit souvent un lest de pierres et de boue.

On a vu des réserves de nourriture ainsi constituées qui comptaient jusqu'à 25 m³ de branches empilées — soit un cône de près de 6 m de diamètre à la base, pour une hauteur de 2,50 m.

Choisir son environnement

Infatigables, les castors travaillent du coucher du soleil jusqu'à l'aube — et la nuit est longue dans le Grand Nord, en cette saison. La fin de l'automne, encore douce malgré des tourbillons occasionnels de vent glacé annonciateurs de froids extrêmes, constitue leur période d'activité maximale. C'est alors qu'ils doivent non seulement amonceler des provisions de branches pour l'hiver, mais encore consolider leurs huttes et réparer leurs barrages — voire les achever, s'ils s'y sont pris un peu tard (ou si, transportés dans les contrées septentrionales par l'homme, ils ont dû tout recommencer à zéro).

Le logis du castor a la forme d'un cône plus ou moins aplati. Ses fondations et ses murs sont faits de branches et de boue, auxquelles s'ajoutent nombre

Un élan — ou orignal — dans la neige.

L'hiver est maintenant bien installé sur le Grand Nord.

Les élans errent à la recherche de nourriture.

d'autres matériaux, selon les ressources locales. D'une manière générale, on y trouve une pièce principale d'habitation, située au-dessus du niveau des plus hautes eaux du bassin, et une entrée subaquatique, à plus de 1 m de profondeur — assez profonde, en tout cas, pour éviter qu'elle ne s'obstrue lorsque le lac se prend en glace. (Mais nous serons les témoins, au printemps prochain, d'une tragique erreur de construction d'une famille de castors à ce sujet.)

L'habitation de notre rongeur est un foyer confortable, mais un foyer fortifié. D'un côté, douillet, chaud, correctement isolé du reste du monde, et à deux coups de nageoires d'un garde-manger bien garni. De l'autre, presque indestructible. Dans son environnement particulier, cet entremêlement de fûts, de branches, de ramilles, d'herbes et de boue n'a que deux destructeurs possibles : l'ours, aux griffes redoutables et à la force prodigieuse; et l'homme qui manie la hache; mais l'ours, on l'a dit, n'approche guère de la hutte... Le loup, le lynx, le glouton ou le renard ne peuvent que venir se mettre en embuscade sur la rive voisine, dans l'espoir que le castor commettra l'erreur de sortir de l'eau.

Le premier acte de la construction de la cabane consiste, bien évidemment, à choisir l'emplacement des *fondations*. Ce n'est pas si simple qu'il y paraît : nombre de connaissances hydrologiques y sont absolument indispensables. Et là gît peut-être le plus grand mystère de la biologie du castor. Comment ce rongeur, mammifère plutôt primitif, au volume cérébral limité, parvient-il à juger, la plupart du temps fort juste, du site favorable à l'exercice de son art? Comment peut-il prévoir les variations du niveau de l'eau dans le bassin depuis l'étiage jusqu'à la crue? Comment fait-il pour connaître à l'avance l'épaisseur de la couche de glace en hiver? S'il aménage l'entrée de son logis trop haut, au-dessus du niveau minimal de l'eau (étiage), l'animal sera la victime du premier carnivore de passage. S'il arrange sa chambre de nidification au-dessous du niveau maximal (crue), il pourra périr noyé — du moins ses petits, encore incapables de plonger. Enfin, s'il ne tient pas compte de l'épaisseur de la glace lors des plus grands froids, il restera prisonnier de sa hutte si solide, et mourra de faim à deux mètres de sa réserve de nourriture...

Il faut bien constater que le castor se trompe assez rarement — pour ne pas dire de façon exceptionnelle.

La hutte de l'animal s'élève quelquefois loin de la rive, dans une eau libre profonde de près de 2 m; elle est le plus souvent bâtie sur un banc de sable au milieu d'un lac ou d'une rivière (alors barrée); mais le site le plus apprécié paraît être le marécage indécis d'herbes flottantes, à la limite des eaux profondes, et à proximité d'une vieille souche ou d'un petit bouquet d'arbres.

En plein lac, l'indispensable ouverture inférieure dégagée de glace en hiver n'est pas difficile à réserver. Il n'en va pas de même sur le banc de sable ou dans le marécage peu profond : le castor doit alors se creuser une issue de sortie spéciale, sous forme d'un tunnel ou d'un canal profond — dans les deux cas hors d'atteinte du gel meurtrier.

Les naturalistes avaient déjà remarqué — et notre mission l'a confirmé (hélas par le tragique, nous le verrons) — que les castors ne construisent pas leurs huttes sans une *longue fréquentation préalable* du site. En règle générale, ils ne se lancent dans le travail d'édification de leur demeure qu'après une belle saison entière de pâture dans les environs. Ils ont besoin d'être sûrs que ni la nourriture ni les matériaux de construction ne leur manqueront jamais. Très rares ont été les observations d'animaux commençant à bâtir sans une longue fréquentation du bassin. Presque toujours, alors, il s'est agi de femelles accompagnées de leurs petits, et privées accidentellement de leur logis précédent (hutte détruite par l'homme, cours d'eau détourné, etc.).

« Une longue et paisible possession d'un territoire de pâture, ainsi qu'un approvisionnement en nourriture suffisant, constituent deux facteurs décisifs dans le choix du site d'une nouvelle maison ». Il n'y a rien à redire à cette phrase qu'écrivait le professeur Vernon Bailey, du *U.S. Biological Survey*, il y a plus d'un demi-siècle (*Journal of Mammalogy*, Feb. 1926).

Nous savions tout cela, à la fin de l'automne, dans le nord de la Saskatchewan. Ou du moins nous nous en doutions. Et nous allions devoir vivre l'hiver des castors déplacés, parce que jugés indésirables...

5

Foster et Cassie

ILS PARTAGENT NOTRE FOYER — LA TRAPPE DE SORTIE
DU FOIN POUR LES ÉLANS — LES ÉGARÉS DE LA CASCADE
CONSTRUIRE UNE HUTTE — TRAGÉDIE
L'ÉVOLUTION CRÉATRICE

Selon la réglementation en vigueur au Canada, les castors surpris en flagrant délit de concurrence avec l'homme sont aussitôt déportés loin du théâtre de leurs « méfaits » et de leurs « dégâts » (ah, ce vocabulaire!), vers le nord. Comme, dans le même temps, la civilisation progresse elle aussi dans cette direction, ils se retrouvent dans la même situation que les Peaux-Rouges au siècle passé : contenus dans des réserves de plus en plus exiguës.

Lorsque Philippe et son équipe avancée, tout au début de notre mission au bord du lac La Ronge, avaient assisté à ce genre de « capture-déplacement », un bien attristant dialogue s'était engagé :

Philippe : « Ces castors que vous prenez au piège, vous les transportez à 200 km d'ici, n'est-ce pas?

Le trappeur du Département des Ressources Naturelles : — Exactement. Dans le Grand Nord, ils n'inondent pas nos routes en construisant des barrages n'importe où. On est tranquille.

Transi, misérable, sans logis en hiver : l'un des « égarés de la cascade ».

Philippe : — Celui-ci, que vous venez de capturer, a environ un an, me semble-t-il?

Le trappeur : — Oui, depuis le mois de juin.

Philippe : — Pensez-vous qu'il y ait toute une famille avec lui?

Le trappeur : — C'est possible, mais ils ne sont peut-être que deux.

Philippe : — Savez-vous s'il s'agit d'un mâle ou d'une femelle?

Le trappeur : — C'est difficile à dire.

Philippe : — Ne croyez-vous pas qu'il est déjà trop tard pour le déplacer?

Le trappeur : — C'est difficile à dire.

Philippe : — Aura-t-il le temps de construire ou de trouver un nouveau logis avant l'hiver? Parviendra-t-il à entasser suffisamment de provisions pour passer la mauvaise saison? Ne le condamnez-vous pas à mort, en réalité, en le déportant ainsi?

Le trappeur : — C'est difficile à dire. »

Ils partagent notre foyer

Pour en avoir le cœur net, pour vivre l'hiver des castors, Philippe avait demandé aux services officiels qu'on lui confie deux « condamnés au déplacement » : l'autorisation avait été obtenue sans trop de peine. Il choisit d'emmener avec lui l'animal qu'il venait de voir capturer, et un autre qui fut pris quelques instants plus tard dans la même brèche. L'automne avançait déjà et, pour cette paire d'animaux, il paraissait hélas! certain que l'hiver serait fatal. Jamais ils ne parviendraient à édifier leur maison et leur tas de « branches de bouche » avant les premières gelées.

Aujourd'hui, sur le lac Foster, la neige commence à tomber. Tout se tait. Les arbres effeuillés se poudrent de blanc.

A l'intérieur, dans notre cabane, il fait bon. Et les deux castors recueillis par Philippe partagent notre foyer.

Le plus petit des deux, tout tassé sur lui-même dans un angle de sa cage, et que nous reconnaîtrons bientôt pour une femelle, semble complètement traumatisé par sa capture. Nous l'appellerons *Cassie.* Son état « moral » — le choc qu'elle a subi — nous fait craindre que nombre de ses congénères, piégés et transportés dans des conditions pires encore, ne se retrouvent absolument désarmés, sans réaction, dans leur nouvel environnement. Handicap insurmontable.

Le plus gros de nos deux pensionnaires, un mâle que nous baptisons *Foster* comme le lac notre voisin, paraît avoir mieux résisté, « psychologiquement » et physiquement, au *stress** de la privation de liberté. Il est moins roulé en boule, moins tassé sur lui-même que sa compagne. Mais le moins qu'on puisse dire, c'est qu'il demeure extrêmement méfiant.

On nous a affirmé que le meilleur moyen de lier amitié avec les castors sauvages consiste à leur offrir des morceaux de *pommes* — fruits dont ils raffolent. Nous mettons sans tarder cette méthode à l'épreuve. Cassie, plus tremblante que jamais, ne semble pas même remarquer notre geste. Foster, plus hardi, ne vient certes pas nous manger dans la main à la première tentative. Mais il ne dédaigne pas de s'emparer des morceaux de fruits que nous laissons négligemment tomber à sa portée, et de les grignoter bientôt, avec une satisfaction gloutonne qui réjouit en retour toute l'équipe de la *Calypso*.

Nos nouveaux pensionnaires ne seront pas affamés cet hiver : même la timide femelle se laissera séduire par les doux effluves de la pomme. Mais pour survivre, ces animaux doivent impérativement rester avec nous : dehors, livrés à eux-mêmes dans la tourmente et le froid, ils périraient en quelques jours.

Une chose est de rester en vie. Une autre est de communiquer. Nos deux compagnons voudront-ils établir le contact avec nous ? Accepteront-ils de signer un traité d'amitié (ou au moins de tolérance et de respect mutuels) avec les hommes ? N'est-ce pas trop demander, que ces animaux pactisent avec leurs seuls véritables ennemis ?

D'un autre côté, si nous réussissons trop bien, si nous *apprivoisons* Foster et Cassie, ce ne seront plus, au printemps prochain, de « vrais » castors, capables de se suffire à eux-mêmes une fois relâchés dans la nature. Je ne voudrais à aucun prix que ces deux animaux charmants et doux (pour l'instant fort effrayés de leur sort, quoique à des degrés différents), se transforment, au cours de l'hiver, en deux zombies de rongeurs. Je m'en voudrais, si nous en faisions des aliénés (au sens premier du terme : *alienatus*, « égaré »), ayant perdu leurs défenses et leurs capacités naturelles, totalement dépendants de l'homme pour leur nourriture, et pervertis dans leurs comportements. C'est malheureusement le sort de tous les animaux détenus dans des parcs zoologiques, même les mieux organisés du monde.

Cassie et Foster, après avoir habité notre cabane durant de longs mois de glace, oublierez-vous volontiers les hommes ? Retournerez-vous joyeux aux lacs et aux rivières, pour y construire votre propre maison ?

Vanité des questions humaines : Cassie renifle sa paillasse avec beaucoup de minutie pendant que je m'interroge, et Foster gratte consciencieusement ce crâne sous lequel je voudrais bien savoir ce qui se passe.

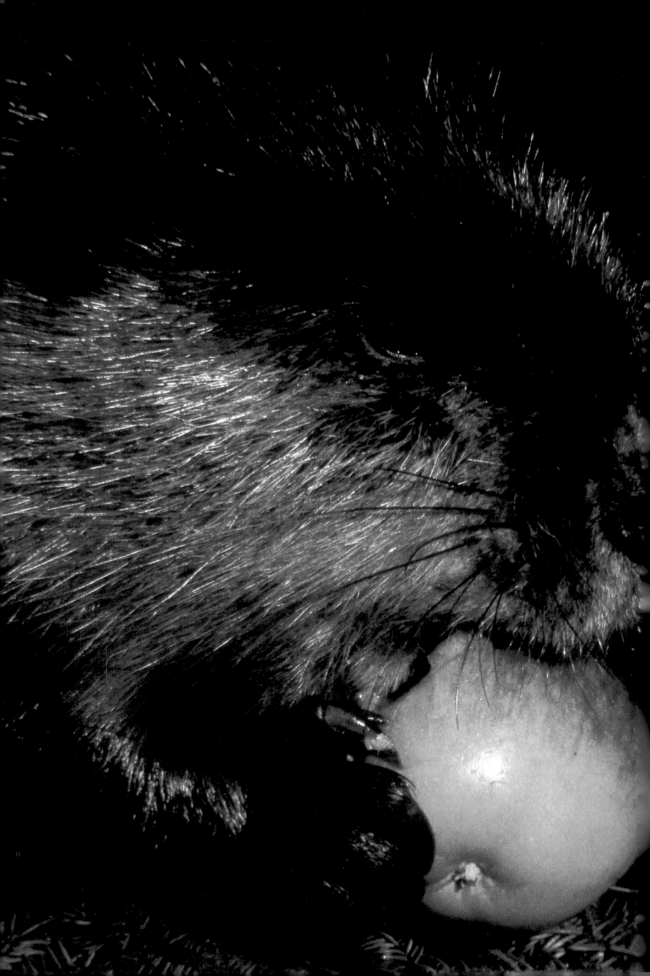

Dans la maison, Foster s'occupe du ménage.

◀ Les castors raffolent de pommes.

La trappe de sortie

C'est maintenant le cœur de l'hiver, dans les immensités de la Saskatchewan du Nord. La neige tombe sans discontinuer sur le lac et sur la forêt. Tous les bruits s'amortissent au dehors, contre l'épaisse couche blanche. Les arbres dénudés, les collines au loin, le lac maintenant gelé sur plus d'un pied et demi de profondeur : tout a disparu sous la neige.

En sécurité dans une demeure faite pour les hommes, Foster et Cassie sommeillent, tandis que notre ami François Dorado prépare une trappe de sortie spéciale à leur intention. Cette ouverture dans le plancher de la maison conduit, par l'intermédiaire d'une planche inclinée, jusqu'à une enceinte extérieure grillagée.

En demandant ce travail à Dorado, j'espère que les castors sauront utiliser rapidement l'issue qui leur est destinée en propre... Ainsi, en visitant (au moins de temps à autre) l'enclos extérieur, ils garderont le contact avec le vaste monde — avec leur milieu naturel. Cela leur permettra de conserver leur goût de la liberté. Ils perdront moins vite leur « âme sauvage ». Cette trappe, pour ainsi dire, sera une compensation permanente à la promiscuité humaine qu'ils devront subir l'hiver durant.

Et voici le grand moment : l'installation de la trappe et de l'enclos extérieur terminée, nous ouvrons la porte de leur cage aux deux castors.

Comme toujours, lorsque l'homme organise ce genre d'événements avec des animaux, et qu'il en attend des merveilles (toutes caméras braquées sur les « acteurs » de la scène), il ne se passe pas grand-chose. C'est après, lorsque, déçu, on a rangé le matériel, que les stars un moment déficientes laissent libre cours à leur génie inventif.

Cassie, toujours choquée, ne bouge pas, ramassée sur elle-même dans un coin de sa prison — qu'elle préfère pourtant ne pas quitter. C'est une réaction que l'on observe chez tous les animaux sauvages capturés : ils font de leur cage leur ultime morceau de territoire, comme s'ils avaient emporté avec eux, symboliquement, un fragment de tanière ou de nid.

Foster, le jeune mâle, consent un peu plus vite à s'aventurer au milieu de la pièce centrale de notre cabane. Mais il lui faut d'abord explorer systématiquement (minutieusement, objet par objet) cet univers inconnu. Il se met à fouiner partout. Il s'assoit sur sa queue comme pour mieux voir les choses et, dans ces moments-là, il a l'air de se laisser filmer par Philippe avec la meilleure grâce du monde.

En s'enhardissant, il finit, bien entendu, par découvrir l'ouverture de la trappe. Le voilà qui renifle de plus belle; il fait le tour de l'orifice; il paraît hésiter : tous les hommes de l'équipe retiennent leur souffle... Mais non! au lieu de tenter de s'échapper vers la nature — vers le courant d'air vif qu'il hume de toutes ses narines —, il préfère se replier sur ce qu'il possède de plus familier, de plus rassurant (pour l'instant) : sa prison dorée, où Cassie continue de languir dans son coin.

L'hiver étire interminablement ses jours. L'ennui s'abat, malgré les efforts de tous pour le rompre, sur notre petite communauté. Les tempêtes de neige incessantes, qui nous empêchent de mettre le nez dehors, nous pèsent de plus en plus. La moindre éclaircie est une bénédiction : chacun trouve aussitôt mille tâches urgentes à accomplir au-dehors, et ce sont autant de prétextes bien compréhensibles pour aller enfin respirer.

Le plus petit événement nous est fête. Ainsi la monotonie de notre existence est-elle rompue, un jour, lorsqu'arrive, avec l'avion du ravitaillement, une chatte grise que nous offre un trappeur indien, et qui se nomme *Spunky*.

Les rapports de ce félin (miniature, à vrai dire) et de nos deux rongeurs familiers vont nous divertir d'une façon que nous n'aurions jamais pu soupçonner.

Très vite, Foster — maître des lieux en titre — considère la chatte comme une intruse. Elle a manifestement violé les frontières de ce qu'il a adopté pour nouveau territoire : la cabane tout entière.

Spunky, de son côté, aurait plutôt l'air de faire des avances au castor (oh, bien prudentes!). Mais allez donc interpréter ce qui se « dit » (par des postures, des mouvements d'oreilles, des hérissements de poils ou des crachements) entre deux animaux d'espèces différentes, et qui n'ont probablement jamais eu l'occasion de voir le moindre congénère de leur « interlocuteur » au cours de leur existence...

Foster fait mine de dédaigner les invites de Spunky — et il s'insurge lorsque la familiarité de la chatte dépasse les bornes. Elle, pour sa part, n'a pas l'air de s'inquiéter du fait que les dents de son vis-à-vis sont capables de trancher d'un seul coup une solide branche de bouleau...

Au fil des jours, il devient de plus en plus évident que, si Foster et Cassie nous tolèrent, ils évitent soigneusement les approches de la chatte. Le mâle, lorsqu'il se met à sa toilette (et c'est une opération qui lui demande toujours un temps considérable), ne quitte pas Spunky des yeux. Cassie, qui ose enfin sortir de sa cage et faire quelques pas prudents dans la maison, redoute la chatte bien davantage encore : que le félin fasse seulement mine de courir ou de sauter, et la demoiselle castor se réfugie en hâte dans son recoin favori.

Et, bien entendu, ce que nous ne sommes pas parvenus à obtenir malgré tous nos efforts — que Foster descende dans la trappe —, Spunky nous le sert sur un plateau. Un matin, après une impressionnante série de bonds et de courses autour des meubles, la chatte réussit à pousser le castor à bout. Ivre de colère, et ne désirant qu'une chose — sa tranquillité —, Foster se dirige résolument vers le trou du plancher, et emprunte le plan incliné qui le mène jusqu'au sol.

Aussitôt, c'est la ruée de toute l'équipe vers l'extérieur — caméras fébrilement empoignées...

Pour le castor, le grand air — celui de la liberté — a des odeurs irrésistibles. Foster, je crois, nous fausserait compagnie sans remords à cet instant. Mais ayant fait le tour du grillage, il s'aperçoit bien vite qu'il se trouve en réalité dans un nouvel enclos. Le froid le saisit. Et comme la cabane et la nourriture des hommes constituent ses seuls recours, il cesse soudain de fureter et regagne la planche qui le reconduit en haut : chez nous — son « chez lui » pour l'hiver. A partir de ce moment, nous bouchons chaque nuit le trou (avec des chaussures, des batteries, etc., selon le cas), pour ne pas nous geler nous-mêmes.

Le sens du rangement des castors n'est pas forcément celui des hommes.

Foster, Cassie et la chatte Spunky : agaceries et conflits de territoire.

Du foin pour les élans

Nous sommes bien au chaud dans notre maison, et dehors la tempête se déchaîne : cette impression de sécurité chez soi procure à tous les hommes de notre équipe un plaisir intense. Je ne vois que des raisons pour croire que le castor sauvage, dans sa hutte l'hiver, se trouve exactement dans les mêmes dispositions « d'esprit »... Et je me sens soudainement très proche des milliers de rongeurs alentour qui, comme moi, attendent patiemment sous un abri de bois que le blizzard et la neige cessent.

Je discute avec Philippe d'un projet de reconnaissance aérienne que nous pourrons mener à bien lorsque le temps le permettra. Pour l'instant, il n'en est pas question : le général Hiver du Grand Nord nous attaque avec toutes ses armées. Les tuyaux d'arrivée d'eau de la cabane ont gelé malgré nos efforts d'isolation. Les plongeurs de la *Calypso* ont dû sortir, pelle et pioche à la main, et percer un trou dans la glace de plus en plus épaisse du lac Foster. Jusqu'au dégel, nous devrons entretenir cet orifice, afin d'assurer nos approvisionnements domestiques.

Une conséquence — non dépourvue d'importance — de cette situation, est que les W.-C. ont dû être transférés... en pleine nature, sous un « teppee », dans la neige.

« Je sais, dit François Charlet, que cela n'a rien d'héroïque que de prendre le chemin glacé du « teppee » par moins quarante, mais quand on a l'habitude de tourner un robinet pour remplir sa baignoire d'eau chaude, c'est déjà une forme d'aventure. »

A l'intérieur, si l'on en est réduit à faire sa toilette morceau par morceau, il y a tout de même de l'eau chaude ! Grâce à une invention extraordinaire de Guy Jouas, le preneur de son et bricoleur en chef de la mission. Cet homme de ressources, sachant qu'il nous fallait absolument « fonctionner » au bois (étant donné le prix prohibitif du transport du mazout par hydravion), nous a arrangé un appareil révolutionnaire, composé d'un poêle vieillot, d'une cuisinière de fonte début de siècle, de deux énormes bidons et d'un serpentin de cuivre récupéré, grâce à quoi, si un quart de la superficie du « carré » se trouve perdue, nous avons de l'eau chaude en quantité suffisante !

Nous avons noté sur une carte d'état-major l'emplacement précis de toutes les huttes de castors que nous avons repérées l'automne précédent sur les rivages du lac. En faire le tour, au cœur de l'hiver, en étudier l'aspect et observer d'éventuelles sorties de leurs locataires, telle est la mission nouvelle que je nous assigne.

En vérité, l'imprévu une fois de plus sera au rendez-vous. Avant de découvrir notre premier castor sauvage dans l'univers de neige et de glace qui s'est substitué aux eaux libres et aux feuilles d'or de l'automne, c'est une passionnante mission « élans » que nous allons entreprendre.

Après être restés à terre pendant des semaines prisonniers des caprices d'un temps exécrable, nous décollons dans l'air vif et clair pour notre premier survol de la région. La beauté de cet infini de neige, juste rayé ici et là par le gris des troncs d'arbres en rangs serrés, et vierge de toute trace animale sur des kilomètres et des kilomètres, a quelque chose d'un peu maléfique. Une sourde inquiétude s'empare de nos cœurs — malgré l'étourdissante beauté du spectacle qui s'offre à nous. Nous savons trop avec quelle rigueur le froid traite les hommes et les bêtes. Ici, survivre est une gageure permanente : seule une adaptation efficace chez les animaux, et seule une préparation minutieuse chez l'homme, permettent de gagner le pari de l'existence.

Sous l'appareil, entre les arbres, nous apercevons tout à coup un élan solitaire qui lutte pour avancer dans la neige profonde, à la recherche d'une nourriture devenue rarissime. Ce cervidé se repaît de feuilles et d'écorces, mais il est surtout friand de plantes aquatiques : autant dire qu'avec la glace qui recouvre lacs et rivières, et après la chute des feuilles des arbres, il n'a que bien peu de chose à se mettre sous la dent jusqu'au printemps.

J'ai envie de contempler d'un peu plus près ces grands ruminants du nord — dont les capacités de survie dans l'un des milieux les plus hostiles de la Terre me remplissent d'étonnement. Je veux me faire une idée de la densité

Bernard Delemotte et Cassie.
Philippe Cousteau dit bonjour à Foster.

de leurs populations dans ces contrées désolées. Pour cela, je décide d'essayer de les attirer en leur larguant par avion des bottes de foin. Cela se fait couramment pour d'autres cervidés — par exemple les cerfs et les chevreuils. J'imagine que, par ces temps de famine, les élans se jetteront dessus.

Le foin sera mangé, ça oui. Il disparaîtra, de nuit, sans que nous puissions jamais voir le mangeur. Mais j'ai appris peu après, en interrogeant un spécialiste, que les élans refusent pour leur part d'y toucher... Quant à les voir et à les compter, nous en serons pour nos frais. Nous ne réussirons pas à amadouer un seul de ces cervidés massifs et sympathiques — si prudents et si lestes, sous leurs dehors empruntés et patauds.

Les égarés de la cascade

Un jour qu'ils sont aux cascades, de l'autre côté du lac, Bernard Dele-motte et Ivan Giacoletto sont les témoins d'une scène imprévue. Entre les langues de glace, en plein chenal d'eau noire et froide, un castor apparaît, puis un second.

Les deux rongeurs trébuchent. Ils glissent sur les étendues gelées qui séparent les courants encore libres. Ils boivent un peu, de temps à autre, comme pour se donner le courage de repartir : mais pas besoin d'être expert pour s'apercevoir qu'ils sont épuisés — hors situation, en état de choc, sujets à la panique —, complètement perdus!

Il est anormal que des castors s'aventurent ainsi sur la glace, en plein hiver, quand le thermomètre accuse 10 ou 20 °C au-dessous de zéro. Ceux-ci sont de grands adultes, probablement capturés dans le sud en automne, et transportés trop tard aux environs du lac Foster. Ou bien, ils ont été chassés de leur logis par un animal dominant. Ils n'ont eu le temps ni d'amasser des provisions, ni de construire une hutte, ni même d'en trouver une abandonnée et de la réaménager à leur goût pour la longue traversée de l'hiver.

Les castors, on l'a vu, continuent à mener une vie active pendant les mois de neige, bien que leurs réactions et leurs dépenses énergétiques varient d'intensité en fonction de la température ambiante. Si le soleil apparaît, il leur arrive de creuser un trou dans la glace de leur bassin et de sortir jusqu'à la forêt voisine, en quête d'un peu de nourriture fraîche. Mais il faut, pour cela, que le redoux se montre exceptionnellement amical... En règle générale, pendant toute la durée des grands froids, nos rongeurs se cachent dans leurs maisons. Leurs seuls déplacements sont constitués par des allées et venues entre leur garde-manger subaquatique et leur pièce principale d'habitation. Si le gel se fait particulièrement intense, ils ferment même leur hutte de l'intérieur, avec des copeaux de bois, et attendent patiemment l'amélioration des conditions climatiques.

Les deux castors de la cascade, sans maison, ont sûrement erré des jours et des jours, pendant des kilomètres, avant d'arriver ici. Ils se trouvent dans une situation de véritable détresse physique et morale.

Nous allons essayer de les aider, dans la mesure de nos moyens, et dans la mesure où ils voudront bien accepter notre assistance.

Tandis que ces pauvres bêtes sont pathétiquement occupées à leur toi-

Les conduites d'eau de la maison ont gelé : il faut percer un trou dans la glace du lac Foster pour s'approvisionner.

Préparation à la plongée sous la glace du lac Foster.

Une expédition périlleuse pour les hommes de la *Calypso*.

lette, nous leur coupons des tranches de pommes, et nous leur proposons cette nourriture.

Les castors ont peur. Mais ils sont complètement affamés. Après une hésitation finalement très courte, ces animaux sauvages viennent nous manger dans la main!

Nous continuerons de les nourrir aussi longtemps que nous le pourrons. Dans la nature, l'hospitalité n'existe guère. Au sein d'une même espèce, et parfois même entre espèces différentes, les territoires sont sacrés. On n'accueille, en règle générale, aucun concurrent sur la parcelle d'eau, de terre ou de forêt qu'on a réussi à se réserver au prix de défis ou de bagarres épuisants. Nos deux castors ne trouveront pas refuge chez des congénères. Si nous parvenons à les alimenter jusqu'à ce qu'ils découvrent une hutte vide, peut-être

s'en tireront-ils. Sinon, ils mourront. Quant à les capturer pour les loger dans notre propre cabane, il n'en est pas question : ce sont deux adultes puissants, malgré leur état d'inanition avancé. Ils ne toléreraient pas longtemps la présence de Foster et Cassie, et nous ne retrouverions un jour que le cadavre de ces derniers...

Les castors nagent bien. Mais ils me surprennent par leurs performances sous la glace. Un jour que nous observons les deux errants de la cascade, ils disparaissent soudain sous la couche gelée et viennent ressortir juste devant notre cabane, dans le trou que nous avons percé pour nous approvisionner en eau. 110 m de nage sous la glace : quel coffre!

Les castors évoluent dans l'élément liquide les pattes antérieures rabattues le long du corps. Leurs deux pattes postérieures, que terminent des doigts largement palmés, agissent synchroniquement : quand l'animal les tend vers l'arrière, les doigts écartent la palmure, et poussent sur l'eau. Pendant la plongée, les narines se ferment et les oreilles s'appliquent étroitement contre la tête. La queue ne joue, la plupart du temps, qu'un rôle réduit dans la propulsion : elle sert davantage à guider le nageur sous l'eau (virages serrés, changements de direction verticaux, etc.); cependant, lors de la nage rapide, elle est animée d'ondulations qui accélèrent encore l'allure de l'animal. Le Dr Keith Hay me précise que les 110 m sous l'eau de nos deux visiteurs sont loin de constituer un record, puisque l'on a vu des castors parcourir jusqu'à 750 m en plongée. Le temps d'immersion n'excède pas 4 à 5 minutes dans les conditions normales. Il peut atteindre, en cas d'urgence (présence de l'homme ou d'un prédateur), jusqu'à un quart d'heure.

Construire une hutte

A la vérité, si les deux égarés de la cascade ont encore la ressource de nager sous la glace, il est visible qu'ils y laissent beaucoup trop de leurs dernières forces. Si nous ne parvenons pas à les alimenter d'urgence et à suffisance — autrement qu'avec des pommes —, l'issue tragique ne fera pas de doute.

Afin d'aider les deux rongeurs, les hommes de la *Calypso* mettent en service nos « snowmobiles », ces merveilleux véhicules sur patins grâce auxquels des milliers de Canadiens isolés dans leurs fermes se déplacent en hiver — des substituts modernes aux traîneaux à chiens, en quelque sorte. Nos engins nous ont été spécialement fabriqués par le constructeur, avec un moteur rotatif relativement silencieux.

L'équipe de ravitaillement motorisée se dirige, sur le lac gelé, vers un bosquet de bouleaux : autant servir aux animaux leur mets favori. Il reste, sous l'écorce des rameaux des arbres, une couche utilisable d'éléments nutritifs. De grosses brassées de branches viennent s'entasser sur la glace... Nous creusons un trou dans cette dernière; nous y glissons les végétaux ramassés; et voilà le début d'un excellent « lit de nourriture » pour castors.

Comme ces rongeurs ont l'habitude, en hiver, de faire la navette entre leur cabane et leur réserve de nourriture, l'un d'entre nous suggère que nous construisions carrément une *hutte* à nos deux égarés, non loin du *feedbed* artificiel que nous sommes en train de leur constituer : proposition adoptée d'enthousiasme.

C'est plus facile à dire qu'à faire. La technique d'édification du logis, chez le castor, est extrêmement élaborée. Nous n'obtiendrons d'autre résultat qu'une approximative et bancale imitation.

Le castor, après en avoir soigneusement choisi l'emplacement, commence par délimiter l'entrée subaquatique de son habitation. Il se sert, pour cela, de branches écorcées et épointées qu'il fiche profondément dans la boue. Puis, il édifie petit à petit les murs de sa cabane (de forme plus ou moins circulaire ou elliptique), avec de grosses branches et des troncs d'abord, puis en entrecroisant des branches plus fines dans le gros œuvre avec beaucoup de dextérité, de telle sorte que l'ensemble de l'édifice ressemble à un tissu végétal. Afin de renforcer les parois, en automne, en prévision des grands froids, l'animal y ajoute de la boue, qu'il tasse avec son museau et ses mains, ainsi que des mottes de gazon qu'il cale entre les interstices. (C'est une légende qui veut que le castor se serve de sa queue comme d'une truelle : pas un observateur digne de ce nom ne mentionne ce comportement... pourtant décrit dans de « sérieux » ouvrages de vulgarisation scientifique!)

Une cabane de castor neuve peut encore avoir l'air relativement fragile. Mais, année après année, l'animal y apporte des matériaux supplémentaires, si bien qu'elle se transforme peu à peu en authentique château fort. Dépassant parfois de plus de 2 m le niveau de l'eau, et d'un diamètre total qui avoisine les 4 m, certaines habitations ne laissent pas d'émerveiller le voyageur... Dans le Wisconsin on a photographié, au début du siècle, une hutte de castors haute de 14 pieds (4,20 m) et large de 40 (12 m)! Un zoologiste russe (Ognev, 1947) cite, quant à lui, le cas d'une maison de dimensions voisines, qui fut habitée sans interruption, donc entretenue et renforcée par ces animaux, pendant 35 ans!

L'intérieur de la cabane ne comporte pas, comme on l'a cru longtemps, un labyrinthe de couloirs et de nombreuses salles indépendantes. La plupart du temps, on n'y trouve qu'une seule véritable pièce, où l'animal fait son nid.

Haute de 2 ou 3 pieds et large de 4 ou 5, cette « salle à tout faire » est de forme circulaire ou oblongue. Lorsque plusieurs castors habitent sous le même dôme (un couple et ses petits, voire deux familles), ils aménagent toutefois une seconde chambre. La hutte la plus peuplée que l'on ait trouvée hébergeait neuf animaux, quatre adultes et cinq jeunes.

Il n'y a pas vraiment de plan général de la hutte de castors : si la construction s'effectue toujours à peu près de la même manière, ce qui fait dire aux spécialistes qu'il s'agit d'un comportement inné, inscrit dans le patrimoine génétique de l'espèce, il n'en reste pas moins que l'on observe des variations individuelles intéressantes.

De nombreux animaux ménagent une sorte d'antichambre, un élargissement dans le couloir d'accès à leur chambre principale, non loin de l'issue subaquatique de leur maison. C'est là qu'ils se sèchent avant d'entrer chez eux. D'autres ajoutent à leur hutte, par précaution, une ou deux issues de secours latérales. Certains construisent leur édifice autour d'un arbre ou d'un buisson, d'autres sur une petite île, d'autres encore en utilisant une vieille souche comme pilier central, etc. Les seuls éléments invariables — outre la technique propre d'assemblage des murs de branches et de boue — sont les suivants : la cabane est nécessairement entourée d'eau; et elle se trouve protégée, vers l'extérieur, par un réseau de profonds canaux (les « douves » du château fort).

Pour aménager leur *nid* dans la pièce principale, les castors collectent toutes sortes de débris végétaux — feuilles, brindilles, rameaux —, qu'ils disposent en cuvette confortable. Ce nid est édifié de 5 à 10 cm au-dessus du niveau moyen de l'eau. L'animal le refait plus bas à l'étiage, et le transporte plus haut à la crue, de telle sorte que l'écart avec la surface liquide reste constant. Cependant, le rongeur ne prévoit pas toujours avec exactitude le niveau maximal des eaux dans son bassin : il lui arrive d'être surpris par une inondation exceptionnelle. Dans ce cas, il commence par surélever fébrilement son nid, et ce n'est qu'à la toute dernière extrémité, littéralement coincé sous le plafond, qu'il abandonne sa hutte. On a vu des animaux dans une telle situation venir construire un nouveau nid sur leur toit.

Quand les petits sont nés, le nid est rendu très doux et très accueillant par un apport constant d'herbes et de feuilles fraîches, qui servent aussi de nourriture.

L'intérieur de la cabane reste à température constante. Le castor y veille. Il ajoute des branchages à ses murs sitôt qu'il fait plus froid. Au contraire, quand le temps se réchauffe, il procède à un « désépaississement » sélectif

De nuit, sous la glace, à la recherche des « égarés de la cascade ».

des parois de sa hutte. Ces dernières, qui atteignent plus de 30 cm d'épaisseur, comportent, çà et là, de petites issues d'aération. En hiver, la température extérieure étant très basse et le temps très clair, on voit assez bien, au-dessus des cabanes, de petits panaches de vapeur s'échapper dans l'air — condensation des souffles des castors. Grâce à ces orifices de ventilation, on entend parfois aussi, depuis l'extérieur, les vagissements des nouveau-nés au printemps.

Tragédie

Nous n'avons pas la science architecturale du castor. Les hommes de la *Calypso* font ce qu'ils peuvent, selon les indications du Dr Keith Hay, pour imiter l'animal et fabriquer une hutte artificielle qui puisse plaire à nos deux sauvageons dans le malheur.

Croiser de grosses branches pour les fondations, commencer les murs en partant d'un cercle, monter les côtés en réduisant le diamètre, de telle sorte que l'édifice soit un dôme — tout cela en ménageant à l'intérieur l'emplacement d'un nid confortable : voilà la nouvelle galère dans laquelle nous nous sommes embarqués.

Mais l'habileté des plongeurs n'est plus à démontrer. Ce ne sont pas de mauvais castors ! Après la maison des hommes, ils viennent à bout de la hutte des animaux.

Afin d'inciter les deux rongeurs perdus à utiliser ce logement « préfabriqué », nous disposons à l'intérieur, sur une litière bien sèche, un véritable plateau de tranches de pommes.

Les castors sont-ils des animaux « *automatiques* », entièrement *programmés* à la naissance, et à jamais dépendants de leur patrimoine héréditaire ? Ou bien, au contraire — signe indubitable d'*intelligence* —, se montrent-ils capables de *s'adapter* à des circonstances exceptionnelles, de profiter d'une occasion intéressante, comme celle que nous leur offrons ?

Adopteront-ils notre maison artificielle ?

Il faut attendre, pour le savoir, quelques heures ou quelques jours — le temps que les animaux, ayant reconnu les lieux, s'y habituent, y laissent leurs odeurs, s'y tracent un itinéraire familier, etc.

Dans notre cabane à nous, sur la terre ferme, au milieu d'un décor de neige grandiose, la vie continue. Bernard Delemotte apporte ses repas à Foster — pour qui les morceaux de pommes sont devenus un régal quotidien.

« Ce n'est pas le cas de notre café », dit Bernard Delemotte, qui n'avale jamais le jus de chaussette matinal sans une grimace.

Foster ne se contente d'ailleurs plus d'une seule tranche de fruit par offrande : il lui faut la pomme entière. Il a vite trouvé les caisses où nous entreposons cette merveille : et il se sert, le drôle! C'est ainsi que nos réserves de fruits diminuent à vue d'œil.

A quelque temps de là, nous décidons d'aller voir *sous l'eau* si les deux castors perdus de la cascade utilisent la maison de remplacement que nous leur avons construite. Il n'existe qu'un chemin pour descendre dans le lac : le trou que nous y entretenons nous-mêmes.

Philippe, Bernard et Ivan ont l'air de bien curieuses grenouilles, sur la neige de ce coin perdu du Grand Nord, avec leurs combinaisons jaunes et noires... Philippe se glisse le premier dans l'étroite ouverture. Bernard lui passe la caméra. Ivan suit avec l'éclairage. Seul le câble électrique relie désormais les trois hommes à la surface. C'est leur unique moyen de se situer par rapport à l'orifice qui mène à l'air libre, la seule issue à des kilomètres à la ronde...

A la surface, Guy Jouas laisse filer le câble. Ivan et lui correspondent en donnant des à-coups : un code entre eux. Les plongeurs sont partis depuis une demi-heure, lorsque soudain le câble se tend de façon anormale. Guy ne laisse rien voir de sa panique. Sous l'eau, Ivan réalise qu'il a perdu le contact. Une panne d'électricité, et ce peut être le drame, dans cet univers hostile et sans soleil. Heureusement, Giacoletto repère assez vite l'endroit où le câble s'est enroulé autour d'un rocher. Il le libère. Philippe et Bernard ne se sont aperçus de rien...

Il est toujours impressionnant de plonger sous la glace. La face inférieure du manteau gelé du lac, sous les projecteurs, prend une teinte d'or et d'argent surnaturelle. Des bulles noires viennent s'y coller, dans une inquiétante fantasmagorie d'ombres et de lumières.

Mais nos hommes en ont vu d'autres. Ils progressent sous l'eau, en direction de la cabane de castors artificielle. Et lorsqu'ils y arrivent, surprise! Aucun des deux sujets attendus n'est là. En revanche, un jeune de l'année occupe les lieux! Il fuit d'ailleurs très vite, impressionné par les lumières. Ce *squatter* a dû quitter récemment sa colonie, comme les « adolescents » de l'espèce le font parfois; et si nos deux égarés déclinent l'offre de logement que nous leur avons faite, lui ne s'est pas embarrassé de permission!

Le refus des deux grands adultes nous attriste, d'autant que leur condition physique ne cesse d'empirer. François Charlet les filme pendant qu'ils se traînent dans la neige et s'en vont nager, aller et retour sous la glace, de la cascade au trou et du trou à la cascade, à travers le lac... L'automne dernier,

L'animal émerge après avoir nagé cent dix mètres sous la glace.

◀ Rayon de soleil d'hiver sur la cabane.

◀ Les « égarés de la cascade » dans notre trou d'eau.
Nous donnons des branches de bouleaux aux deux castors perdus.

la queue de ces animaux était épaisse, gonflée d'une réserve de graisse destinée à les aider à passer la saison difficile (c'est l'une des fonctions principales de la queue du castor : stocker des réserves nutritives pour l'hiver). Maintenant, leur appendice caudal est tout aplati — désespérément vide. Ils ont épuisé leurs ultimes ressources. Ils se traînent péniblement vers un destin qui n'est que trop sûr...

Et puis voilà plusieurs jours que nous ne les avons pas vus — ni près du trou habituel, ni à la cascade. La température extérieure, dans le nord de la Saskatchewan, descend couramment à — 45 °C, à cette époque de l'année. Des castors sans logis n'y sauraient résister.

C'est en désespoir de cause que je décide une autre exploration subaquatique. Nous avons repéré à l'automne, au bord du lac, non loin de notre cabane, une hutte de castors abandonnée. Mission de la dernière chance : si nos deux errants de la cascade y ont élu domicile, ils peuvent encore être sauvés; dans le cas contraire, ils sont certainement condamnés.

L'angoisse de descendre sous la glace — on a l'impression de se jeter volontairement dans un piège — étreint toujours un peu les plongeurs, si expérimentés soient-ils. (Mais cela ne s'avoue pas...) Elle se double aujourd'hui d'une anxiété nouvelle : allons-nous trouver logis vide ?

L'eau sombre enveloppe les plongeurs, et le ballet fantasmagorique des bulles recommence sur le « plafond » gelé du lac. Philippe, Bernard et Ivan parviennent à la réserve de nourriture qui s'élève à proximité de la hutte des castors. Ils y ramassent les débris d'une branche qui, de toute évidence, a été récemment grignotée. Puis ils découvrent les entrées du tunnel principal et des tunnels secondaires qui conduisent au nid : elles sont jonchées de reliefs de repas. Des castors sont passés par là voilà peu de temps, cela se confirme. Mais lorsque les plongeurs éclairent l'intérieur de la hutte même, déception : elle est vide.

A cette nouvelle, nous qui nous étions pris d'affection pour les deux castors perdus de la cascade, nous nous sentons la gorge serrée. Sur la route du retour, nous nous raccrochons à l'espoir que les animaux, guidés par leur instinct (ou enfin servis par la chance dans leurs pérégrinations hivernales), auront découvert un logement sûr. Mais nous savons bien que c'est un espoir sans fondement.

L'évolution créatrice

Voilà bientôt huit mois que l'hiver nous tient enfermés. La neige et le froid règnent encore en despotes absolus sur la nature. Mais nous sentons à

Philippe Cousteau et Bernard Delemotte, barbes gelées.

de petits signes (tel souffle d'air moins glacial, tel craquement de la glace du lac, tel murmure de l'eau du torrent sous la carapace gelée), que le temps tourne, et que le renouveau du printemps ne tardera plus guère.

Un jour que le blizzard nous contraint, malgré tout, à rester bien calfeutrés dans notre cabane, il me prend l'envie de faire le point — d'organiser une discussion générale sur ce sujet : comment, au cours de l'*évolution,* le castor a-t-il pu en arriver à ce point de perfection dans l'art de construire ?

Tous les hommes de l'équipe s'y mettent d'enthousiasme. Les idées fusent. Les cervelles se creusent. Je ne transcrirai pas ici l'ensemble de ce qui s'est dit pendant cette session mémorable. Le plus avisé d'entre nous, le plus savant, fut bien entendu notre spécialiste invité, le Dr Keith Hay. Plusieurs des idées que je vais exposer ci-après sont de lui.

Trois espèces de rongeurs aquatiques occupent à peu près le même biotope* : le ragondin *(Myocastor),* le rat musqué *(Ondatra)* et le castor. En

Un loup, dans l'immensité blanche.

En « snowmobiles » dans le Grand Nord.

Construire une hutte de castors n'est pas simple.

comparant leurs travaux de « logement », on peut se faire une première idée de la façon dont l'évolution a préparé le plus « parfait » des trois — le castor.

Le *ragondin* n'est capable que de fouir, c'est-à-dire qu'il se contente de creuser un profond terrier dans la berge du plan d'eau où il a élu domicile.

Le *rat musqué,* non seulement aménage son terrier, mais encore en organise l'accès grâce à un canal artificiel, et recouvre son habitation d'un dôme d'herbes et de brindilles. Il effectue ainsi des œuvres de creusement, de voirie et de construction. Mais celles-ci sont loin d'atteindre la complexité de celles du castor. Elles ne sont ni aussi étendues, ni aussi solides, ni, bien entendu, aussi élaborées.

Le *castor* bat donc ses concurrents dans tous les domaines. Il creuse des terriers plus longs que le ragondin et le rat musqué, et il lui arrive souvent de forer plusieurs tunnels pour un seul nid. Les matériaux qu'il utilise pour bâtir sa maison sont non seulement entassés, mais assemblés (entrecroisés), et éventuellement collés par un mortier de boue et de mottes. Sa hutte, durable, réoccupée saison après saison, et soigneusement entretenue, se double d'une réserve de nourriture *(feedbed)*. Enfin, les travaux de voirie (de génie civil!) qu'il réalise atteignent un volume et une complexité rares : ses canaux sont plus larges, plus longs, plus profonds et plus nombreux que ceux du rat musqué; et surtout — ce qu'aucun autre animal ne réalise —, il bâtit un *barrage* qui lui assure un niveau d'eau suffisant en toutes saisons.

Si, parmi les rongeurs, la nature — grâce aux modalités habituelles de la sélection des plus aptes — a donné aux castors les meilleurs armes, on peut être sûr que cela ne s'est pas fait en un jour. C'est ce que la paléontologie* démontre. Avant d'en arriver aux formes actuelles du genre, l'évolution a beaucoup erré.

Je ne veux pas entrer dans le détail. Mais de nombreuses espèces se sont succédé dans l'hémisphère Nord depuis l'apparition de la famille des *castoridés,* à l'oligocène (presque au début de l'ère tertiaire, voici une trentaine de millions d'années). *Steneofiber, Palaeocastor, Architheriomys, Dipoides :* autant de fossiles des ancêtres des actuels bâtisseurs. Le plus étonnant de tous vivait il y a quelques millions d'années à peine, au début de l'ère quaternaire, en Amérique : baptisé *Castoroides foster* par les spécialistes, il atteignait la taille d'un ours brun!

Toutes ces formes se sont éteintes, les unes après les autres, à l'exception de *Steneofiber,* qui a donné naissance à toutes les espèces actuelles et notamment aux deux principales : *Castor canadensis,* le castor d'Amérique, et *Castor*

Gros plan du plus industrieux des rongeurs.

fiber, le castor d'Europe. (Deux autres espèces ont été décrites, mais tous les auteurs ne s'accordent pas pour leur donner ce statut : *Castor caecator* serait propre à Terre-Neuve, et *Castor subauratus* ne subsisterait plus qu'en quelques points de la Californie.)

Ainsi, il aura fallu beaucoup d'essais et d'erreurs à la nature pour aboutir aux extraordinaires ingénieurs que sont les castors modernes.

Mais est-ce que ces capacités de travail ont nécessité, pour être exaltées — portées à leur point extrême —, un *développement cérébral* important, c'est-à-dire l'acquisition d'une forme d'intelligence ? Je n'en suis pas persuadé.

On a essayé, par des tests, d'estimer les capacités intellectuelles des castors. Elles semblent, à première vue, non négligeables. Nos rongeurs réussissent notamment de bonnes performances dans les problèmes d'ouverture de boîtes et de déblocage de verrous. Mais ces succès sont probablement dus, bien plus qu'à l'intelligence, à une *habileté manuelle* prodigieuse. La main du castor est celle d'un ouvrier, courte, forte et très spécialisée, malgré les apparences. En effet, elle comporte un doigt quasiment opposable — mais c'est le petit doigt, et non le pouce ! Ce dernier, réduit, ne sert qu'à la toilette de la tête.

Une autre preuve de l'intelligence des castors pourrait être cherchée dans le fait que ces animaux varient considérablement leur travail, selon les conditions générales du milieu (climat, hydrologie...) et la topographie précise du territoire choisi. Pour moi, ce n'est pas décisif : je vois là bien davantage une preuve du bon fonctionnement des schémas adaptatifs innés de l'espèce.

Beaucoup de castors se contentent d'*abris temporaires.* L'animal vient se reposer, de temps à autre, en un lieu bien dissimulé par la végétation, au-dessus du niveau des plus hautes eaux de sa rivière, et s'aménage un nid de brindilles et d'herbes. Parfois il se creuse un logis un peu plus élaboré, dans une vieille souche. Les débris de son forage lui servent de litière.

Ces abris temporaires lui permettent de survivre dans des contrées aux hivers relativement doux (en Europe occidentale ou dans certaines régions de l'ouest des États-Unis, par exemple). Mais on les retrouve aussi bien, selon les circonstances, dans le Grand Nord : les castors du Canada y recourent en été, et plus souvent encore au printemps, à l'occasion d'une forte crue, lorsque leur hutte se trouve inondée.

Entre les abris temporaires et les huttes très élaborées que nous avons rencontrées ici, au bord du lac Foster, il existe un stade intermédiaire de perfectionnement architectural, représenté par les *terriers* surmontés de *fagotières.* Le castor de Russie et celui du Rhône sont particulièrement amateurs de ce genre de logis. Mais, comme les abris temporaires, on peut aussi bien les voir construire par des castors nord-américains.

Le *terrier* n'est rien d'autre qu'une longue galerie, creusée dans la berge d'un lac ou d'un cours d'eau, et agrémentée de cavités plus larges, que nous appelons chambres. Le tunnel principal, d'un diamètre de 0,30 à 0,60 m, commence au-dessous de la surface de l'eau, entre 0,75 et 1,50 m de profondeur. (Lorsque le niveau aquatique baisse, le castor fore une nouvelle entrée à bonne profondeur, et dissimule la première sous des branchages.) Depuis cette ouverture subaquatique, la galerie s'élève dans la terre de la rive, selon une pente d'environ 30°. Au bout d'un ou deux mètres, une première chambre y est aménagée, qui servira à l'animal à secouer sa fourrure mouillée. Le nid prend place dans une seconde pièce, plus spacieuse, d'un diamètre de 0,60 à 0,80 m, dotée d'un plafond en coupole, et haute de 0,40 à 0,50 m. Cette unité d'habitation se trouve en général reliée à l'eau par deux ou trois tunnels annexes, que le castor emprunte en cas d'alerte. Une étroite cheminée d'aération est ménagée dans le plafond. L'animal la dissimule en la recouvrant de brindilles et de rameaux divers : ce sont ces tas de végétaux coupés que l'on appelle *fagotières*. Du point de vue qui nous occupe ici, l'important, c'est que ces fagotières sont construites d'une façon qui n'a rien à voir avec celle des huttes : jamais les branches n'y sont soudées par du mortier.

Maintenant, que conclure? Le castor, grâce à une habileté manuelle peu commune, construit en variant ses techniques (plus ou moins grand, plus ou moins solide, plus ou moins durable). Il tire des plans différents, selon les conditions locales. Mais est-ce de l'intelligence?

Pour moi, et pour toute l'équipe qui m'entoure, ce soir-là, au fond de la Saskatchewan, c'est loin d'être sûr. Il faut s'émerveiller des performances de bâtisseur du castor. Mais c'est un robot, plus qu'un animal intelligent. Son habileté paraît plus proche de celle de la guêpe maçonne ou de l'abeille, que de celle du chimpanzé.

Jeunes chouettes des neiges au nid.

6

le printemps dans le Grand Nord

LA NATURE EN FÊTE — LA MORT DU LOUP — BARRAGES
LE GAZOUILLEMENT DES NOUVEAU-NÉS QUI TÈTENT
FAMILLES UNIES — UN BATISSEUR D'EMPIRE ÉCOLOGISTE

Dans le Grand Nord, le printemps compose d'admirables spectacles. Sur cette terre que l'hiver a endormie pendant de longs mois, la soudaineté, l'impétuosité, la violence même du renouveau des êtres semblent proportionnelles à la cruauté du blizzard et de la neige. Au premier soleil, au premier craquement des glaces sur les lacs, au premier gargouillement des ruisseaux de fonte sur les collines, bêtes et plantes paraissent saisies de fièvre. La nature met les bouchées doubles, sachant que le temps de la croissance et de la reproduction sera court.

Ce raz de marée de la sève et du sang vif emporte tous les vivants sur son passage. C'est à qui fera le plus rapidement éclater ses bourgeons ou épanouir ses fleurs. C'est à qui rassemblera le premier les matériaux de son nid, afin de se mettre en quête d'un(e) partenaire.

Les hommes n'échappent pas à cette accélération du rythme de la terre boréale. Dans notre cabane, au fin fond de la Saskatchewan, nous sentons notre cœur battre plus fort, notre sang courir plus vite dans nos veines. Animaux nous sommes : en animaux nous réagissons. Jamais, autant qu'à cette période de l'année, la différence qui nous sépare de nos « frères inférieurs » ne semble si mince. De la même façon que Foster et Cassie ont des fourmis dans les jambes, de la même façon nous brûlons d'accomplir des exploits sous le grand soleil neuf...

La nature en fête

Les Indiens du Grand Nord, pour désigner le printemps, emploient le mot *Yoho,* qui veut dire « émerveillement rempli de crainte ». Toute la nature alentour leur donne raison. Le spectacle de la forêt qui s'éveille et du lac qui secoue sa carapace de glace est d'une inoubliable beauté. En même temps, on a la gorge serrée devant cette puissance, devant cet impérieux besoin universel de croître et de perpétuer l'espèce.

L'atmosphère générale est au renouveau biologique. Elle communique aux hommes de la *Calypso* un enthousiasme formidable. Des adolescents ne seraient pas plus fébriles! Louis Prézelin a tiré notre baignoire en fer blanc sur la petite plage, devant la cabane, et s'y prélasse au soleil dans une eau rien moins que froide. Guy Jouas, plus radical encore, pique une tête en tenue d'Adam dans le lac Foster encore encombré de glaces (1).

Nous organisons une série de reconnaissances en hélicoptère. Robert Mc Keegan — Bob pour les intimes, bien entendu — enlève l'appareil pardessus la forêt et les lacs alentour, tantôt piquant vers une hutte de castors que nous lui désignons, tantôt rasant la cime des arbres entre lesquels nous entrevoyons la silhouette furtive d'un animal...

Un jour, un *aigle chauve* décolle à notre arrivée, et semble vouloir venir danser un ballet aérien avec le gros oiseau métallique où nous avons pris place.

Le lendemain, nous assistons au retour de migration d'un vol de *canards sauvages* qui se posent l'un après l'autre au bout du lac Foster.

Un autre jour encore, ce sont des *oies bernaches,* au plumage de soie blanc, noir et brun, qui fendent le ciel du Canada dans leur formation en V typique.

---

(1) — Hélas! Il devait être dit que cette fébrilité et cette impatience auraient aussi des conséquences tragiques. Bien peu de choses séparent l'éclatement de la vie et la mort, dans le Grand Nord. Notre jeune cuisinier canadien, Leslie Simonar, âgé de vingt ans à peine, ne tient plus en place après les longs mois d'hiver. Un jour, juste après le repas, il grimpe dans un canoë et s'en va « faire un tour » sur le lac. Quelle imprudence a-t-il commise? Personne ne le saura jamais. En tout cas, il tombe à l'eau et meurt d'hydrocution. Lorsque le pilote de l'hélicoptère donne l'alerte, il ne faut que quelques minutes à Bernard Delemotte et à ses compagnons pour retrouver le corps. Massages cardiaques, respiration artificielle pendant près de deux heures, utilisation immédiate des bouteilles d'oxygène dont nous disposons : rien n'y fait. Le médecin que nous allons chercher à la Ronge en hydravion ne peut que constater le décès.

Nous surprenons aussi une perdrix des neiges ou *lagopède* entre les rochers. Cet oiseau, gris brun bariolé l'été, revêt en hiver une livrée d'un blanc immaculé. Il passe ainsi inaperçu des prédateurs, tant dans les herbes et les feuilles à la belle saison, que sur la neige pendant les mois glacés. Cette coloration (ici variable : perfectionnement suprême), qui lui permet de se confondre avec son milieu, est appelée *homochromie**.

Un soir, un rapace nocturne s'envole devant nous : c'est l'immense *chouette des neiges,* toute blanche elle aussi, et dont les plumes du rebord des ailes, spécialement conformées, lui autorisent un vol rigoureusement silencieux.

Le lendemain matin, nous apercevons fugitivement un *lynx* — magnifique félin fauve à taches brunes, dont les oreilles sont garnies, à leur extrémité, d'un mince pinceau de poils noirs.

Nous verrons encore, par chance, deux *renards* s'engouffrer dans un fourré, et un *glouton,* carnivore têtu, de taille modeste, mais d'une incroyable puissance... Par contre, nous chercherons vainement un ours. Peut-être est-ce encore trop tôt. Peut-être les plantigrades dorment-ils encore, dans quelque tanière, tandis que nous survolons la forêt.

La mort du loup

Et puis, à la sixième ou septième mission, c'est un *loup* que l'hélicoptère fait fuir entre les arbres. Ce grand carnivore à la livrée gris perle, à la queue large et à la tête fine, est saisi de panique sous le fracas des rotors. Nous le poursuivons quelques minutes à peine : nous le voyons s'écrouler sur le sol, pitoyable, vaincu (moralement plus que physiquement) par cette force mécanique qui le dépasse. Résigné, il attend son sort en haletant. Nous rompons aussitôt. Et Philippe exprime tout haut ce que je pense tout bas :

« Dire que de prétendus « sportifs » chassent encore cet animal! Ils grimpent dans une voiture le matin, se garent au parc d'un aéroport, prennent un avion, puis un hélicoptère et de là, avec un fusil à lunette, tirent un ou deux loups...

« De retour chez eux, le soir même, ils exposent à l'admiration (!) de leur famille des peaux criblées de balles, en accompagnant la scène de commentaires enflammés concernant les risques qu'ils ont courus. Des risques! Quels risques? »

Pauvre loup... Victime de légendes imbéciles, il a disparu de la plus grande partie de l'Europe et de l'Amérique du Nord. On en faisait le cauchemar des petits enfants : il ne méritait pas ça. Toutes les études montrent qu'il avait sa place dans les systèmes écologiques d'où l'homme l'a éliminé. Main-

Brumes printanières sur le lac Foster.

Le grand renouveau de la nature.

tenant il manque! Non seulement ce n'est pas le mangeur de petits chaperons rouges et de petits cochons que l'on dit, mais encore il dévore bien peu de ces rennes (de ces caribous, au Canada) qu'on lui reproche encore de tuer. Sauf au plus cruel de l'hiver, il se contente, la plupart du temps, de rongeurs — souris, campagnols, mulots — voire d'insectes! Un lièvre lui est une fête, une perdrix lui semble un banquet...

Et je ne parle, jusqu'ici, que de son intérêt écologique. Or, sa vie sociale, ses mœurs, la façon dont il s'isole à la belle saison et dont il se rapproche de ses frères à l'automne; son langage (ce « ouh! ouh! » avec lequel on a effrayé des générations de gamins); sa technique de chasse en groupe lors des périodes de famine; sa monogamie quasi certaine; l'habitude qu'il a de faire élever ses enfants non seulement par leur mère mais encore par un « tonton » : tout cela mérite d'être étudié, réétudié — et médité.

On dit que l'homme et le loup, à un moment précis de la préhistoire, se sont trouvés concurrents directs — occupant la même *niche écologique* et ayant un type analogue d'organisation sociale. Voilà qui expliquerait la haine insensée et inextinguible que nous lui avons vouée. Mais aujourd'hui qu'il a presque disparu, nous les vainqueurs, serons-nous sans pitié?

Barrages

Tous les castors du Canada, le soleil retrouvé, sortent de leur retraite et vont se régaler de jeunes pousses de plantes aquatiques.

En compagnie du Dr Keith Hay, je retourne au réseau de canaux de la colonie que nous avons observée ensemble, l'automne précédent.

Le *barrage* est en place, solidement construit. Du point de vue de ses dimensions il est à peu près dans la moyenne : une vingtaine de mètres de longueur, pour une hauteur de 1,50 m. Mais on en voit couramment de 100 m de long et de 2,50 m de haut. Certains même atteignent plus de 300 m sur 3 m de hauteur! (Inutile de préciser que de tels ouvrages ne se rencontrent que loin de la civilisation humaine : quelle administration des Ponts et Chaussées, quel service des Eaux et Forêts les toléreraient encore?)

On se souvient que, concernant leurs habitations, les castors ont plusieurs cordes à leur arc (abri provisoire, terrier et fagotière, hutte). Il en va de même avec leurs barrages : ils savent en édifier de diverses sortes.

Le plus simple, le plus primitif, est la *digue de boue,* que l'animal dresse en travers d'un ruisselet en amoncelant de la vase avec son museau et ses mains. Cette digue lui suffit quelquefois à elle seule. Plus fréquemment, elle vient en annexe d'un ouvrage plus grand. Elle sert alors à obturer un canal latéral ou un bras secondaire du cours d'eau. Certaines grandes retenues nécessitent toute une série de ces digues complémentaires.

Le second stade est représenté par le *barrage de branches entrecroisées,* les premières fichées dans la vase, les suivantes plus ou moins systématiquement emmêlées les unes aux autres. Ce type d'ouvrage convient aux ruisseaux d'importance moyenne.

Mais lorsque la rivière que le castor adopte est large et puissante, un *vrai barrage* s'impose — c'est-à-dire une *digue de bois et de terre* inébranlable. L'animal, pour la réaliser, redouble d'abord de coups de dents : il a besoin d'un grand nombre de petits troncs et de branches d'arbres. L'amorce du barrage est constituée par un lit de branchages, disposés au fond de l'eau dans le sens du courant et partiellement fichés en terre. Le castor charge cette « fondation » de pierres, de sable, d'argile et de vase, de façon à en assurer la stabilité. A partir de l'ébauche ainsi constituée, il élève son ouvrage en ajoutant les unes sur les autres les couches de branchages et de pierres cimentées de boue. A partir de la deuxième couche, les branches sont arrangées pour moitié dans le sens du courant et pour moitié perpendiculairement à lui : l'enchevêtrement, le véritable « tissu » qui en résulte, donne au mur une cohésion remarquable. Le castor perfectionne encore sa construction en la crépissant intérieurement de boue et en la colmatant avec des mottes, des racines ou des feuilles mouillées, afin d'éviter les infiltrations d'eau qui pourraient la miner. Il transporte tous les matériaux qu'il emploie en les serrant étroitement sur sa poitrine, entre ses pattes antérieures. Il élève sa digue tout en l'élargissant à la base, par d'incessantes additions. Ce n'est que lorsque l'eau atteint un niveau suffisant dans sa hutte qu'il interrompt son travail. Il drague alors soigneusement le fond de son bassin, afin d'en augmenter la profondeur et d'en éviter l'envasement.

Plusieurs générations d'animaux participent à la construction des digues gigantesques, celles qui dépassent 80 ou 100 m de longueur. Mais la capacité de travail de chaque individu est tout simplement prodigieuse : un barrage d'une longueur de 1,50 m et d'une hauteur de 0,80 m peut être érigé en une seule nuit par un couple de bâtisseurs. Une digue de 15 m de long, 1,50 m de haut et 2 m de large à la base, est achevée en moins de trois semaines. Un castor transporte sans effort un arbre de 6 à 7 m de longueur, dont le tronc mesure 12 à 15 cm de diamètre. Un sujet de 20 kg traîne, apparemment à l'aise, une charge de 30 à 35 kg sur le sol, et de 45 à 50 kg dans l'eau...

La confection des digues intervient surtout du mois d'août au mois d'octobre.

« Au printemps, me précise le Dr Hay, les castors ne se soucient guère de bâtir, ni même de réparer leurs barrages. Il y a toujours beaucoup d'eau de fonte des neiges : l'entrée de leur hutte ne risque pas d'émerger. Leur bassin est toujours rempli à ras bord, malgré les brèches que la débâcle a pu pratiquer dans l'ouvrage. Les animaux ont tout l'été pour réparer. Ils ne sont pas pressés. »

Les castors sont « programmés pour bâtir » leur barrages, comme ils le sont pour édifier leurs huttes. Dans tout ce travail, la part de l'intelligence véritable est négligeable. Les animaux remanient continuellement *sans nécessité* leurs digues, et c'est là, une pulsion purement instinctive. Ils construisent parfois des barrages dans des étangs dont le niveau reste invariable d'un bout de l'année à l'autre. Et ils commettent des erreurs monumentales, de temps à autre : n'en a-t-on pas vu qui construisaient leur barrage *en amont* de leur hutte ?

Comme l'homme, le castor modifie son environnement pour vivre.
Rafraîchissement printanier pour Guy Jouas et Bernard Delemotte.
Encore proche de la rive, le castor va plonger pour regagner sa hutte.

Le gazouillement des nouveau-nés qui tètent

Ce matin-là, le soleil brille. Nous entreprenons la tournée générale des huttes de castors que nous avons repérées depuis l'automne sur le lac Foster et alentour. L'équipe de la *Calypso,* que le Dr Hay renforce, est unanimement remplie d'enthousiasme. C'est un peu comme si nous faisions le tour des amis, après une longue, très longue période de séparation. Savoir qui va bien, qui va mal, quelles sont les nouvelles des parents, si les enfants n'ont pas été malades, si les familles se sont accrues, ou au contraire si des décès les ont endeuillées : voilà qui nous plonge dans la plus grande impatience.

La plupart des huttes que nous visitons nous ont l'air de belles et bonnes maisons, qui ont résisté à l'hiver, et dont les garde-manger attenants ont suffi à nourrir les locataires. En pleine journée, grands et petits s'y cachent et s'y

reposent, après une nuit de promenade et de pâture dans les riches herbiers littoraux que le printemps active.

De temps à autre, par chance, nous apercevons un animal dehors, auquel le renouveau saisonnier a fait oublier ses mœurs ordinairement nocturnes. Un grand coup de queue sur l'eau, et il disparaît en plongée, dans l'éclaboussement de son geste d'alerte.

Guy Jouas, notre preneur de son, a subitement l'idée de jouer les « médecins des huttes », c'est-à-dire d'*ausculter* certaines de ces constructions en introduisant un micro dans les trous d'aération que les castors ménagent. Ainsi procède-t-il... Il arrange les écouteurs sur ses oreilles et, au premier essai, se fend d'un large sourire. Pour toute réponse à la question que je lui pose, il me tend l'appareil; je le mets, et je partage la joie de Guy : on entend distinctement, à l'intérieur de la hutte, les bruits d'une famille au complet — le grognement des adultes, les jeux des juvéniles d'un an et jusqu'au gazouillement des nouveau-nés qui tètent.

Ce succès nous encourage. Nous allons « espionner » une hutte dans laquelle des castors pleins d'ardeur s'étaient retirés à la fin de l'automne. Lorsque nous arrivons à bord du zodiac, Bernard Delemotte, qui nous a précédés sur place, parvient mal à nous cacher son inquiétude. Compte tenu de la passion avec laquelle les animaux, avant l'hiver, avaient entassé des provisions et réparé leur logis, on devrait déjà relever alentour mille traces d'activité printanière : arbres abattus, mottes d'herbes fraîchement déterrées, monticules odorants, branches coupées, etc. Or, rien de tout cela.

Guy Jouas passe son micro dans une des cheminées d'aération. Pas un bruit. Il ôte ses écouteurs, que nous enfilons avec un nouvel espoir, à tour de rôle. Mais le silence, l'angoissant silence, continue de régner dans cet intérieur où de nouvelles nichées devraient gazouiller.

Je dis qu'à mon avis la maison est abandonnée depuis longtemps. Le Dr Hay me répond que, si les castors l'ont quittée en plein cœur de l'hiver, aucun d'eux n'a la moindre chance d'avoir survécu.

Pour en avoir le cœur net, nous décisons d'ouvrir le flanc de la construction. Bernard et Ivan démontent précautionneusement une partie du dôme végétal, branche après branche, paquet de mortier après paquet de mortier : sait-on jamais? S'il restait des survivants malgré tout? (L'espoir n'abandonne le cœur de l'homme qu'à la toute dernière extrémité.) L'émotion qui nous étreint est plus intense que celle des archéologues sur le point d'ouvrir un sarcophage inconnu.

A travers l'ouverture de la hutte, nous apercevons un nid de branchages rongés, avant d'entrevoir les corps raidis des animaux. Ils sont tous morts.

Morts de faim. Ils ont rongé jusqu'au bois des murs intérieurs de leur maison. Il y a là une femelle et deux petits d'un an — misérables cadavres, dans un état de maigreur effrayant. La mère n'a presque plus de chair sous la peau : alors qu'elle devrait peser 25 à 30 kg, elle n'atteint probablement pas les 15 kg... Son pelage tout terni et ses petits yeux restés ouverts — désespérément fixes — disent assez qu'elle a dû lutter jusqu'au bout pour tenter d'échapper à sa prison de glace. Car la cause de ce drame est évidente, maintenant que nous avons mis au jour le tunnel qui mène à l'eau depuis la pièce centrale d'habitation.

· « C'est une anomalie de la nature, comme on en rencontre quelquefois, explique le Dr Hay. Les castors, en règle générale, calculent admirablement leurs ouvrages : mais il leur arrive de se tromper. Ils se font prendre sous l'arbre qu'ils abattent, ou bien ils construisent un barrage en amont de leur hutte... Ici, ils ont entrepris de bâtir leur habitation sur un fond rocheux du lac. Ils ont mal estimé la profondeur à laquelle l'eau gèlerait en hiver. Et, parce que le fond était de roche dure, lorsque la glace a fait son œuvre, il leur est devenu impossible de creuser une galerie entre leur maison et leur réserve de nourriture. Ce *feedbed,* qu'ils avaient entassé avec tellement de cœur l'automne précédent, ils n'ont jamais pu l'atteindre. Comme l'espèce n'hiberne pas, ils sont morts de faim. »

Une journée commencée dans la joie à écouter la jeune vie des castors qui tètent, s'achève ainsi dans la tristesse des dénouements tragiques...

Familles unies

Cependant, un problème se pose encore au soir de cette expédition : dans la hutte fatale que nous avons ouverte, il devrait y avoir un *mâle*. Il y a toujours *au moins un mâle* dans une cabane de castors.

Celui-ci, qu'est-il devenu ? Est-il mort de maladie ou d'accident, hors de son habitation, et avant que le lac ne se prenne en glace ? Ou bien, au contraire, est-il resté prisonnier du gel avec toute sa famille, et a-t-il réussi, seul, à s'échapper ensuite ? Mais dans ce dernier cas, à supposer qu'il soit parvenu à ronger plus de 1 m de glace et à sortir, où est-il allé ? Et pourquoi sa femelle et ses petits ne l'ont-ils pas suivi ? Autant de questions qui resteront sans réponse. Peut-être, tout simplement, le mâle a-t-il été tué par un trappeur à la fin de l'automne passé...

Ces questions-là, nous nous les posons parce que nous savons que les castors vivent en *familles étroitement unies.* Le Pr Lavroff (1938), en se fondant sur l'étude de 35 couples de la réserve de Voronej, a même pu parler, à leur propos, de *monogamie.* Les castors d'Europe, au moins, vivraient en couples fidèles,

Approche d'une hutte en canoë...

... et en scaphandre autonome.

Foster et Cassie, revigorés par le printemps.

gardant auprès d'eux leurs jeunes nouveau-nés et leurs jeunes de l'année précédente, et en mettant régulièrement à la porte leurs plus grands enfants.

En ce qui concerne le castor américain, la fidélité du couple, ou plus exactement celle du mâle, paraît beaucoup moins sûre. Les jeunes, comme dans le cas précédent, sont chassés du foyer familial au début de leur seconde année, c'est-à-dire lorsqu'ils atteignent l'âge de la *puberté*. Mais les mâles dominants, plutôt que d'élire une épouse unique, se constituent un harem de deux ou trois femelles. Ils se comportent envers cette « famille élargie » — accrue de nombreux rejetons — comme de véritables patriarches. Cette

polygamie a été démontrée par l'observation à plusieurs reprises, notamment dans une étude menée en 1920-1921 aux États-Unis par les professeurs Warren, Baley, Green Dixon et Linsdale. Bien qu'à la naissance la *sex ratio** de l'espèce (la proportion de mâles et de femelles) soit de 1 : 1, à l'âge adulte, on compte, dans une population d'animaux, 67 à 68 % de femelles et 32 à 33 % de mâles à peine. Comme toutes les femelles matures, dans le même temps, sont effectivement fécondées, on est bien obligé d'en déduire que la monogamie n'est pas la règle, du moins à l'époque du rut...

On connaît mal le détail des relations sociales des castors. On ignore, par exemple, quelles formes prennent chez eux les *comportements territoriaux*. Ce qui est sûr, c'est que l'espèce n'a pas appris le sens du mot pitié : aucune observation n'a jamais été faite d'un castor étranger qui se soit intégré à un groupe déjà constitué... Ce que nous venons d'écrire, concernant l'évolution de la *sex ratio* entre la naissance et l'âge adulte, paraît à ce propos éloquent : nombre des jeunes mâles qui trépassent à la puberté meurent d'avoir été expulsés *manu militari* de leur hutte, de leur plan d'eau, de leur territoire d'origine — et de n'avoir pas su se tailler un nouveau royaume avant l'hiver. Si les mâles dominants se comportent impitoyablement avec leurs propres rejetons, il y a gros à parier qu'ils n'ont pas plus d'amabilité envers leurs congénères du sexe « fort », quels qu'ils soient. Le territoire doit être conquis de haute lutte. Même si les bagarres sont brèves, même s'il s'agit, pour une bonne part, de duels symboliques, la décharge émotionnelle n'en est pas moins grande.

Lorsqu'on a l'empire, reste à le peupler. Pour le mâle triomphant, cela signifie séduire la ou les femelles qu'il a remportées pour prix de sa victoire. Le castoréum intervient probablement pour beaucoup dans cette affaire (de même qu'il sert à parapher l'acte de possession du domaine). Mais le rôle sexuel des sécrétions parfumées n'est pas entièrement démontré chez les castors.

La saison de la reproduction est courte : deux mois à peu près, à la fin de l'hiver, chez le castor américain. La femelle refuse longuement le mâle, en repoussant ses avances des mains et... des dents. Lors de son « pic de fécondité » *(œstrus*)*, stimulée qu'elle est par les précédentes tentatives d'accouplement de ce monsieur, elle le laisse enfin approcher.

La *parade nuptiale* — du moins ce qu'on en connaît — semble rapide, et ne donne pas lieu à de spectaculaires démonstrations de danses ou de postures, comme c'est le cas chez d'autres animaux. Elle consiste essentiellement en reniflements et en « bécotements » furtifs. L'*accouplement* se produit soit à terre (dans des fourrés épais), soit dans l'eau. Le mâle se couche sur le flanc, contre sa compagne. Il glisse son arrière-train sous celui de la femelle, en serrant cette dernière de ses quatre membres, de telle sorte qu'il donne l'impression d'être suspendu à elle latéralement. (Dans l'eau, il se trouve alors presque tout à fait immergé.) Le coït se prolonge de 30 secondes à une minute et demie. Le mâle honore trois ou quatre fois sa belle dans la même journée, mais, dès le lendemain, elle se refuse à lui. (Dans le cas où elle n'est pas fécondée, elle entre de nouveau en œstrus deux semaines plus tard.)

La période de *gestation* couvre environ trois mois. La femelle accouche au nid. Elle a de un à huit petits — la plupart du temps trois ou quatre, très exceptionnellement neuf ou dix. Le mâle, lors de la mise bas, et pour un jour ou deux, quitte le logis familial. A la naissance, les jeunes se trouvent protégés par un duvet très doux; ils pèsent de 250 à 550 g, ouvrent déjà les yeux, et se déplacent après quelques heures à peine.

L'*allaitement* dure deux mois : le lait de la mère, très riche, contient deux fois plus de protéines et quatre fois plus de graisses que le lait de vache. Cette « suralimentation » est indispensable à l'espèce : un jeune, conçu fin avril, naît fin juillet, et est sevré fin septembre. Dans le Grand Nord, l'hiver n'est déjà pas loin... La croissance, grâce à cette alimentation riche, est rapide : le jeune pèse de 4,5 à 6,5 kg à neuf mois, et de 9 à 12 kg à un an.

Les castors, tant qu'ils restent au logis familial, bénéficient de l'indulgence de leurs géniteurs. Leur père leur pardonne tout — jusqu'à la puberté; après quoi, il les considère tout simplement comme des étrangers s'ils sont mâles, et comme des femelles bonnes à séduire dans l'autre hypothèse...

Les petits ne travaillent qu'assez tard (en général après un an) sur les chantiers familiaux. Le reste du temps se passe en *jeux* de toutes sortes : bagarres, charges à la nage, séances de lutte poitrine contre poitrine, poursuites folles ponctuées de claquements de queue, plongées soudaines avec réapparitions-surprises, etc.

Leur mère, surtout, s'occupe d'eux avec une attention passionnée. C'est elle qui leur enseigne la nage et la plongée. Elle leur montre comment choisir les herbes, les racines et les écorces les plus délicieuses. Elle les éduque dans l'art de couper les branches, de les transporter et de les assembler : l'instinct de bâtir existe fondamentalement chez le castor, mais il s'affine quelque peu par l'*apprentissage*.

La femelle prévient encore ses petits des dangers qu'ils courent. Elle leur fait comprendre les signaux d'alerte du groupe (claquements de queue). S'ils n'obéissent pas assez vite à son goût, elle les gratifie éventuellement d'une taloche! Mais lorsqu'un péril réel les menace, alors elle les protège avec courage. Lorsqu'elle fuit avec sa progéniture, il lui arrive souvent de la tenir dans ses deux bras, comme une femme ou comme une mère singe, et non pas dans sa bouche, comme la plupart des autres mammifères.

Les castors observent des mœurs tout à fait sédentaires. Mais les jeunes mâles pubères de l'espèce, contraints de quitter le logis familial, doivent émigrer au loin. Ils laissent alors derrière eux le nid douillet, et suivent le lit des rivières en crue, jusqu'à ce qu'ils trouvent un territoire à leur mesure. Beaucoup n'y parviennent jamais, repoussés de vallée en vallée par des mâles dominants déjà installés — ou victimes d'un prédateur. Avant qu'ils n'aient fixé les limites d'un fief bien à eux, puis trouvé une compagne consentante, il s'écoule fréquemment quatre, cinq ou six ans.

L'*espérance de vie* des castors, dans la nature, est mal connue : certains zoologistes ne la croient guère supérieure à 12 ou 15 ans (Warren, 1927); d'autres l'estiment plus élevée : 18 à 22 ans; j'inclinerais plutôt vers cette hypothèse. Dans les jardins zoologiques, certains castors auraient, dit-on, vécu beaucoup plus vieux que cela : jusqu'à 35 et même 50 ans. Je me demande si les directeurs de ces établissements n'ont pas un peu exagéré en rapportant ces chiffres...

Le docteur Hay et le commandant Cousteau arrivent devant la hutte déserte.

Guy Jouas et le commandant Cousteau à l'écoute : pas un bruit à l'intérieur.

La triste découverte : tous les occupants de la cabane sont morts.

Un bâtisseur d'empire écologiste

Notre mission « Castors » s'achève, en ce printemps resplendissant de la Saskatchewan du Nord.

Partout, les bourgeons éclatés ont fait paraître les lames vertes des feuilles. Partout, les sous-bois se couvrent de mousses fraîches. Les ruisseaux, multipliés à l'infini par les résurgences printanières, murmurent un admirable concert que les oiseaux reprennent. La vie végétale et animale explose sur toute l'épaisseur des lacs et des forêts.

Dans notre cabane (que nous n'appelons plus désormais que notre « hutte de castors », il fallait s'y attendre), deux pensionnaires n'ont pas encore respiré l'enivrant parfum de la liberté, ni les arômes du printemps au grand soleil : ce sont Foster et Cassie.

Nous allons les relâcher maintenant. Nous craignons toujours, malgré la trappe de Dorado et les précautions que nous avons prises pour qu'ils ne s'apprivoisent pas, qu'après leur longue réclusion nos deux pensionnaires ne refusent de quitter le confort et la sécurité de l'habitation des hommes. Il n'en est rien.

Philippe enlève la cage, et ouvre la porte extérieure de notre cabane sans autre cérémonie. Il nous rejoint dehors, où nous attendons tous, les yeux et les caméras braqués... C'est Cassie, la timide femelle, qui apparaît la première sur le seuil. Sans le moindre complexe, elle descend l'escalier de sa démarche embarrassée d'animal aquatique. Elle traverse la plage de sable blond qui la sépare encore de l'eau, et plonge dans son élément favori, sans nous jeter le moindre regard.

Foster la suit quelques instants plus tard. Et, pendant que je grimpe dans le zodiac pour les accompagner le plus longtemps possible en direction de l'extrémité marécageuse du lac, les plongeurs de la *Calypso* filment une dernière fois, sous l'eau, la nage harmonieuse des deux castors.

Amis d'un hiver de glace et de neige, quel sera votre destin ? Trouverez-vous un domaine aquatique à votre suffisance ? Y ferez-vous la preuve de vos extraordinaires capacités de bâtisseurs ? Tomberez-vous amoureux l'un de l'autre, et peuplerez-vous longtemps encore, vous et votre descendance, ce royaume d'arbres et d'eau que l'évolution semble vous avoir spécialement dévolu ?

Ce souhait en forme d'interrogation, je ne puis que l'appuyer de quelques phrases : la véritable puissance d'agir — le sort des castors — est *entre les mains de quelques hommes,* et notamment des administrateurs et des financiers.

Si je devais à son intention, en peu de lignes, tourner une *Défense et Illustration du Castor,* voici ce que je dirais :

Le castor, sous ses diverses espèces, peuplait à l'origine la plus grande partie de l'hémisphère Nord — du Rio Grande à l'Alaska en Amérique, et de la Méditerranée à la Scandinavie en Europe; il abondait en Sibérie, et on le trouvait encore en Chine au début du quaternaire.

Or, il disparaît de plus en plus rapidement de tous ses biotopes d'élection. La chasse, le piégeage (pour la fourrure), les destructions imbéciles, l'avance générale de la civilisation — et bien entendu la pollution — en sont les causes.

Il a été éliminé des pays méditerranéens. Il n'existe plus en Grande-Bretagne depuis des siècles. En France, il a été anéanti dans la vallée de la Seine où il abondait (notamment dans la Bièvre, petite rivière qui passe à Paris, et dont le nom, tiré du celte *Biber*, signifie précisément « castor » en vieux français). Dans toute l'Europe occidentale, il ne se trouve plus représenté que par quelques fragiles colonies relictuelles (vallée du Rhône, vallée de l'Elbe), dans lesquelles les braconniers continuent, hélas! leurs ravages, et sur lesquelles pèsent de lourdes menaces de pollution. En Scandinavie, en Europe centrale, en U.R.S.S., ses territoires se rétrécissent pour ainsi dire à vue d'œil, et il en va de même aux États-Unis et au Canada.

Or, que lui reproche-t-on?

De couper, de temps à autre, quelques arbres fruitiers? Admettons : un État digne de ce nom ne devrait-il pas prendre en charge ces menus dommages, indemniser les propriétaires, et conserver à la communauté nationale une admirable richesse animale? Au lieu de quoi, les paysans lésés se font justice eux-mêmes — en tirant sur tout ce qui bouge.

De s'attaquer aux forêts? C'est une plaisanterie. Comment peut-on comparer, même une seconde, les dégâts d'un castor armé de ses seules dents, et qui ne s'éloigne guère de l'eau, aux ravages d'un bûcheron moderne muni de sa tronçonneuse, et qui se déplace en véhicule tout-terrain? On a calculé qu'un castor n'abat, pour l'ensemble de ses besoins (barrage, hutte et nourriture), que 1 % des arbres de son territoire... Quel bûcheron — coupe sombre, coupe claire — pourrait en dire autant? Au reste, les espèces végétales préférées de nos rongeurs (saules, bouleaux, trembles...) n'ont pas une bien grande valeur commerciale.

D'inonder les routes sous la retenue d'eau de leurs barrages? Il existe des moyens parfaitement pacifiques (et autres que la mortelle déportation vers le nord) de les en empêcher. Des chercheurs ont notamment testé, depuis plusieurs années déjà, des systèmes de tuyaux d'évacuation astucieusement disposés, qui maintiennent les retenues d'eau des rongeurs à un niveau compatible avec les activités humaines, et qui mettent en échec l' « intelligence réparatrice », pourtant aiguisée, des animaux.

Le docteur Hay tient dans ses bras la mère castor morte de faim.

Foster se sent plein d'appétit : il sera libre demain.

Cassie, relâchée, nage une dernière fois devant nous et s'en va vers son destin.

En face de ces reproches, fort minces, on en conviendra, que de remercie-
ments il faudrait adresser aux castors pour leurs *bienfaits!*

L'espèce *régularise le cours des rivières.* Par ses barrages, elle prévient
aussi bien les *sécheresses* que les *inondations.*

Une colonie de castors qui peuple un ruisseau y construit aussitôt une
série de digues. En été, au bout de quelque temps, là où ne courait plus qu'un
maigre filet d'eau, de larges et profonds bassins donnent à boire à tous les
êtres vivants de l'endroit. Au lieu d'un lit de torrent stérile et érodé, on voit
naître alentour des prairies verdoyantes. Les herbes et les arbres croissent
plus vite — premiers maillons des chaînes alimentaires. Ils nourrissent des
herbivores, qui deviennent à leur tour la proie des carnivores. Dans les eaux
mêmes, une faune et une flore apparaissent. Les poissons abondent, notamment les espèces « nobles », comme la truite. (Ce n'est pas un hasard si les
pêcheurs ont toujours fait du castor leur plus grand ami.) Les oiseaux trouvent,
dans ces bassins, des possibilités d'étapes au cours de leurs migrations, ou
même des endroits de ponte, s'ils sont aquatiques. Les hommes, enfin, pro-
fitent des barrages — soit qu'ils arrosent leurs jardins grâce à leur eau, soit
qu'ils y abreuvent leur bétail, soit encore qu'ils y prennent le simple plaisir
d'une baignade ou de la compagnie d'animaux timides et passionnants...

Ayant empêché la sécheresse durant tout l'été, les digues des castors
préviennent encore les *inondations,* lors des grandes pluies d'automne ou à

la fonte des neiges. En retenant une partie des eaux qui dévalent vers la mer, et en brisant le cours des torrents, elles en diminuent la force dévastatrice.

Enfin, lorsque la colonie de castors abandonne le cours d'eau qu'elle a choisi, et lorsque les vieux barrages laissés sans soin s'écroulent, il reste, de part et d'autre du lit de l'eau, des terres limoneuses d'une richesse exceptionnelle.

Avant l'arrivée des hommes blancs en Amérique, la plupart des tribus indiennes tenaient le castor pour supérieur aux autres animaux. Les « Braves » le croyaient même d'une nature divine. Ils l'appelaient « Petit Frère », et ils interdisaient rigoureusement de le tuer : personne ne transgressait jamais ce tabou.

J'aimerais simplement, aujourd'hui, que nous redevenions des Indiens pour « Petit Frère ».

J'aimerais que tout le monde puisse méditer ces quelques phrases du chef Sioux-Lakota Luther Standing Bear : « Les relations que les Indiens entretenaient avec tous les êtres sur la terre, dans le ciel ou au fond des rivières, étaient un des traits de leur existence. Ils avaient un sentiment de fraternité envers le monde des oiseaux et des animaux qui leur gardaient leur confiance. La familiarité était si étroite entre certains Lakotas et leurs amis à plumes ou à fourrure, que, tels des frères, ils parlaient le même langage. »

troisième partie

LA BEAUTÉ
DES LOUTRES DE MER

7

survivront-elles?

PORTRAIT DE LA NAIADE
LE LONG MANTEAU DE L'IMPÉRATRICE
LES PICS NEIGEUX DE L'ALASKA
DES LITS DE KELP — UNE ESPÈCE DEVENUE RARISSIME
FUGITIVE BEAUTÉ, A PEINE ENTREVUE

Monterey, Californie. Face au large, devant l'infini du Pacifique... L'un des plus charmants souvenirs que je garde de mon odyssée sous-marine : deux plongeurs de la *Calypso* soulèvent une loutre de mer au-dessus des vagues, parmi les algues* géantes où cet animal a pris l'habitude de dormir...

La loutre de mer, ce superbe produit de l'évolution des carnivores* sur la Terre, peuplera-t-elle encore longtemps les côtes du Pacifique Nord, où elle se comptait jadis par dizaines de milliers ?

L'homme, après l'avoir amenée au bord de l'extinction totale pour sa fourrure si précieuse, lui volera-t-il maintenant ses ultimes territoires de chasse et de jeux, pour des raisons d'expansion touristique, immobilière et industrielle ? Fera-t-on disparaître à jamais cette gracieuse ondine parce que des pêcheurs d'abalones* l'accusent de pillage ou, plus vulgairement, à force de marées noires ? Ou bien, plus triste encore à mes yeux, ne la protégera-t-on localement que pour mieux la « gérer » à la manière d'une ressource naturelle — c'est-à-dire en continuant d'exploiter sa peau, en prélevant chaque année, sur un troupeau devenu domestique, une « récolte maximale supportable » (en anglais : *maximum sustainable yield*) ?

Oiseaux de mer, dans les eaux des Aléoutiennes.

Portrait de la naïade

Ondine, néréide, naïade, nymphe des vagues et des algues géantes, la loutre de mer, toute souplesse et beauté, évoque irrésistiblement ces créatures irréelles, mi-femmes mi-déesses, dont les anciens Grecs peuplaient les eaux pures. Nul doute que, si ces derniers avaient pu connaître les loutres marines, ils en eussent fait de nouvelles divinités océanes...

Les loutres appartiennent à l'ordre des carnivores et à la famille des mustélidés*. On en compte près d'une vingtaine d'espèces, dont certaines fréquentent occasionnellement les estuaires et les baies maritimes. Mais une seule, qui constitue d'ailleurs un genre zoologique particulier, reste strictement confinée aux eaux salées : c'est notre belle amie, que les scientifiques nomment *Enhydra lutris.*

Imaginez une longue et forte cousine de la loutre commune, mesurant 1 m à 1,20 m (sans la queue, qui fait à elle seule 25 à 35 cm), et atteignant le poids d'un chien de grande taille : de 15 à 30 kg pour les femelles, de 25 à 40 kg pour les mâles. (Record absolu : 100 livres, soit 45 kg.)

Greffez, sur un corps délié et fusiforme (très mal adapté à la progression sur la terre ferme, mais en revanche merveilleusement conformé pour la nage), une tête large au cou court et des membres fins et brefs. Sur le museau, faites pousser 150 « moustaches », ou plutôt vibrisses (poils sensoriels), orientables à volonté, grâce auxquels, sans distinction d'âge ou de sexe, les animaux ont reçu en anglais le nom de « vieil homme de la mer ». Éclairez la face par deux grands yeux noirs qui paraissent toujours sourire. Sur le sommet du crâne, plantez deux oreilles minuscules, comparables à celles des otaries, et qui fonctionnent comme des valves en plongée (sous l'eau elles se rabattent et obstruent le canal auditif). Aplatissez la queue horizontalement, de telle sorte qu'elle puisse contribuer à la propulsion tout en constituant un excellent gouvernail. Aux pieds, mettez des palmes entre les doigts, afin d'obtenir deux nageoires authentiques. Plantez des griffes rétractiles aux mains (uniquement), et faites de ces mains deux instruments de travail précis, adaptés au nettoyage et au lissage de la fourrure, aux soins des jeunes, aux caresses des moins jeunes, à la cueillette de la nourriture sur les fonds, ainsi qu'à l'emploi d'outils pour briser les coquilles les plus dures. Enfin, sous chaque patte antérieure, tendez un fragment de peau faisant office de poche, et qui permet à l'animal d'entasser des aliments lors de ses plongées, en se réservant de les déguster plus tard, au calme, voluptueusement allongé sur le dos en surface...

Et vous aurez le portrait de la naïade.

Le long manteau de l'Impératrice

La loutre de mer, quoique maintenant protégée par la loi dans la plupart de ses territoires, reste une espèce menacée. En sursis... Une de plus, direz-vous : eh oui! Nous sommes ainsi faits, nous autres hommes, que nous détruisons tout ce qui nous entoure, moitié par ignorance et moitié par goût du lucre.

Sa fourrure douce, sombre, lustrée, exceptionnellement chaude et fine, qui lui permet de survivre dans les eaux les plus froides, a causé sa perte.

Et parce que sa peau a valu des fortunes, la loutre marine s'est trouvée intimement liée à l'histoire de la découverte de la plus grande partie des côtes du Pacifique Nord.

Les empereurs et les mandarins de l'Ancienne Chine, les nobles du Japon, payaient au poids de l'or le plaisir d'envelopper leurs membres précieux dans la fourrure du bel animal. Lorsque, en 1733, des Espagnols (missionnaires et trafiquants mêlés) achetèrent pour la première fois des dépouilles de l'espèce à des Indiens de Basse Californie, ils étaient loin de se douter de la valeur que ces peaux atteignaient déjà sur les marchés d'Orient.

En vérité, pour l'Europe, et pour le malheur du joli carnivore, la loutre de mer a commencé d'exister en l'an de disgrâce 1741, lorsque l'équipage de l'explorateur Vitus Béring fut contraint d'hiverner sur l'une des îles Commander (aujourd'hui l'île Béring). Les hommes de l'expédition perdue ne survécurent à la glace et au blizzard que grâce à la loutre — sa chair pour leur ventre et sa peau pour leur peau. Le naturaliste du groupe, Georg Wilhelm Steller, décrivit l'espèce pour la science. Les marins rapportèrent des fourrures pour leur bourse. Ce fut le commencement du massacre.

Dès le retour de Béring, les Russes (pour lesquels il travaillait) se ruèrent à l'assaut de cette fortune inédite, de cette folie, de cet or vivant de la mer, qu'ils appelaient *kalan*. Ils décimèrent les colonies les plus accessibles de l'espèce en quelques années, du Kamtchatka à l'Alaska, en passant par les îles Aléoutiennes. Et il ne fait aucun doute que c'est principalement pour la loutre marine qu'ils poussèrent leur exploration vers le sud, jusqu'en Californie, où ils devaient fonder Fort Ross en 1812. A la fin du XVIIIe siècle, la Grande Catherine, séduite par la fourrure incroyablement douce et brillante que les côtes et les îles perdues du Pacifique livraient à ses trappeurs, s'en fit confectionner un manteau de légende qui lui tombait jusqu'aux pieds...

Les Anglo-Saxons participèrent à la curée après que, en 1779, des membres de l'expédition de James Cook dans le nord du Grand Océan eurent vendu très cher, à Canton, des fourrures de l'animal récoltées sur les rivages de l'île de Vancouver.

Sur une plage basse, des otaries de Steller.

Elles vivent en harems, comme beaucoup de pinnipèdes.

Dès lors, tout alla très vite. Des dizaines, des centaines de milliers de loutres de mer furent tuées et dépouillées au cours du XIXᵉ siècle, au Kamtchatka, dans les îles de la mer de Béring ou en Californie — où elles étaient alors abondantes (notamment autour des petites îles Farallon, ainsi que dans la baie de San Francisco, dans le détroit de Santa Barbara et en divers points de la côte méridionale).

Le plus grand carnage fut cependant perpétré en *Alaska* et aux *îles Aléoutiennes :* quelques chiffres suffisent à l'évoquer. D'après un recensement partiel de la naturaliste Edna Fisher (1940), 359 375 peaux y auraient été « récoltées » entre 1740 et 1916. Selon le Bureau Américain des Pêches *(U.S. Bureau of Fisheries),* qui n'a comptabilisé que le seul transport des fourrures, 368 151 animaux y auraient été abattus de 1745 à 1910 (1745-1867 : 260 790 cadavres;

1868-1905 : 107 121; 1906-1910 : 240 seulement, ce qui indique à quel point les populations étaient déjà épuisées). En ajoutant à ces chiffres ceux (probables) des captures russes et canadiennes, on compte qu'au moins 500 000 loutres de mer (certains naturalistes avancent le chiffre de 900 000) ont péri de mort violente en Alaska et aux Aléoutiennes pour devenir manteaux et toques sur la personne de nos récent(e)s ancêtres. L'élimination quasi complète de l'animal sur ces rivages intervint pour beaucoup, dit-on, dans la décision russe de vendre le territoire tout entier aux États-Unis, en 1867, pour la somme dérisoire de 7 200 000 dollars.

Vers 1750, une peau de loutre de mer se vendait 20 roubles (10 dollars) au Kamtchatka et 100 roubles (50 dollars) à la frontière chinoise. La même, en 1880, partait à Londres pour 100 à 165 dollars (selon la qualité). En 1900, on n'en trouvait plus une seule à moins de 1 000 dollars. Entre 1920 et 1930 c'est entre 2 500 et 3 000 dollars que chaque dépouille se négociait. Redoutable inflation; et signe malheureusement certain de la régression dramatique des effectifs de l'espèce.

Remarquons bien, ici, pour ceux qui reprochent aux défenseurs des animaux de ne pas se préoccuper suffisamment des hommes, que les chasseurs de loutres marines avaient des amusements adaptés à leur « travail » quotidien. Les *Promichleniki* russes, pirates de la fourrure basés en Sibérie, et dont les bateaux étaient appelés *chitkas,* exercèrent des ravages dans les camps des Esquimaux, et notamment des indigènes des Aléoutiennes (les Aleutes ou Aléoutes). L'un de ces groupes de brigands détruisit jusqu'à dix-huit villages autochtones en une seule expédition. Une autre bande se divertit à ficeler ensemble une douzaine d'Aleutes, afin de compter combien il faut d'hommes pour arrêter une balle de mousquet; le résultat fut : neuf!

Les pics neigeux de l'Alaska

Tandis que la *Calypso* pénètre dans les eaux glaciales de l'Alaska, je songe à ces massacres. Ils se valent tous à mes yeux. Je me refuse à établir une quelconque hiérarchie dans le crime et dans l'horreur.

Au loin, les pics neigeux de ce qui forme l'extrémité septentrionale de la grande chaîne montagneuse transaméricaine se détachent avec une précision de gravure orientale dans l'azur du ciel sans nuage. Les glaciers étincelants cascadent dans l'eau sombre. Hier, le sang coulait sur ces côtes aux rochers luisants, où les oiseaux tracent des arabesques aériennes. Trompeur paysage de paix...

Nous avons suivi les routes maritimes des anciens chasseurs de fourrures. Nous avons mis le cap vers l'Arctique, et maintenant, notre but, ce sont les îles Aléoutiennes, cet immense chapelet de terres sauvages qui semblent barrer le Pacifique Nord depuis la pointe de l'Alaska jusqu'à proximité du Kamtchatka.

Trouverons-nous des loutres de mer? Saurons-nous, sinon nous en faire aimer, du moins ne pas nous en faire haïr? Nous venons, bien entendu, animés des meilleurs intentions du monde. Hélas! que nous le voulions ou non, nous sommes de l'espèce des tueurs. Force est de constater qu'ici, en pleine nature, dans ce paysage qui paraît vierge, à des dizaines de milles du port le plus proche, l'homme s'est taillé une réputation détestable auprès du reste du règne animal.

Le moindre navire, et c'est la panique : outre les amateurs de loutres, les chasseurs de phoques et les baleiniers se sont succédé là pendant des décennies. Le sang, comme je le rappelais à l'instant, a coulé vif sur ces rochers et dans ces baies.

Que la *Calypso* transporte une cargaison d'amis des bêtes, c'est ce que ces dernières ignorent — et ont bien raison d'ignorer (prudence est mère de sûrté). Aussi le troupeau d'*otaries de Steller* que nous surprenons à notre arrivée même à Amchitka, l'une des Aléoutiennes, se désagrège-t-il en une minute à notre approche. Des cris d'alerte, un crépitement d'ailerons pressés qui battent le sol, et toute la bande est à l'eau — formes hydrodynamiques fuyantes, dont nous admirons une seconde les ondulations sous-marines harmonieuses. Pourtant, cette espèce d'otarie ne porte pas une fourrure particulièrement recherchée, elle n'a jamais fait l'objet d'une chasse intensive, comme plusieurs de ses cousines. Ses effectifs restent élevés, elle ne se trouve pas menacée d'extinction. Alors? Pourquoi cette crainte panique? Pourquoi cette horreur congénitale de l'homme?

Si des otaries peu chassées s'éclipsent à la première apparition d'*Homo sapiens,* je me dis que les loutres de mer, traumatisées par le massacre, ne vont pas être faciles à surprendre...

Leur habitat naturel, ce sont les forêts d'algues géantes — de *kelp** — constamment balayées par la houle. C'est là, dans ces entremêlements de frondes aquatiques frangées d'écume, qu'elles s'établissent à peu près exclusivement. Leur cadre de vie — leur biotope, comme disent les écologistes — se trouve très strictement défini.

Les loutres de mer préfèrent les côtes ouvertes. On les rencontre rarement

Double-page suivante : A notre arrivée, les otaries se jettent à la mer.

dans les baies resserrées. Elles ne pénètrent jamais dans les estuaires, et *a fortiori* ne remontent pas les fleuves. Elles viennent peu à terre, en tout cas celles de Californie n'y grimpent sous aucun prétexte. Du côté des Aléoutiennes, comme sur les côtes de l'Alaska, il arrive plus fréquemment qu'on en trouve sur les rochers et les plages : mais (prudence oblige!) pas à plus de 5 ou 6 m de l'eau. Sur de très rares îlots perdus, où l'homme n'avait encore jamais abordé, des explorateurs en ont surpris qui dormaient dans l'herbe, à 50 ou 75 m du rivage. Preuve que le Paradis terrestre des loutres marines existe aussi...

Des lits de kelp

Quelques colonies de loutres de mer, à l'extrémité de la péninsule d'Alaska, et près de l'île Unimak, notamment, vivent dans des eaux totalement dépourvues de kelp. C'est exceptionnel.

Le lieu normal d'existence, le système écologique, l'écosystème* de celles dont j'aimerais à présent faire mes amies, ou que je voudrais du moins approcher de plus près, ce sont ces côtes rocheuses, hérissées de récifs (mais relativement protégées des vents), et surtout abondamment garnies d'algues géantes, que je vois défiler depuis le pont de la *Calypso*.

Les loutres de mer se tiennent dans des eaux de moins de 30 brasses (54 m) de profondeur, à moins de un mille du rivage, hors de portée des grands carnassiers terrestres, mais en même temps à l'abri des tempêtes. Elles fréquentent des champs de nourrissage étroits, comprenant la zone de balancement des marées et la zone immédiatement située après elle du côté du large.

Elles *dorment* amarrées à des lanières de kelp, soit qu'elles s'enroulent activement dans l'algue, soit qu'elles plongent et remontent avec une lame végétale accrochée au corps. Ce comportement original n'est, bien entendu, pas destiné à les préserver du froid, mais simplement à les empêcher de dériver — soit vers le large, soit vers la côte. Cependant les loutres de mer sommeillent parfois également en l'absence de ces corps végétaux : à l'île Unimak, par exemple, le kelp faisant défaut, elles reposent en groupe dans la mer ouverte. Dans les lits de kelp, lorsqu'elles dorment toutes ensemble, ancrées à la flore océanique, c'est un spectacle étonnant que de les voir s'orienter dans la même direction, en fonction des vents et des courants... (Le jeune de l'espèce passe ses siestes ou ses nuits dans les bras de sa mère, bien calé sur sa poitrine. Lorsqu'il grandit, elle ne prend plus sur son sein que la tête de son rejeton, qui repose à angle droit par rapport à elle. Enfin, peu avant de se séparer définitivement, mère et enfant dorment étendus côte à côte.)

Les loutres de mer ne migrent pas. Elles ne s'en vont pas peupler ou repeupler des rivages au loin. Elles naissent, aiment, vivent et meurent sur les quelques kilomètres carrés de leur territoire ancestral. Sauf exceptions rarissimes, 50 à 60 milles d'eau libre et profonde représentent pour elles une distance infranchissable.

Cette stricte adaptation à un milieu d'extension modeste — quelques dizaines de brasses d'océan le long des rivages, et éventuellement quelques rochers découverts à marée basse — ne manque pas d'inconvénients. Une colonie brutalement touchée par la maladie, ou décimée par la chasse, ne se reconstitue que très lentement — si elle se reconstitue jamais. Certaines populations, dans les îles éloignées, ou même sur des points du continent, ont été anéanties au début du XIXe siècle par les chasseurs et ne sont toujours pas reconstituées...

Dans ces conditions, trouver ces animaux n'est pas facile. Filmer dans l'eau ces mammifères timides relève de la gageure. Et voilà précisément ce que nous nous proposons de faire.

Les *mouettes à ailes glauques,* je le sais, sont de bons indicateurs de leur présence : ces oiseaux, commensaux* des loutres de mer, se posent près d'elles à l'heure des repas, et s'emparent prestement des restes qu'elles laissent échapper, ou dont elles se débarrassent.

Or, tandis que la *Calypso* approche des lits de kelp côtiers, et pendant que des algues s'entortillent traîtreusement dans nos hélices (que les plongeurs devront d'ailleurs dégager), des centaines d'oiseaux de toutes sortes tourbillonnent au-dessus des vagues. Les mouettes à ailes glauques sont au rendez-vous : à nous d'interpréter leur manège, et d'avoir l'œil lorsqu'elles commenceront leur repas dans la « salle à manger » mouvante des loutres.

Les hélices de la *Calypso* libérées (non sans peine), je donne le signal du début des recherches. Tout le monde, sur le bateau, scrute la mer. Les plongeurs, enthousiastes, s'installent dans le zodiac.

Nous nous mettons en quête des loutres de mer tant au-dessus qu'à l'intérieur même de la forêt de kelp.

Depuis la surface, il est certain que nous aurons du mal : les milliers de gros flotteurs arrondis et noirâtres qui soutiennent les algues, et que la houle ballotte avec régularité, peuvent être pris, à distance, pour autant de têtes d'animaux qui nagent. Si les mouettes ne nous aident pas, ce sera difficile.

En plongée, nous multiplierons probablement nos chances. Mais il faut que les hommes de la *Calypso* s'habituent au préalable à ce milieu hostile, mystérieux, inquiétant, à tout le moins bizarre et inhabituel, que constituent les entremêlements d'algues géantes. Dans une eau glaciale, ces amples frondes brunâtres à reflets d'émeraude ou de cuivre, brassées comme autant de tentacules au gré des remous, et sur lesquelles joue une lumière indécise et étrange, forment un décor fantastique susceptible d'impressionner les plus intrépides. Nous avons l'habitude de la végétation aquatique, mais jamais encore nous ne nous sommes aventurés dans une telle forêt vierge océanique.

Ici, dans le Pacifique boréal, le kelp est constitué par plusieurs espèces d'*Alaria* et pour l'essentiel par l'espèce *Nereocystis lütkeana*. Cette algue, ancrée au fond par un système de solides crampons (comme toutes ses cousines) développe une « tige » (les scientifiques parlent plutôt d'un *stipe*) très mince à la base, qui augmente progressivement de diamètre, et qui se creuse intérieurement à son sommet. Ce stipe se renfle finalement en un volumineux *pneumatocyste* rempli de gaz — véritable ballon, et flotteur efficace —, d'où naît une ample lame végétale découpée en lanières. Bien que pouvant atteindre 40 à 50 m de longueur, les *Nereocystis* sont des plantes annuelles!

Une espèce devenue rarissime

Nous continuons jour après jour, aux abords de l'île d'Amchitka, notre fascinante recherche, sur une mer d'une beauté sauvage. Je ne puis m'empêcher de songer, tandis que nous déployons tant d'efforts et que nous nous remplissons les yeux de merveilles, à ce que devait être ce coin de l'Arctique avant le grand massacre. J'imagine l'âge d'or de la nature vierge dans ces îles du bout du monde — le Paradis perdu des loutres de mer...

D'un naturel confiant, peu rapides et peu résistantes à la nage, au reste joueuses et fort curieuses, les loutres de mer furent trop aisément massacrées à coups de lances, de fusils, de gourdins et de haches. On n'épargna ni les femelles enceintes, ni les mères, ni les petits : tout était négociable, tout fut donc exécuté, dépouillé et vendu.

L'aire d'extension originelle de la loutre de mer comprenait quelque *6 000 milles de côte Pacifique*, depuis le nord du Japon jusqu'à la péninsule de Californie (Mexique), en passant par l'île de Sakhaline, la chaîne des Kouriles, la péninsule du Kamtchatka, les îles de la mer de Béring, le chapelet des Aléoutiennes, le sud de l'Alaska et la côte ouest du Canada et des États-Unis. La population la plus septentrionale de l'espèce habitait (et fréquente encore, heureusement) le détroit de Prince William, au creux du grand arc de l'Alaska, par 60° 30′ de latitude Nord, où la mer reste étonnamment libre de glaces en hiver. La colonie la plus méridionale était établie en Basse Cali-

Une falaise d'Amchitka où les oiseaux de mer pullulent.

fornie, autour de Morro Hermoso, par 27° 32' de latitude Nord. Elle a été rapidement éliminée de ces parages subtropicaux. Mais en 1870, le capitaine Scammon — célèbre chasseur de baleines — signalait encore la présence de loutres de mer près des îles de Cedros et de Guadalupe, au large de la côte mexicaine.

Le massacre systématique, commencé en 1741, cessa en 1911, après 170 années de sang, de cris d'agonie d'un côté, et de fortunes vite faites de l'autre.

Le 14 décembre 1911, les États-Unis, la Grande-Bretagne (suzeraine du Canada), la Russie et le Japon signèrent une *Convention pour la préservation et la protection des phoques à fourrures,* que l'on étendit à la loutre de mer.

Cette protection légale se trouva renforcée, moins de deux ans plus tard (le 31 mai 1913), aux États-Unis, lorsque le président Woodrow Wilson parapha une « *Presidential Proclamation for the Preservation and Protection of Fur Seals and Sea Otter* ». Cette même année 1913 vit la création du Refuge national pour la vie sauvage dans les îles Aléoutiennes *(Aleutian Islands National Wildlife Refuge),* superbe parc naturel destiné à laisser vivre en paix les quelques centaines de loutres rescapées de la région.

Le 14 janvier 1919, l'arsenal protecteur américain fut amélioré une nouvelle fois, grâce aux soins du président Calvin Coolidge (« *Executive Order Regarding the Protection of Fur Seals and Sea Otter* »).

D'autres textes légaux vinrent encore, mais en 1941 le Japon dénonça la Convention qu'il avait signée en 1911, et, depuis lors, chaque pays « possesseur » de loutres de mer légifère pour son propre compte. Le seul traité international qui subsiste date de 1944 et lie les États-Unis au Canada; il interdit la capture des loutres de mer au large, ce qui est parfaitement absurde, puisqu'elles n'y vont pas! L'État de Californie, pour sa part, a mieux fait les choses : depuis 1913, il a prohibé non seulement la capture des loutres marines, mais encore la commercialisation de leur fourrure.

Quel a été le résultat final de tout ce déploiement juridique? Il ne fait pas de doute que, depuis 1911, et malgré le braconnage (inévitable?), la croissance démographique a repris partiellement chez les loutres de mer. Dans quelques terres isolées, on a même assisté à de véritables « booms » de populations. Mais c'est loin d'être une règle générale.

Même si, localement, on observe quelques cas de saturation des biotopes, le rétablissement des effectifs d'origine n'est pas acquis — il s'en faut de beaucoup. L'une des raisons, je l'ai dit, c'est que la loutre de mer, très « casanière », ne va pas sans cesse et spontanément créer de nouvelles colonies au loin : de telle sorte que, lorsque l'espèce a été exterminée d'une île ou d'un rivage trop isolé, elle n'y réapparaît plus jamais.

L'autre raison, c'est l'empiètement continuel des activités humaines sur les territoires indispensables à la loutre — en trois mots le *tourisme*, l'*aménagement des côtes* et la *pollution* de l'industrie et des transports.

Essayons, pour être précis (et parce que cela n'a guère été tenté jusqu'à ce jour), d'effectuer un « tour du Pacifique Nord » des anciens habitats de la loutre de mer, afin d'estimer ce qui reste de chaque colonie d'origine.

Au *Japon*, l'espèce est anéantie depuis plusieurs siècles. Elle ne reviendra que si l'homme la réintroduit volontairement sur les côtes. Connaissant l'attitude des autorités et des pêcheurs nippons envers les mammifères marins (baleines, dauphins, phoques), on nous permettra de penser que ce n'est pas pour demain. Que les amis des bêtes japonais nous fassent mentir.

En *Union soviétique*, il existe aujourd'hui encore quelques milliers de loutres de mer : 9 000 en 1968, selon le Pr S.K. Klumov, mais seulement 5 300 à la même date, d'après un autre spécialiste, le Dr K.W. Kenyon. L'aire de peuplement originelle de l'île de Sakhaline est maintenant déserte. Dans les îles Commander, l'extinction faillit également être totale : le troupeau comptait encore 2 000 têtes en 1902, mais moins de 700 en 1904, et 63 en 1911 ; grâce à des réimplantations ponctuelles, le chiffre remonta progressivement aux alentours de 200, mais comme la chasse se poursuivit encore jusqu'en 1924, la situation demeure fort précaire; ainsi, l'île Béring, point de départ historique de la ruée vers les fourrures de loutres marines, reste-t-elle totalement dépourvue de cet animal... En vérité, à l'heure actuelle, la seule aire de peuplement importante d'U.R.S.S. est représentée par l'ensemble des îles Kouriles (3 500 à 4 000 têtes) et des rivages méridionaux de la péninsule du Kamtchatka (quelques centaines d'individus) : c'est là que vivent les quatre cinquièmes des dernières loutres de mer asiatiques.

La chaîne des Aléoutiennes et l'Alaska, quant à elles, hébergent les quatre cinquièmes de toutes les loutres de mer *du monde*. Malgré des disparitions locales définitives, ces animaux s'y comptent encore par milliers — mais bien cachés, désormais. Les chiffres avancés, une fois de plus, diffèrent selon les auteurs : l'écologiste échaudé que je suis, après vérification personnelle sur place, aurait plutôt tendance à souscrire aux estimations les plus prudentes... D'après le Dr K.W. Kenyon, par exemple, la population mondiale des loutres de mer se serait élevée, en 1965, à 33 000 sujets, dont 26 000 pour l'Alaska et les Aléoutiennes. Selon A.M. Johnson, qui reprend pour 1973 les chiffres de l'*Alaska Department of Fish and Game,* il existerait plus de 100 000 loutres dans les mêmes aires, sur un total mondial de 132 000. Comme on ne voit guère comment les effectifs auraient pu passer de 26 000 à 100 000 en huit ans, l'une au moins des deux estimations est fausse; je parierai, pour ma part, que c'est la première qu'il faut croire.

Dans leurs lits de kelp, les loutres de mer.

Elle nage sur le dos, à la paresseuse.

A l'horizon, les falaises et les pics glacés de l'Alaska.

Pour les besoins de leurs recensements et de leurs comparaisons, les spécialistes ont partagé les Aléoutiennes et la côte méridionale de l'Alaska en une quinzaine de zones distinctes.

En voici la liste, accompagnée des chiffres de populations fournis par le Dr K.W. Kenyon (1969) :

1) Groupe des îles Near : population très faible (quelques dizaines d'individus).

2) Groupe des îles Rat : explosion démographique (4 200). C'est dans cet archipel qu'est située Amchitka.

3) Groupe des îles Delarof : moins de 1 000.

4) Groupe des îles Andreanof : explosion démographique (7 500).

5) Groupe des îles des Four Mountains : extermination complète.

6) Groupe des îles Fox : 4 000.

7) Groupe des îles Bogoslof : extermination complète.

8) Groupe des Sandman Reefs : environ 1 000.

9) Groupe de l'île Sanak : moins de 1 000.

10) Groupe des îles Shumagin : 3 150.

11) Groupe des îles Pavlof : population très faible (à peine une dizaine).

12) Péninsule d'Alaska : moins de 1 500.

13) Groupe des îles Semidi : population très faible (à peine une dizaine).

14) Groupe de l'île Kodiak : 250.

15) Groupe des îles Kayak et du détroit de Prince William : 1 000.

Au *Canada,* la loutre de mer a entièrement disparu de ses territoires d'origine, mais elle fait l'objet de certaines tentatives de réimplantation. Une colonie naturelle y existait pourtant encore *après* la signature de la *Convention de protection* de 1911; elle était établie dans les îles de la Reine Charlotte, en Colombie Britannique; ce sont les braconniers, et eux seuls, qui l'ont anéantie en 1920.

Aux *États-Unis* (Alaska exceptée), la situation n'est guère plus brillante. Sur les côtes du *Washington,* les dernières loutres de mer capturées l'ont été à Willapa Harbour, en 1910; depuis, plus rien... sauf quelques tentatives récentes (et prometteuses) de réintroduction. Sur les rivages de l'*Oregon,* où l'on est à peu près sûr qu'il existait jadis une assez grande population de ces animaux, c'est maintenant le désert. Si bien qu'un « trou » de 2 000 milles marins sépare la population la plus méridionale de l'Alaska, de celle de Californie.

Car en *Californie,* le miracle a eu lieu.

Dans la partie *mexicaine* de la région, il ne fait aucun doute, depuis longtemps, que la loutre de mer a définitivement disparu : les dernières colonies d'importance, au sud d'Ensenada, ont été décimées en 1897, et achevées en 1905-1906, tandis qu'un individu isolé était abattu en 1919 près de l'île Benito. Depuis cette date, rien.

En Californie *américaine,* la surprise a été de taille. Là aussi, en 1900, on croyait l'espèce définitivement éteinte. En 1914, on en observa une micro-colonie relictuelle, de 14 individus exactement, près de Point Sur (Monterey County). On n'en revit plus, du moins personne n'en fit mention (les gardiens de phares et les rangers qui en aperçurent conservèrent jalousement le secret) jusqu'en 1937. Cette année-là, à l'occasion de l'ouverture de l'autoroute côtière qui relie Monterey à San Simeon, on en signala de nouveau une petite troupe, juste au nord de Point Sur (près de Bixby Creek). La population en fut estimée à l'époque à 100 ou 150 individus, mais peut-être y en avait-il déjà le double. Fort heureusement, cette précieuse relique vivante reçut une protection efficace, si bien que le troupeau accrut assez rapidement ses effectifs. L'aire de peuplement gagna vers le sud et vers le nord. (Vers le sud, 1950 : cap San Martin; 1953 : de Yankee Point à Salmon Creek; 1956 : au large de Point Estero; 1968 : près de Cayucos. Vers le nord, 1956 : au-delà de Point Lobos; 1963 : jusque dans la baie de Monterey.) Actuellement, depuis Monterey jusqu'à la baie d'Estero, les loutres de mer occupent (sporadiquement) 150 milles de côtes. On en rencontre, de temps à autre, jusque dans la baie de Humboldt et près d'Eureka vers le nord (soit plus « haut » que San Francisco), et jusque dans les parages de Santa Monica vers le sud (c'est-à-dire à proximité de Los Angeles). Les effectifs globaux de l'espèce, pour cette région géographique, s'élèvent à environ *1 000 sujets,* et la population pourrait bien approcher de son maximum écologique. Les meilleurs points d'observation de ces animaux sont les rives du parc d'État de Point Lobos, ou ceux qui bordent le Seventeen Mile Drive, sur la péninsule de Monterey. Les loutres sont parfois bien visibles depuis le port de Monterey même, ou plus loin sur la côte, près de Pacific Grove.

Pour conclure, en trois phrases, ce tour du Pacifique Nord :

Aujourd'hui, après soixante années et davantage de protection légale, les loutres de mer n'occupent encore qu'*un cinquième de leur aire côtière originelle.*

Leur nombre total demeure fort éloigné de leur nombre total d'origine, qui devait se situer entre 150 000 et 300 000.

Tout cela sans oublier que de nombreuses et graves menaces, outre le braconnage, continuent de peser sur l'espèce.

Fugitive beauté, à peine entrevue

La *Calypso* relâche près d'Amchitka depuis plusieurs jours déjà; et dans ce groupe des îles Rat, où les loutres de mer sont réputées avoir proliféré après leur protection (tout étant relatif!), nous n'avons pas réussi à en apercevoir une seule! C'est dire combien l'espèce a pu devenir rarissime au soir du carnage...

En dépit de travaux récents, on ne possède que bien peu de connaissances certaines sur cet animal. Comme cela s'est passé avec les baleines, les félins tachetés, les aigles, les loups de Tasmanie et cent autres espèces zoologiques diverses, on a tué d'abord, et les naturalistes ont dû s'arranger avec le reste — quand il restait quelque chose.

Je veux, pour ma part, filmer pour la première fois *dans l'eau* la vie et les aventures de la loutre de mer, et contribuer ainsi à la connaissance des besoins, de l'environnement et des mœurs de cet élégant mammifère. J'espère mieux comprendre ce qui est indispensable à sa survie, au moment même où cette survie se trouve à nouveau compromise par les activités envahissantes de l'homme.

Maintenant, les plongeurs de la *Calypso* se sont familiarisés avec le milieu

Le rituel de la toilette *(grooming)*.

étrange et glacial où les loutres de mer se plaisent. Ils glissent à travers les algues géantes, tels de grands oiseaux silencieux dans une forêt des premiers âges. (« La nature est un temple où de vivants piliers... » — ô Baudelaire, toi seul aurais pu dire, dans un poème, les correspondances des grandes forêts de la mer...).

Partout, les lames découpées des *Nereocystis* se balancent et se confondent. Partout, les flotteurs arrondis du kelp, remplis de gaz carbonique, reflètent et irisent la lumière chichement dispensée par la surface.

Les plongeurs testent au passage la solidité des crampons des algues : pas fameux! Il s'agit là de simples points d'amarrage, non pas de racines authentiques. Ces organes, dépourvus de canaux conducteurs, ne s'enfoncent guère dans le sol, et ne contribuent en rien à la nutrition de la plante.

Au détour d'un rocher, tandis que de petits poissons transparents comme du verre croisent dans l'eau glauque, un *crabe royal* d'Alaska, formidablement cuirassé, se ramasse sur lui-même, surpris par les plongeurs. Corps incliné à 45°, pinces en avant, il adopte la position de défense caractéristique des animaux de son ordre. C'est l'un des plus grands crustacés connus : 1 m d'envergure! (Le crabe du Japon, son cousin, atteint 3 m...) Mais, nonobstant ses pattes cuirassées, son bouclier dorsal et ses pinces de facture apparemment solide, il constitue l'une des proies favorites des loutres de mer.

C'est un mets fort apprécié des hommes également : nous aurons l'occasion de filmer le travail des pêcheurs de crabes d'Alaska, le déchargement d'un bateau crabier à Dutch Harbor et l'usine locale de mise en conserve de cette succulente ressource océanique.

Quant à la loutre de mer, elle continue, pour nous, à jouer l'Arlésienne... Je demande que l'on poursuive les recherches près d'Amchitka, où l'équipe scientifique de la *Calypso* s'est attelée à la tâche un peu fastidieuse, mais indispensable, qui consiste à analyser par le menu (espèce par espèce) le système écologique des forêts de kelp. Pendant ce temps, un groupe d'exploration avancée s'en ira battre d'autres parages.

Le chapelet des Aléoutiennes est un mélange de terres et d'eau, où courent des brumes rapides, où les gris bruns des récifs s'unissent au vert des vagues, et où des milliers d'oiseaux passent et repassent, traits d'union des trois éléments...

Dans la lumière douteuse de l'aube arctique, Bernard Chauvelin et Raymond Coll espèrent surprendre les loutres de mer dans leur demi-sommeil. Ils se dirigent en zodiac vers les rochers balayés par les embruns de la petite île Sanak, qui semble surgir comme par enchantement du Pacifique, à quelques milles au sud de la pointe extrême de la péninsule d'Alaska. Leur secret espoir est de trouver ici des loutres marines sur la terre ferme, et non plus dans l'eau.

En effet, si la loutre de mer californienne, chassée du rivage par la civilisation, n'y grimpe plus jamais, par contre (comme je l'ai mentionné rapidement déjà) sa congénère d'Alaska y consent volontiers — notamment quand il s'agit pour elle de se protéger des terribles bourrasques hivernales : les tempêtes soufflent ici à 200 km/h... (La loutre de Californie, lorsqu'on la capture et qu'on la pose à terre, laisse péniblement traîner, en fuyant, l'arrière de son corps. La loutre d'Alaska est au contraire capable de soulever sa croupe et de s'appuyer alternativement sur ses quatre membres : étant moins souvent dérangée par l'homme, elle marche mieux, parce qu'elle s'y exerce plus souvent.)

Chauvelin et Coll, à qui j'ai donné mission de ramener coûte que coûte (mais sans leur faire le moindre mal) deux loutres de mer sur la *Calypso,* explorent en premier lieu le côté sous le vent de l'île Sanak. En vain.

Au détour d'une petite crique, cependant, ils tombent sur un très *jeune phoque* qui, nageant mal, s'est échoué dans les rochers à marée basse. Ils

La *Calypso* croise dans les eaux de l'Alaska. ▶

En plongée, la loutre nage avec une grâce inégalable. ▶

Une loutre se chauffe au rare soleil de l'Arctique.

En zodiac dans les eaux d'Amchitka.

s'approchent du nouveau-né perdu, se saisissent des filets dont le zodiac a été muni pour la capture des loutres, et y enferment prestement l'animal, afin de le remettre à l'eau.

Maman phoque n'est pas loin, comme on pouvait s'y attendre. Elle appelle désespérément son rejeton. Elle s'avance un peu vers les hommes, entre les algues : puis elle attend, à quelque distance. Sur sa face expressive, ses deux grands yeux ronds et noirs sont remplis de tendresse et de crainte... Allons donc! Mère et petit seront réunis dans une minute. Et les voilà maintenant qui disparaissent, aileron contre aileron, dans l'enchevêtrement de kelp.

C'est à cet instant précis des retrouvailles, que les deux plongeurs de la *Calypso* s'arrêtent stupéfaits : là, à gauche, sur les rochers mouillés d'embruns, ce n'est plus un phoque qu'ils aperçoivent, mais bien une *loutre de mer*.

Vision fugitive — et moment d'intense émotion. La seconde suivante, sans une vague, comme un rayon de lumière, l'animal au pelage lisse a déjà plongé dans l'eau verte, et serpente entre les algues géantes, faisant admirer aux hommes sa nage incroyablement souple et harmonieuse.

Une autre loutre, endormie dans le kelp, à trois mètres de la première, se réveille à son tour, et disparaît dans la mer. Plus loin, deux mères s'inquiètent et font à leur petit un rempart de leur corps. Trois grands juvéniles à la fourrure noire semblent au contraire manifester bien peu de crainte. Et un vieillard dont les ans ont blanchi le crâne ose même s'approcher des hommes...

En vérité, c'est toute une colonie que Bernard Chauvelin et Raymond Coll viennent de découvrir.

« Quelle satisfaction, dit Chauvelin, d'observer comme nous le faisons alors un peuplement entier d'animaux rarissimes... On écarquille les yeux, on compte et on recompte les individus présents, on fouille du regard les moindres recoins du paysage : on voudrait tant n'en pas manquer un seul! Raymond et moi n'arrêtons pas de nous donner mutuellement des coups de coude dans les côtes — tellement chacun désire faire partager ses découvertes à l'autre... Et j'en aperçois une ici! Et moi j'en vois une autre derrière ce rocher! Et, tiens, regarde sur la plage : en voilà deux de plus qui se prélassent... Cela n'a pas de fin.

« Nous avons l'impression d'être revenus plus de deux siècles en arrière. Nous nous sentons explorateurs dans un Arctique encore vierge. Et nous nous plaisons à imaginer une *autre* histoire des relations de l'humanité et de ce morceau du monde. Une histoire où ni chasseurs, ni trappeurs, ni trafiquants de fourrures, ni amateurs de peaux de bêtes, n'auraient existé. C'est-à-dire une histoire d'amour. »

la vie quotidienne de la naïade

CETTE ADMIRABLE FOURRURE — *GROOMING*
EN SEMI-LIBERTÉ — SUR LE DOS, BERCÉE PAR LA HOULE
L'OFFRANDE DES HOMMES — LA QUÊTE DE LA NOURRITURE
A TABLE, A LA ROMAINE — L'EMPLOI D'OUTILS

Loutre de mer! Avec tes moustaches d'argent tout hérissées et tes yeux noirs, tu me parais très sage... Il t'a fallu beaucoup de ruse, beaucoup d'intelligence, et des réflexes affûtés, pour échapper à tes ennemis naturels pendant tant de milliers d'années — jusqu'à ce que l'homme, ce tricheur de l'évolution, s'en vienne violer tes domaines le fusil à la main... Le fusil — cette antithèse absolue de la sagesse !

Finalement, les hommes de la *Calypso* ont renoncé à capturer les deux loutres de mer promises sur l'île Sanak : il leur a semblé que cela dérangerait trop le troupeau local. Ils ont préféré mener à bien l'opération dans les Cherni Reefs, où les colonies de l'espèce, un peu moins décimées par la chasse, semblent un peu plus solides.

Le couple de loutres a été pris au filet, en un tournemain et sans violence — j'aurais mieux aimé laisser fuir les deux animaux que de leur infliger la moindre blessure. Ils ont été transportés rapidement jusqu'au navire, où j'avais fait préparer à leur intention (afin de gommer, autant que possible, le trauma-

Fugitive beauté, à peine entrevue.

tisme de la capture) un chaland rempli d'eau, garni de kelp et quasiment débordant de belle et bonne nourriture pour loutres : délicieux coquillages et crustacés de choix...

Cette admirable fourrure

Et voici que j'observe, à moins d'un mètre de distance, ces deux représentants de la seule espèce vivante de mustélidés marins — la cousine éloignée des hermines, putois, visons, furets, martres, fouines, zibelines, gloutons, mouffettes et autres blaireaux.

La loutre de mer s'habitue assez bien à la captivité : c'est un animal intelligent, qui juge promptement des situations, et qui reconnaît facilement la personne qui s'occupe d'elle.

Steller, le premier naturaliste descripteur de l'espèce (qui faisait partie de l'expédition de Béring, on s'en souvient), notait déjà combien elle est familière — curieuse de tout, et en particulier des étranges créatures bipèdes que nous sommes. Elle n'est devenue peureuse et méfiante, écrivait-il en substance (alors que la chasse commençait à peine), qu'à cause de l'incompréhensible agressivité des hommes à son égard...

Les Soviétiques ont tenté, depuis quelques années (et pour autant qu'on le sache, avec un succès relatif), de la domestiquer.

Telle n'a jamais été notre intention, bien entendu. Les loutres que nous avons prises seront rendues à la liberté sous peu, dans leur biotope d'élection. Nous ne les avons enfermées derrière des grilles que pour mieux les observer pendant quelques heures. Et c'est peu de dire que nous y prenons plaisir!

La fourrure de la loutre de mer est très fine, très souple, très dense. Le jeune, à la naissance, se trouve protégé par une *sous-fourrure* brune extraordinairement fournie, de laquelle dépassent de longs *poils de garde* à pointe jaune : ces extrémités colorées le font paraître tout entier jaunâtre.

Chez l'adulte, sous-fourrure et poils de garde ont une teinte assez semblable. L'animal possède une robe sombre, presque noire qui s'éclaircit toutefois jusqu'au chamois clair (ou même au gris) sur la tête, le cou et la poitrine. Rares sont les individus brun pâle, et plus rares encore les albinos. En avançant en âge, la loutre de mer voit les poils de son crâne (parfois de ses flancs) grisonner de plus en plus. Les vieillards de l'espèce ont la tête blanche.

Comme les castors, et contrairement aux phoques ou aux cétacés, les loutres de mer n'ont pas de couche de graisse sous-cutanée qui les protège des rigueurs du climat. Elles ne peuvent compter que sur leur fourrure pour conserver constante leur température corporelle interne — au demeurant assez élevée : 38 ºC. Cette isolation indispensable n'est possible que grâce à une organisation rigoureuse du système pileux. Une *couche d'air,* perpétuellement prisonnière dans la sous-fourrure, elle-même surmontée par les poils de garde, assure l'équilibre thermique de la peau. Les éléments constitutifs de la sous-fourrure, gris très clair à proximité de l'épiderme, et de plus en plus foncés vers leur extrémité, composent un réseau homogène, d'une efficacité protectrice surprenante. Les poils de garde, fréquemment argentés à leur bout, sont arrangés, si l'on observe leur organisation de près, en trois couches : l'une culmine à 23 mm de la peau, la seconde à 28 mm, et la troisième à 34 mm. Autant d'étages, autant de barrières contre le froid.

Grooming

Le bon « fonctionnement » de la fourrure, chez la loutre de mer, nécessite plusieurs adaptations complémentaires, dont certaines relèvent de la physiologie, tandis que d'autres touchent au comportement même de l'espèce.

De nature physiologique, par exemple, sont les modalités de la *mue.* Beaucoup de phoques renouvellent leur fourrure par larges plaques. Si la loutre de mer subissait le même type de chute et de repousse de ses poils, elle mourrait immanquablement de froid. Chez elle, chaque phanère (nom scientifique général des productions épidermiques : écailles, plumes, poils...) tombe individuellement, et se trouve aussitôt remplacé par un autre.

Le très faible degré d'agressivité de la loutre de mer, non seulement envers l'homme, mais encore envers ses propres congénères dans des situations de concurrence, s'explique peut-être aussi par la nécessité absolue, pour l'espèce, de garder une fourrure intacte. Si, comme cela se passe chez de nombreux pinnipèdes (éléphants de mer, morses, certains phoques), les combats entre mâles, à la saison des amours, étaient sanglants, ou si le moindre conflit alimentaire se réglait à coups de dents, de nombreux individus, déjà affaiblis par leurs blessures, mourraient de froid au contact de l'eau.

Les loutres de mer vivent en troupes (en *rafts,* disent les Anglo-Saxons) de 5 à 40 individus, quelquefois 100, dans les zones de kelp. Dans ces tribus, comme dans toutes les sociétés animales, une *hiérarchie* s'instaure. Mais plus encore que chez la plupart des espèces, les rapports de dominance s'expriment par des *menaces* et des *postures,* davantage que par des agressions caractérisées ; les combats sont *symboliques,* presque jamais réels. L'espèce entière y gagne. Il arrive, certes, que les animaux se mordent les uns les autres quand ils sont

nerveux ou qu'ils veulent se donner des preuves d'affection. Mais on a vu, en pleine période de disette, une loutre arracher sa nourriture à une autre : il ne s'en est même pas suivi de bataille! Mieux — et peut-être unique dans le monde animal : les étrangers au groupe ne sont pas rejetés systématiquement. Le naturaliste soviétique S.V. Markov décrit le cas d'une loutre inconnue, s'approchant d'une tribu qu'il étudiait depuis quelque temps déjà : alors qu'il s'attendait à une expulsion *manu militari* de l'audacieuse, celle-ci vint « visiter » toutes ses congénères, les saluant une par une en hochant la tête — et tout en resta là; pas une seule menace, pas un geste, pas un cri d'inimitié!

La bonne conservation de la fourrure de la loutre de mer a nécessité des adaptations — individuelles et sociales — plus importantes encore, que l'on regroupe sous l'expression générique de « comportements de *grooming* ».

Les champs de kelp sont les biotopes favoris des loutres de mer.

Grooming désigne à l'origine, en anglais, le pansage des chevaux. Les spécialistes du comportement animal (éthologistes*) ont repris ce terme à leur compte, en lui donnant le sens d'« activité individuelle et collective de nettoyage de la peau ». Chez les singes, c'est par exemple le fameux « épouillage », dont la fonction sociale, en rapport avec l'établissement et le maintien de la hiérarchie des individus dans la tribu, est essentielle.

Chez les loutres de mer, les soins du pelage, de la première importance pour la survie, donnent également lieu à des comportements sociaux caractéristiques — notamment entre mères et petits. Une fourrure propre, c'est un manteau imperméable et isolant : nécessité si forte qu'elle a été partiellement « programmée » dans les chromosomes*, qu'elle fait partie du patrimoine génétique de l'espèce. Le nouveau-né, à peine sorti du ventre maternel, effectue déjà des tentatives de lissage et de peignage de ses poils... Pendant tout le temps où il n'est pas capable de se nettoyer correctement lui-même, la femelle le maintient dans un état de propreté remarquable. S'il défèque, elle lui lave le derrière. De temps à autre, entre ses plongées, elle le prend sur sa poitrine et le débarbouille consciencieusement : en le tournant et en le retournant comme une crêpe, elle le lèche du museau à la queue; puis elle le sèche et le peigne longuement avec ses mains.

La loutre de mer adulte consacre au *grooming,* pour son propre compte, une partie notable de son existence. En captivité, lorsque l'animal, n'ayant rien à faire, s'ennuie à mourir, ce travail de nettoyage tourne à l'obsession : parfois plus de la moitié de la journée se passe en lavages et en peignages successifs.

En liberté, malgré d'innombrables sollicitations (quête de la nourriture, soins des jeunes, parades nuptiales...) le *grooming* représente toujours plus de 10 % de la période d'éveil des animaux.

L'entretien de la fourrure n'est jamais un grattage : les loutres de mer n'hébergent ni poux ni puces. Il s'exécute en deux temps. Un premier débarbouillage, très actif, et pour ainsi dire « de nécessité », intervient immédiatement après les plongées d'alimentation et le repas. A la suite de cela, l'animal s'endort. Et c'est au terme de cette sieste agréable que la seconde toilette commence — un authentique nettoyage « pour le plaisir », cette fois.

La loutre de mer, extraordinaire de souplesse, ne se sert que de ses deux pattes antérieures pour laver minutieusement à l'eau, région par région, son pelage entier : ce shampooing-rinçage ne laisse aucune touffe non traitée. La friction s'effectue en général dans cet ordre : figure, poitrine, queue, ventre et dos. Puis l'animal se peigne en y mettant le plus grand soin — presque toujours avec ses mains, exceptionnellement avec ses pieds — touffe par touffe encore, sans oublier un seul poil. Si la loutre décide de se rendre à terre, elle se sèche avec méthode. Si elle reste dans l'océan, elle aère sa fourrure (elle y renouvelle la couche gazeuse isolante) de deux façons : soit en battant vigoureusement l'eau en écume à l'aide de ses pattes antérieures, soit en soufflant directement dans son pelage, la tête dans l'eau.

En semi-liberté

A bord de la *Calypso,* nous ne pouvons offrir à nos deux loutres prisonnières que l'essentiel — un peu d'eau, du kelp et de la nourriture. Or, cet essentiel-là ne suffit pas à des créatures habituées à la *liberté.* Nous risquons de les traumatiser gravement, et ce n'est pas de cette façon que nous en appren-

Donner à manger à des loutres de mer sauvages est un exploit rarissime.

Les hommes de la *Calypso* et les loutres de l'île Sanak sont maintenant amis.

drons quelque chose. Mon cœur se serre, lorsque je les vois dans leur chaland, blotties peureusement l'une contre l'autre — la panique dans les yeux, en dépit de nos paroles d'apaisement et de nos gestes d'amitié.

Je décide de faire ramener sans plus tarder les captives dans leur patrie de Cherni Reefs. Nous étudierons leur comportement en *semi-liberté*, dans un environnement beaucoup plus amical pour elles. A travers une petite crique qui appartient au domaine habituel des loutres, je fais tendre un filet qui empêchera les deux belles de nous fausser rapidement compagnie. Là, dans un espace suffisant, et dans des conditions idéales, nous pourrons les observer et les filmer à loisir.

Tandis que les hommes de la *Calypso* s'activent à mettre en place le barrage de mailles, les oiseaux de mer tournoient dans le ciel, tantôt s'envolant vers les falaises et tantôt filant au ras des vagues. Combien d'espèces sont-elles représentées ici? Je l'ignore : on distingue, à deux pas, des mouettes et des goélands; plus loin encore, des pétrels et des fulmars; sans compter des labbes et dix autres sortes d'oiseaux difficilement identifiables à distance.

La crique s'achève, du côté de la terre, par une petite plage en pente douce, sur laquelle nous plantons une tente d'observation. Au-dessus du sable, s'élève une falaise abrupte, où nichent deux dizaines de *macareux*. Ces oiseaux prennent leur envol en plongeant vers la mer; ils dépassent notre filet, et piquent dans l'eau à la recherche des poissons dont ils se régalent. Un incessant ballet aérien...

Mais le plus extraordinaire des volatiles locaux, c'est le *cormoran à double crête*, ainsi baptisé à cause du curieux appendice bilobé qu'il arbore au sommet du crâne. Ce grand cousin du pélican plonge lui aussi dans les eaux glacées de l'Alaska pour s'alimenter. Il descend jusqu'à 40 m de profondeur, et harponne vigoureusement les poissons au bout de son bec crochu. Très vorace, il dévore son poids de nourriture en un jour. Perché sur les rochers, il adopte l'attitude caractéristique de son genre : ailes à demi déployées, afin que les plumes sèchent au soleil et au vent.

Nous irons, au risque de nous rompre le cou dans les falaises, filmer les nids des cormorans à double crête — en prenant toutes les précautions requises pour ne pas déranger ces oiseaux. Mais avant cela, nous lâcherons nos loutres dans le grand enclos que nous leur avons préparé.

Instant d'émotion... Et de panique! Les animaux cherchent à fuir, nagent en tous sens, se jettent dans une direction puis dans l'autre. J'ai peur qu'ils ne se blessent. Ce n'est qu'au bout d'un long moment qu'ils retrouvent leur calme.

Les plongeurs de la *Calypso* sont à l'eau, caméras (pacifiquement) chargées jusqu'à la gueule. Ils vont tourner les premières images qui l'aient jamais été

Cette loutre, capturée au filet, sera relâchée dans quelques heures.

de la loutre de mer d'Alaska dans son milieu naturel. Si l'animal paraît handicapé à terre, et même affolé dans un environnement totalement sec, en revanche c'est une merveille de grâce et d'harmonie dans l'eau. Son corps fuselé, sa tête arrondie, ses muscles longs et fins, tout concourt à en faire une superbe créature aquatique.

La loutre de mer est le plus petit mammifère marin — mais aussi le plus souple et le plus délié. Elle nage à la façon des phoques, des dauphins et des baleines, ses cousins éloignés — grâce à *des ondulations verticales de la partie postérieure de son corps.* Sa queue et ses nageoires ne servent normalement que d'appoints dans la propulsion. Elles interviennent dans les changements de direction, mais peuvent être utilisées seules lors des déplacements sur de courtes distances. Leur rôle essentiel consiste à assurer en permanence l'équilibre dynamique de l'animal dans l'eau.

La loutre de mer est capable des prouesses les plus folles, dès lors qu'il s'agit de faire admirer sa souplesse. Elle tourne et retourne sans le moindre effort, vire de bord sur place, plonge et refait surface avec une aisance qui laisse rêveurs les hommes de la *Calypso*... Sa nage de croisière, par contre, n'est pas rapide : guère plus de 4 km/h. Sa nage de fuite n'excède pas 15 km/h, ce qui est très peu. Encore l'animal tient-il ce rythme moins de dix minutes.

Voilà qui explique bien des choses. Par exemple que l'espèce, confiante et curieuse par nature, ait pu être massacrée si facilement par les chasseurs malgré ses mœurs aquatiques. Par exemple aussi que les loutres de mer se montrent incapables de franchir de grandes étendues océaniques, et qu'elles ne vont pas fonder de colonies au loin.

Sur le dos, bercée par la houle

La loutre de mer ne nage pas souvent le ventre en bas : uniquement lorsqu'elle plonge en quête de nourriture, lorsqu'elle joue, lorsqu'elle se livre à des parades nuptiales, ou lorsqu'elle fuit un danger. Le reste du temps se passe, pour elle, allongée sur le dos, mollement bercée par la houle du Pacifique.

Là voilà bien, l'attitude caractéristique de l'espèce : *faisant la planche en surface,* dans un lit de kelp... L'animal mange couché, nettoie sa fourrure couché, élève ses petits sur son ventre, et, bien entendu, dort dans cette position confortable!

Lors de cette sorte de propulsion « à la paresseuse », les nageoires et la queue jouent le rôle essentiel, contrairement à ce qui se passe dans la propulsion « utilitaire » ou « d'urgence ».

Par *nageoires* de la loutre de mer, on entend ses pattes postérieures, dont les cinq doigts (sans griffes), largement palmés, exercent en pédalant une pression vigoureuse sur l'eau. L'allongement exceptionnel du doigt de pied externe favorise le rendement de ce travail. (Curieuse adaptation anatomique : le « petit » doigt de pied devient ici le plus long des cinq!)

La *queue,* aplatie horizontalement, mesure en moyenne une trentaine de centimètres de longueur, 6 à 7 cm de largeur, et 4 à 5 cm d'épaisseur. Elle fonctionne comme une godille. A elle seule, par cercles, elle peut orienter le corps de la loutre.

Dans la crique aux eaux vertes et écumeuses des Cherni Reefs, les hommes de la *Calypso* ne se lassent pas de contempler les évolutions aquatiques de nos deux anciennes prisonnières, qui revivent littéralement après l'intense désespoir de la captivité. Arabesques élégantes, slaloms entre les algues géantes, descentes vertigineuses parmi des frondes imprévues, glissades sur le dos, virevoltes, roulés-boulés, sauts périlleux et sauts en arrière : tout le registre y passe, avec d'admirables numéros à deux où les animaux évoluent côte à côte, se séparent, reviennent à angle droit, s'évitent de justesse et se retrouvent, un instant après, corps contre corps parmi les flotteurs arrondis du kelp.

Lorsque les loutres, lasses de leurs jeux, viennent se reposer sur le dos en surface, nous tentons de les amadouer. Pas de meilleure méthode, pour cela, que de leur offrir de la nourriture : oursins, étoiles de mer, poissons plats, et, bien entendu, des crabes! Chauvelin et Coll en ont pêché de superbes exemplaires sur les riches fonds de la crique. Crustacé au bout du bras, les voilà maintenant devenus propagandistes inspirés de la politique de la main tendue...

Les loutres semblent intéressées, mais elles se méfient. Prises une fois déjà, elles ont tiré la leçon de leur mésaventure. Aussi se tiennent-elles à distance prudente. Mais dès que nous nous éloignons en abandonnant notre présent, elles se précipitent et y font honneur avec une voracité qui nous rassure.

Les loutres de mer ne disposant pas de réserves de graisse sous-cutanées, comme les phoques et les cétacés, et malgré leur fourrure isolante, ne peuvent demeurer longtemps l'estomac vide. Leur métabolisme* élevé (38 ºC de température corporelle interne, rappelons-le) et les conditions climatiques rigoureuses auxquelles elles doivent faire face, leur imposent de se conduire comme de véritables goinfres. Celles de l'Arctique avalent jusqu'à 10 kg d'aliments par jour, soit le quart de leur propre poids : c'est énorme, pour des mammifères de leur taille. (Chez les jeunes, la ration quotidienne atteint même 30 % du poids corporel.) Plusieurs expériences de marquage au rouge de leurs proies (notamment menées par le Dr James A. Mattison, avec qui nous ferons connaissance en Californie) ont prouvé qu'elles assimilent la nourriture à une vitesse record : le mets ingéré ne reste pas plus de trois heures dans le système digestif; et pourtant, l'intestin est long : 10 à 12 m.

Les périodes de jeûne ou de quasi jeûne, qui sont fréquentes (et même saisonnières) chez les pinnipèdes et les baleines, n'existent pas chez les loutres de mer : elles leur seraient fatales. Ce besoin d'une nourriture abondante, constamment renouvelée, explique aussi en partie la sédentarité de ces animaux. L'on comprend en outre que, pour les mêmes raisons alimentaires, la mortalité (surtout infantile) s'élève en hiver au sein de l'espèce.

Rien ne sert jamais de se presser, avec les animaux sauvages. On gâche tout, en voulant aller trop vite. Nos loutres ont très mal pris leur captivité sur la *Calypso :* nous nous ferons pardonner. Nous y mettrons le temps qu'il faudra. Nous établirons des liens d'amitié avec elles : mais à *leur* rythme.

Festin de crabe royal, dans les eaux de l'Arctique.

Rien ne vaut le plaisir de manger couché.

Un oursin n'est pas à dédaigner non plus.

En attendant, toute l'équipe autour de moi continue de les admirer, tandis qu'elles se lustrent le pelage ou qu'elles viennent se chauffer au pâle soleil des Aléoutiennes, sur les rochers que la marée découvre.

Un jour, un des macareux de la falaise, calculant trop court lors de son envol, plonge à l'intérieur de l'enclos de nos deux pensionnaires. Il pique brusquement dans la mer, juste devant l'une de nos caméras sous-marines. La nage de cet animal, observée au ralenti, est extraordinaire : l'oiseau se sert de ses ailes sous l'eau exactement comme dans l'air; il *vole* dans l'élément liquide, de la même façon qu'il le faisait, l'instant d'avant, dans le fluide gazeux. Il rame vigoureusement à la poursuite des poissons. Ces poissons, il a l'habitude de les ramener à sa nichée impatiente par grosses becquées, qu'il peut à peine tenir. (On appelle encore les macareux « perroquets de mer » à cause de leurs gros bec aplati latéralement et bigarré de couleurs vives.) Mais les petits ne mangent qu'à condition que leurs parents, à l'entrée du nid-terrier, aient réussi à se soustraire aux entreprises des goélands pillards.

Cependant notre macareux « à nous », entraîné par l'ardeur de sa pêche, s'égare en direction du filet que nous avons tendu : s'il s'y prenait, il périrait noyé... Louis Prézelin se trouve là, et comprend instantanément quel petit drame se noue. En deux coups de palmes, il atteint l'oiseau, le saisit par les pattes, et le lance au-delà du piège — vigoureuse invite pour le volatile (qui ne demande d'ailleurs pas son reste) à s'en aller chasser plus loin, dans un endroit moins dangereux pour sa santé!

L'offrande des hommes

Le soleil irréel des Aléoutiennes s'est couché plusieurs fois entre les nuages qui montent de la mer. Plusieurs fois, l'aube grise et blafarde a dévoilé les vagues aux reflets métalliques. Nous avons passé des heures dans le kelp brunâtre, au point que les plongeurs s'amusent à se féliciter mutuellement pour leur « délicieux teint d'algue ». Et le contact avec les loutres n'a toujours pas été établi.

Un jour pourtant, sans que rien ne l'ait vraiment laissé prévoir, le « courant » passe. L'une des deux pensionnaires de l'enclos nage droit sur Louis Prézelin qui lui tend un crabe — et elle accepte l'offrande des hommes sans autre cérémonie... L'instant d'après, tandis qu'elle dévore son crustacé avec appétit, Raymond Coll parvient à approcher sa congénère. Cette dernière observe sans broncher le plongeur qui avance. Et, ô stupeur! elle se laisse caresser la tête et le ventre.

« Luxe suprême! avoue Raymond Coll. De richissimes personnages, des femmes fortunées, ont dépensé des sommes mirobolantes pour avoir le plaisir de caresser — morte — la plus précieuse fourrure du monde. Moi, je l'ai touchée vivante! J'ai senti sous mes doigts non seulement l'exceptionnelle douceur, la finesse sans égale de ce pelage, mais encore la chaleur propre de l'animal — presque les battements de son cœur. J'ai plongé, en même temps, mon regard dans le regard noir de la loutre : j'y ai vu de la confiance... Ce fut un moment privilégié, l'un de ces temps forts qui ponctuent l'existence d'un homme, et qui lui donnent un sens. En une minute, moi, plénipotentiaire de la fraction pacifique de mon espèce, j'avais l'impression d'avoir gommé plus d'un siècle et demi de cruauté. Illusion, bien sûr : mais moment riche d'espérance! J'avais non seulement prouvé aux savants sceptiques que les loutres de mer sauvages sont sensibles à la patience et à la gentillesse bien plus qu'on ne le supposait, mais encore j'avais démontré que l'homme, lui aussi, lorsqu'il se fait humble et discret, mérite l'amitié des bêtes. »

Sur ce rivage vierge de toute civilisation, ce soir-là, à des centaines de kilomètres des grands centres urbains, tandis que Louis Prézelin et le Dr Millet chantent, j'ai vraiment la sensation d'appartenir à cette Terre, d'être un maillon de la grande chaîne vivante qui s'y est développée, et de me trouver en harmonie avec toutes les plantes et tous les animaux de la biosphère. Alors que le Dr Millet improvise un solo de guitare, les deux loutres de mer sortent de l'écume et montent sur le sable. Elles s'immobilisent, et personne d'entre nous ne peut jurer qu'elles n'apprécient pas la mélodie...

La quête de la nourriture

Nous avons admiré et filmé à loisir — caressé même — nos deux loutres de mer. Il est temps maintenant que nous leur rendions la liberté — *l'entière* liberté.

Je donne l'ordre de retirer le filet qui barre la crique des Cherni Reefs : j'ai pris place à bord du zodiac, et je veux suivre nos deux amies le plus longtemps possible.

Les voilà rendues à leur destin, à quelques mètres de moi, entre les algues, et qui nagent tranquillement vers le sud... Loutres mes amies, qui avez supporté plusieurs jours de prison, puis de semi-captivité, que représente donc pour vous la liberté? J'essaie en vain d'imaginer ce qui se passe sous votre crâne arrondi...

L'existence des loutres — tant que l'homme et ses fusils restent tranquilles — est plutôt insoucieuse : peu de problèmes de nourriture (sauf en hiver), peu d'agressivité sociale à subir — en revanche, beaucoup de jeux et de plaisirs... Est-ce bien cette vie idéale que nos deux compagnes, maintenant disparues entre les vagues, s'en vont retrouver?

Il n'y aurait pas d'autre moyen de le savoir que de continuer notre enquête zoologique pendant des saisons et des saisons, et de la faire porter sur l'ensemble des populations de loutres de mer d'Alaska. Vaste programme, que nous ne pourrions pas mener à bien en dix campagnes. C'est pourquoi nous ne répondrons jamais vraiment à la question, même si nous accumulons les connaissances sur nos belles amies.

Les loutres de mer nous semblent maintenant moins rares qu'à notre arrivée sur ces promontoires et ces côtes ouvertes de l'Arctique. Non que l'espèce y soit devenue subitement plus abondante : ce serait un trop beau miracle! Mais à présent nous avons l'œil. Nous en repérons beaucoup mieux les représentants parmi les récifs et les entremêlements de kelp.

Nous pouvons, par conséquent, commencer à les observer *en société*. Nous allons tout d'abord essayer d'établir leur *emploi du temps quotidien*.

Les loutres de mer sont des animaux diurnes. A Amchitka nous avons découvert que leur programme d'activités se décompose en six phases :

1º) Les loutres de mer se lèvent avec le soleil. Elle se mettent immédiatement à plonger et à replonger, à la recherche de leur nourriture, qu'elles mangent en surface. Ces incursions vers les fonds océaniques et ces repas sont entrecoupés de courtes séances de nettoyage *(grooming)* et de temps de repos brefs. L'ensemble dure jusqu'à environ 11 h ou midi.

2º) A la mi-journée, les animaux s'enroulent dans le kelp, et font un petit somme, qui dure entre une demi-heure et trois quarts d'heure.

3º) La succession des plongées, des repas, des nettoyages et des petits moments de repos reprend alors. Mais les loutres se livrent à davantage de jeux gratuits ou sexuels que le matin.

4º) Tout cela fatigue évidemment nos amies, qui y vont allégrement de leur seconde sieste vers 15 ou 16 h. Elles s'endorment, cette fois, pour une bonne heure.

5º) Nouveau réveil, nouvelles plongées, nouveaux jeux — jusqu'au coucher du soleil.

6º) Gros dodo, jusqu'au lendemain matin.

Bien évidemment, ce découpage en tranches de la vie des loutres marines a quelque chose d'artificiel. Tous les animaux ne s'y plient pas. Les femelles fécondes et les mâles amoureux, par exemple, passent beaucoup moins de temps que la moyenne à plonger pour se nourrir. Au contraire, les mères de fraîche date ne prennent à peu près aucun repos, et descendent fréquemment encore vers les fonds à la nuit tombée.

En sortant de l'eau, la loutre lisse méticuleusement sa fourrure.

Un macareux rate son envol depuis la falaise et vient se prendre dans notre filet.

Du point de vue de leur régime alimentaire, les loutres de mer dépendent presque exclusivement de ce que les océanologues appellent le benthos*, c'est-à-dire l'ensemble des formes de vie qui se fixent ou se promènent sur le fond de l'océan. Une exception ici encore toutefois : à Amchitka, les poissons pélagiques (de pleine eau) font largement partie du menu quotidien.

Au reste, dans le grand restaurant de la mer, la carte change d'une région à l'autre, et les loutres marquent de très nettes préférences individuelles.

Les zoologistes qui s'amusent à ouvrir les estomacs des loutres de mer (passe encore quand ils travaillent sur des cadavres occasionnels : mais pas d'excuse quand ils tuent pour savoir) y ont trouvé, dans des proportions variables, des représentants plus ou moins digérés de tous les groupes d'animaux marins : vers annélides* (néréis, arénicoles), mollusques*, (chitons, patelles, escargots de mer, turbans, coques, clams, moules, calmars, poulpes...), échinodermes* (étoiles de mer, ophiures, oursins, concombres de mer...), crustacés (crevettes, bernard l'hermite, crabes...), chordés* (tuniciers), poissons (poissons plats, maquereaux, poissons-globes, frai de poissons...).

A Amchitka, les proportions relevées par le Pr K.W. Kenyon sont les suivantes : échinodermes, et surtout oursins verts *(Strongylocentrotus drobachiensis)* : 37 % ; mollusques : 31 % ; poissons, et notamment poissons-globes : 22 % (cette dernière fraction est exceptionnelle, car la loutre de mer est mal adaptée à la capture des poissons, qu'elle ne peut pas gober comme le font les phoques et les otaries) ; crustacés : 7 % ; vers annélides : 2 % ; chordés : 1 %.

En Californie, selon notre ami le Pr Judson E. Vandevere, les loutres de mer font leurs délices d'au moins 21 espèces différentes, et non pas d'une ou de deux, comme on le croyait naguère. Les mollusques viennent en tête (71 %), devant les crustacés (13 %) et les échinodermes (7 %), tandis que les « divers » (annélides, chordés...) représentent 9 % du total. A l'intérieur du grand groupe des mollusques, l'ordre statistique est le suivant : gastéropodes (escargot turban *Tegula montereyi,* abalone rouge *Haliotis rufescens,* abalone noir *Haliotis cracherodii),* puis chitons, puis bivalves (moule de Californie *Mytilus californianus,* clam *Tresus nuttalii*), enfin céphalopodes (calmar opalescent *Loligo opalescens*).

Toutes ces précisions scientifiques pour souligner comme l'éventail est large, et combien mal renseignés (ou de mauvaise foi) sont ceux qui font de la loutre de mer un pillard exclusif des bancs de coquillages que s'approprient les hommes...

Au reste, on découvre encore fréquemment dans l'estomac de l'animal (mais non digérés) des fragments de kelp. Et on en a tiré (en hiver il est vrai, c'est-à-dire en période de famine) des restes d'oiseaux comme le puffin, le fulmar et le cormoran. Sans compter des dizaines de petits cailloux nommés *gastrolithes,* qui existent également chez les phoques et les otaries et dont on ignore la fonction exacte : peut-être aident-ils au malaxage et au broyage des aliments.

La loutre de mer n'est pas mauvaise plongeuse, même si ses performances subaquatiques n'approchent pas — et de loin — celles des phoques et des cétacés. Le record absolu de profondeur, pour cet animal, semble être de 50 brasses, soit 90 m, du moins si l'on en croit un chasseur du XIXe siècle. Quant à la durée maximale de l'immersion, elle ne paraît pas excéder six minutes chez l'adulte — ce qui n'est déjà pas si mal. La répétition immédiate de tels exploits semble impossible. Une femelle poursuivie par un bateau a plongé 13 fois de suite, mais pendant deux minutes en moyenne, et avec un maximum de quatre minutes seulement.

Dans les conditions normales, c'est-à-dire lors de la quête de la nourriture sur des fonds de 10 à 25 m, chaque immersion dure environ une minute chez les femelles, et une minute et demie chez les mâles — mais les premières disparaissent plus souvent sous la surface. On explique cette différence de rythme et de temps de plongée en disant que les mâles mangent davantage de poissons que leurs compagnes, et qu'il s'agit là de proies difficiles à attraper. Tout cela me paraît bien douteux.

Pour localiser les espèces qui lui servent de dîner, la loutre de mer compte sur sa vue — efficace —, son odorat — subtil —, et ses « moustaches » (vibrisses). Ces quelque 150 organes du toucher lui donnent des indications précises. Une loutre de mer, dans un zoo, préférait les moules : on lui en mit quatre au fond d'un bassin rempli d'eau trouble, parmi 200 petits crabes et des cailloux. Il ne lui fallut que quelques secondes pour retrouver les deux paires de mollusques.

Mais ce qui frappe et émerveille à la fois, chez cet animal, c'est l'utilisation qu'il fait de ses *mains.*

Il les emploie d'abord comme des organes des sens. *Susie,* pensionnaire femelle du Woodland Park Zoo, devenue aveugle, récupérait sans aucune peine sa nourriture dans son bassin, rien qu'en en palpant le fond avec ses doigts.

Les mains de la loutre de mer lui servent aussi à capturer ses proies, quelles qu'elles soient — y compris les poissons. Les coquillages ancrés au fond de la mer sont détachés « à force des bras ». Quand les biceps n'y suffisent plus, l'animal se sert d'un caillou pour arracher son dîner aux rochers ou au sable : déjà un outil...

La loutre de mer n'effectue pas une plongée par coquillage, par oursin ou par poisson qu'elle repère : elle entasse ses provisions sous l'eau, au fur et à mesure de sa récolte, dans le repli de peau qu'elle possède sous le bras

Ulysse, le chien du bord, semble lui aussi apprécier le crabe royal.

gauche — elle ne remplit qu'ensuite sa poche de bras droit. Ce cabas confectionné par la nature n'est ni mal conçu ni resserré : qu'on en juge. Un jour, un mâle qui remontait à la surface chargé d'aliments fut attaqué par des chasseurs. Ceux-ci le poursuivirent pendant deux heures. L'animal s'échappa; à la fin, il se mit sur le dos et tira tranquillement son dîner de dessous son bras gauche : il ne l'avait jamais lâché! Une autre loutre — captive, celle-là — ne rangea pas moins de 18 clams d'un diamètre de 3 à 4 cm sous son aisselle; au dix-neuvième, elle en perdit plusieurs...

La loutre de mer ne consent à manger qu'à la surface de l'eau. Sous la mer, elle ne se sert à peu près jamais de ses dents : il faut, pour qu'elle s'y résolve, la placer dans des conditions expérimentales inhabituelles — par exemple enfermer dans un filet le poisson ou le crabe décortiqué qu'on lui destine.

Quant à la voir prendre ses repas à terre, il n'y faut pas compter. A la rigueur, en captivité, vient-elle chercher sans crainte sa ration sur le bord : mais elle retourne aussitôt la déguster dans le bassin. Si on lui coupe la route de l'élément liquide, elle en subit un *stress* violent — un traumatisme cruel et durable.

Dans sa position favorite — voire exclusive — c'est-à-dire *couché* (à la romaine!), mais *sur le dos,* à la surface de l'océan, l'animal tire de son aisselle l'entrée, le plat principal et le dessert qu'il a choisis au libre-service de la mer, et ses mains font — une fois de plus — merveille. La loutre, de ses doigts habiles, ouvre les coquilles, casse les pattes des crustacés, brise le test (l'enveloppe calcaire) des oursins... Ses dents (au nombre de 32) sont bien adaptées

La loutre de mer a des pattes antérieures habiles et spécialisées.

à son régime alimentaire : elle dispose de grosses molaires larges et arrondies, qui broient les parties dures des animaux marins, et lui permettent d'extraire les chairs succulentes que le calcaire recèle.

En dînant, pour se débarrasser des déchets qui souillent sa poitrine, la loutre de mer effectue de temps à autre des rotations sur elle-même de 360°. Elle mange tout son saoul, avant de se nettoyer minutieusement, puis de dormir.

Lorsqu'elle a mis la main sur une très grosse proie (crabe royal, poisson de belle taille...), elle fait la sieste avec les reliefs de son repas sur le ventre, et finit de manger au réveil.

L'emploi d'outils

Il y aurait beaucoup à ajouter encore sur les déjeuners, dîners et soupers de la loutre de mer : à eux seuls ils composent un spectacle.

On pourrait, par exemple, s'interroger sur ce que l'animal *boit* — sachant qu'il retourne rarement à terre et que, de toute façon, les rochers qu'il fréquente sont dépourvus de sources. Il semble bien qu'ici la réponse soit la suivante : la loutre de mer, parfaitement intégrée à son milieu du point de vue physiologique, s'abreuve d'eau salée. Une preuve anatomique décisive en est que ses reins, énormes et lobulés, sont proportionnellement deux fois plus gros que ceux des loutres de rivière.

Mais ce qui a le plus étonné les observateurs, depuis Steller jusqu'à nos jours, c'est l'utilisation quasi constante que l'animal fait d'*outils*.

Les espèces zoologiques — oiseaux ou mammifères — sont souvent droitières ou gauchères : la loutre est très nettement *droitière;* c'est de sa dextre qu'elle bourre son aisselle gauche de provisions, ou qu'elle ouvre les oursins en découpant soigneusement la carapace de ces échinodermes sur le pourtour de leur bouche. Mais bien peu d'espèces zoologiques savent *prolonger cette main privilégiée par un instrument choisi dans le milieu proche.* L'homme a cru, pendant longtemps, qu'il était le seul à réaliser cet exploit, et que cela même le distinguait du reste des vivants. C'était une erreur.

Il ne fait aucun doute que, dans ce domaine, la loutre de mer nous approche. Comment désigner d'une autre expression qu'« utilisation d'outils » le comportement qui consiste à se poser sur la poitrine un caillou ou un coquillage très dur, puis à s'en servir comme d'une *enclume* pour y briser, à coups redoublés, le coquillage ou le crustacé dont on ne pourrait pas autrement percer l'enveloppe externe ? La loutre réalise ce tour tous les jours que Dieu fait... Et non seulement elle connaît l'enclume, mais encore le *marteau :* abalone ou crabe sur la poitrine et caillou en main...

Selon certains zoologistes, il serait erroné d'y voir une manifestation d'« intelligence ». Il ne s'agirait que d'une adaptation particulière, relevant de l'instinct, du patrimoine génétique. Ce schéma de comportement (standardisé) serait né de réactions émotives d'échec, qui se seraient transformées peu à peu en conduites utiles.

Les scientifiques qui tiennent ces propos argumentent de la façon suivante : on constate que la loutre de mer se frappe souvent la poitrine de ses deux mains lorsqu'elle est frustrée — par exemple lorsqu'une compagne lui vole sa nourriture. Cette réaction musculaire se serait « greffée » sur une situation frustrante analogue : celle où l'animal, s'étant emparé d'une coquille trop dure, se serait vu dans l'impossibilité de la briser. La colère aurait fait qu'il se serait mis à la choquer violemment sur sa poitrine, où d'autres coquilles auraient pu se trouver par hasard — et qu'il aurait réussi là où, jusqu'alors, il échouait...

Quant à moi, dès lors qu'il s'agit d'animaux supérieurs, les explications purement mécanistes ne me satisfont guère. Pourquoi s'acharner à refuser l'intelligence, en d'autres termes la capacité d'inventer, d'innover, de comprendre et de répondre à des situations nouvelles, à des mammifères desquels nous ne sommes finalement pas tellement éloignés dans l'ordre de l'évolution? Avons-nous donc si peur de perdre notre privilège d'animaux pensants?

Les preuves, à mes yeux, du caractère non exclusivement instinctif de l'utilisation d'outils par les loutres de mer, résident dans la diversité des *cas* dans lesquels elles en usent, et dans la variété des *façons* dont elles les emploient.

En premier lieu, tous les individus de l'espèce ne se servent pas d'instruments aussi fréquemment les uns que les autres. Ce qui est vrai des individus l'est aussi des populations géographiques. Ainsi, les loutres de mer de Californie brisent nettement plus de coquilles et de carapaces sur leur poitrine que leurs congénères d'Alaska.

En deuxième lieu, la loutre de mer est, à l'évidence, capable de *choisir* son outil parmi plusieurs, en recherchant l'efficacité maximale. Si l'on fournit à une loutre captive un seul caillou et un nombre suffisant de clams, elle commence par briser les coquillages les uns sur les autres, jusqu'à ce qu'il ne lui en reste plus qu'un seul. Alors seulement elle prend la pierre pour enclume. En tapant clam sur clam, elle cassait plus vite, donc elle économisait de l'énergie et du temps...

Enfin, et c'est probablement la preuve décisive, les loutres de mer *inventent* de nouvelles techniques instrumentales lorsque le besoin s'en fait sentir — quelquefois par jeu. En captivité, les animaux ne se contentent pas de briser les coquilles sur leur poitrine : ils savent mettre à contribuer pour cela les murs en ciment de leur bassin, qu'ils jugent apparemment bien conçus pour ce travail pénible! D'autres fois, l'imagination se donne libre cours : une loutre qui s'ennuyait dans son zoo se mit un jour en devoir de tout casser sur le bord de sa piscine — aussi bien les coquillages et les crustacés, que les concombres de mer et les poissons qu'on lui lançait; quand elle eut tout choqué et rechoqué sur les parois de sa geôle, elle y cassa et recassa... des cailloux. O symbole!

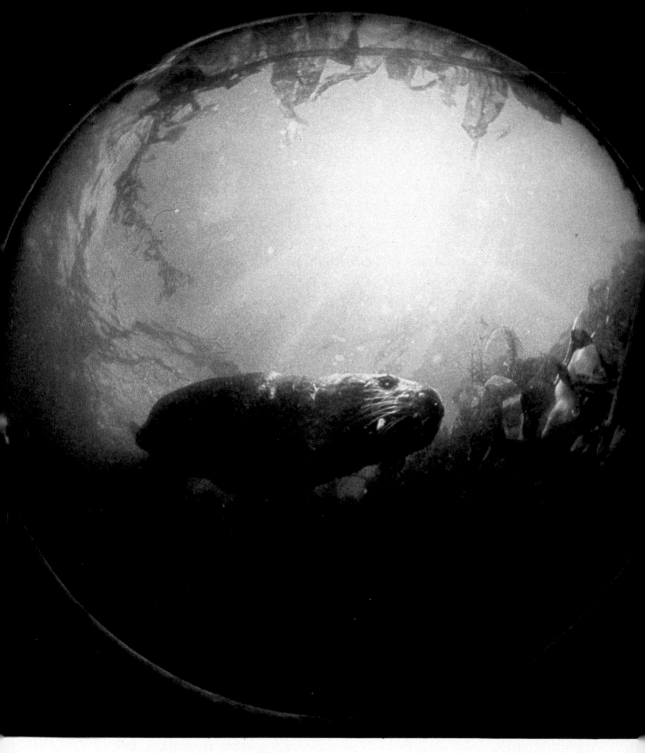

Au fish-eye, la loutre de mer en plongée.

la star de Californie

Monterey, Californie — face au Pacifique, deux plongeurs de la *Calypso* soulèvent une loutre de mer au-dessus des vagues...

J'ai déjà raconté comment la loutre de mer californienne, que l'on croyait anéantie au début de ce siècle, avait effectué son « miraculeux » retour en 1937 — et comment, depuis lors, elle a un peu étendu son domaine maritime.

Mais j'ai souligné aussi que l'espèce, malgré l'arsenal de lois dont elle bénéficie, est encore loin d'être hors de danger. La civilisation de l'homme l'assiège dans ses plus secrets refuges. Elle demeure *en sursis* sur quelques kilomètres de côtes, elles-mêmes de moins en moins sauvages.

Après les Aléoutiennes, le blizzard et la glace — et avec la loutre de mer pour seul trait d'union du voyage — j'ai voulu rallier la chaude Californie. Cette terre de l'or, cette province des merveilles, ce pays qui fit rêver nos ancêtres (et dont nous rêvons encore nous-mêmes), conservera-t-il l'un de ses plus beaux joyaux vivants?

Avant de tenter de répondre à cette question, je voudrais apporter une petite précision d'ordre scientifique.

Il existe une seule espèce de loutre de mer, en latin *Enhydra lutris*. Mais, selon certains zoologistes, trois variétés différentes de cet animal peuvent être distinguées : en Asie, *Enhydra lutris gracilis;* en Alaska et aux Aléoutiennes, *Enhydra lutris lutris;* enfin, sur la côte ouest des États-Unis (c'est-à-dire pratiquement, de nos jours, en Californie), *Enhydra lutris nereis.* La limite géographique entre les sous-espèces *lutris* et *nereis* aurait été, jadis, Gray Harbor, dans l'État américain du Washington. Cette division en sous-espèces est contestée et contestable. Qu'elle ait un sens ou non, je veux estimer ce qui reste de la population méridionale de loutres marines, autrefois florissante.

L'Orchilla

Monterey est un port actif — principalement tourné vers la pêche, mais de plus en plus ouvert au tourisme, comme il se doit aujourd'hui. Les chalutiers y débarquent leurs cargaisons, que des norias de camions rechargent à destination des usines de mise en conserve. Dans une agitation sans fin, sur l'étendue de la baie aux eaux passablement polluées, les embarcations de plaisance se mêlent aux bateaux de pêche.

Et c'est près de ce centre de nuisances humaines que les loutres survivent! C'est à une encâblure de ce grouillement, de ce monde hostile aux animaux sauvages, qu'elles demeurent! Elles poussent même la curiosité, de temps à autre, jusqu'à venir nager près du débarcadère de la cité...

L'animateur de la mission « Loutres de mer » en Californie, c'est *Philippe Cousteau.*

« Depuis longtemps j'en rêvais, dit-il et j'y étais préparé. Que des mammifères aussi gracieux qu'intelligents restent mal connus, bien qu'ils vivent à deux pas d'un pôle industriel et technologique d'importance, voilà qui me hérissait. Il me semblait d'ailleurs que, les loutres nous faisant beaucoup d'honneur en nous supportant, nous devions tout mettre en œuvre, de notre côté, pour leur rendre l'existence agréable. Or, au contraire, je n'entendais de toutes parts que des bruits alarmants : histoires de braconnages, rumeurs d'exécutions sommaires par des pêcheurs d'abalones, ou récits de visites touristiques intempestives dans les champs de kelp chers aux loutres. Il me fallait en avoir le cœur net. »

Pour toute la durée de la mission, Philippe affrête une embarcation légère, baptisée *Orchilla,* depuis laquelle, en zodiac, il sera facile de rendre visite aux animaux.

La colonie que nous avons choisie pour notre étude est établie au large de la station marine d'Hopkins, qui dépend de l'université de Stanford.

Nous nous sommes attaché, pour le temps de notre recherche, les services

— aussi gracieux que précieux — de deux des meilleurs spécialistes des mammifères marins : le Dr James A. Mattison et le Dr Judson E. Vandevere.

Philippe raconte ainsi ses premières tentatives de séduction de celles que nous tenons, quant à nous, pour les véritables stars de Californie :

« Les loutres de mer, longtemps traquées par des ennemis à deux pieds, deux mains et un fusil, demeurent très farouches — d'autant qu'il arrive encore à certaines d'entre elles de servir de cibles à des imbéciles armés. Mais on sent que, chez elles, cette réserve, cette prudence ne sont pas entièrement innées — qu'elles contrebalancent une non moins grande curiosité naturelle.

« Avec Jacques Delcoutère, nous avons pensé refaire le « coup » de la main tendue, de l'offrande de nourriture, qui avait si bien réussi dans l'Arctique. Mais ici, les loutres de mer ont encore moins de raisons de faire confiance à l'homme qu'elles n'en ont sur les côtes des Aléoutiennes ou de l'Alaska.

« C'est triste à dire, mais les premiers représentants californiens de l'espèce que nous ayons vus dans la lumière grise de l'aube étaient déjà occupés à leur toilette : la pollution fait des ravages sur ces côtes. La saleté et le mazout collent à la fourrure des animaux, et compromettent leur protection thermique. Plus encore que dans le Pacifique septentrional, le *grooming* est indispensable.

« Les loutres de mer dérangées, rendues inquiètes par l'odeur de l'homme, deviennent très nerveuses, hument l'air en s'agitant beaucoup, et se gratifient mutuellement de quelques coups de dents.

« Nous nous mettons à l'eau pour leur apporter les crabes et les abalones dont elles raffolent. En Alaska, elles avaient, dans l'ordre chronologique, accepté de la nourriture sous la mer, puis en surface et enfin à terre. Ici, pas question de les alimenter sur le rivage : elles n'y grimpent sous aucun prétexte. Parviendrons-nous au moins à les amadouer en plongée?

« Une fois, deux fois, trois fois Jacques Delcoutère leur tend sous l'eau, puis leur lance sous le nez en surface des proies dont je sais qu'elles se délectent — notamment de ces gros ormeaux* qu'elles ont tant de peine à détacher du fond de l'océan, en tapant dessus avec un caillou.

« Échec, échec, échec. Les loutres de mer nous fuient, silhouettes harmonieuses et craintives, entre les lames de kelp que la houle balance.

« L'homme, à leurs yeux, serait-il définitivement mauvais? »

Le diagnostic du Pr Vandevere

Philippe en est à ce point de sa recherche — c'est-à-dire en pleine incertitude, se mettant presque à douter de tout, ce qui n'est guère dans son tempé-

Des plongeurs et
des loutres, les plus
curieux ne sont
pas forcément ceux
qu'on pense.

Toute une famille
réunie : le vieillard
a la tête blanche.

Dans les champs
de kelp de la Cali-
fornie, les loutres
de mer ont pu sur-
vivre malgré la
chasse.

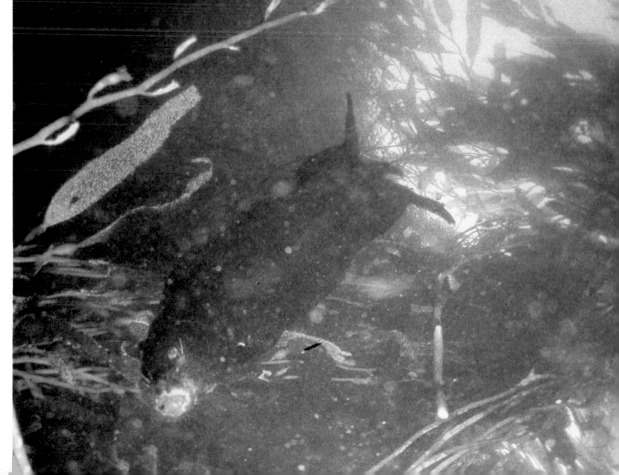

rament — lorsque je viens me joindre à son équipe. Je ne sais alors que bien peu de choses des loutres californiennes. Je n'ai que l'expérience de celles du Grand Nord.

C'est sur la jetée même du port de Monterey que l'on me présente au Pr Judson E. Vandevere — que tout le monde appelle déjà familièrement Jud. Et c'est de là aussi que nous embarquons tous à bord de *l'Orchilla,* pour les champs de kelp proches de la station d'Hopkins.

« A combien estimez-vous les effectifs du troupeau de loutres de mer ici ? demandé-je à notre spécialiste, sitôt que nous sommes rendus.

— Quarante-six, répond-il sans hésiter.

— Vous les comptez donc ?

— Absolument.

— A mon avis, ajoute Philippe avec un sourire, il les compte au moins dix fois par jour. »

Et Jud de s'expliquer :

« Le maintien des effectifs de chaque colonie d'abord, leur progression démographique ensuite, constituent pour nous une véritable obsession. Les loutres de mer ont été sauvées une fois en Californie : on a dit que c'était un miracle. Ce dont nous sommes sûrs, c'est qu'il n'y en aura pas deux. Ou bien nous parviendrons à préserver et à accroître le troupeau qui reste, ou bien l'espèce disparaîtra définitivement de ces rivages. Car si les populations devaient, pour une raison quelconque, redescendre à un niveau comparable à celui de 1914, elles ne se reconstitueraient plus. Les loutres auraient à affronter un terrible ennemi supplémentaire, que leurs ancêtres n'ont pas connu : la *pollution.*

« Il ne fait aucun doute que la pollution est grave, ici, en Californie. Or, les loutres de mer y sont particulièrement sensibles.

« Elles craignent énormément les souillures par les *hydrocarbures,* car ces derniers font perdre à leur fourrure leur pouvoir isolant. Un dégazage de pétrolier au large, ou une marée noire, signifient pour elles la menace directe de mourir de froid. Or, le moins que l'on puisse dire, c'est que la côte californienne n'est pas épargnée par ce genre de pollutions. Les colonies de loutres de mer qui gagnaient peu à peu vers le sud depuis 1938 ont été brutalement stoppées par la catastrophe de Santa Barbara, due à une rupture de tête de puits pétrolier *offshore.* Dans la baie de San Francisco, où jadis il existait, croit-on, des colonies de loutres de mer, il y aurait fort peu de chances pour que des tentatives de repeuplement aboutissent. Même situation dans l'État de Washington, autour du détroit Juan de Fuca notamment. Comment voulez-vous que les loutres de mer se réinstallent dans un paysage où chaque rocher porte des macules noirâtres de mazout, et où les vagues charrient par dizaines les nodules d'hydrocarbures résultant des vidanges incessantes des bateaux qui sortent du port de Seattle? Même si les loutres n'y mouraient pas de tant de nuisances (n'oubliez pas, outre le pétrole, le plomb, le mercure, les autres métaux lourds, les insecticides, les détergents, les déchets radio-actifs, et mille autres substances fatales), où pourraient-elles trouver de la nourriture, dans un tel cloaque? Aucun pied de kelp n'y résiste; les crustacés et les échinodermes ne s'y reproduisent plus; les mollusques y dépérissent en quelques semaines.

« Un autre danger qui menace les dernières colonies de loutres de mer, c'est bien évidemment le *braconnage*. Sérieux problème! Les décrets officiels de protection de l'espèce ne sont que des chiffons de papier, si les moyens de surveillance demeurent insuffisants. Or, comme dans toutes les affaires de ce genre, les crédits affectés à la préservation sont ridicules, tandis que les peines encourues par les contrevenants ne dissuadent personne : pour « attraper » le maximum prévu par la loi (1 000 $ d'amende ou six mois de prison), il faut véritablement le faire exprès. A ma connaissance, malgré le nombre des cas de braconnage recensés, ce n'est jamais arrivé. Et on tire toujours sur les loutres de mer, par exemple du côté de la baie de Morro... Quand ce ne sont pas des chasseurs désireux d'empocher de petites fortunes au marché noir des fourrures interdites, ce sont des pêcheurs d'abalones furieux que l'on touche à « leurs » coquillages; ou bien encore ce sont des imbéciles sangui-naires, pour qui rien n'égale le plaisir d'abattre un animal rarissime au fusil ou au lance-harpon... (Dans l'Arctique, on compte autant de loutres de mer tuées par de véritables trafiquants de peau que par... des chasseurs de phoques inexpérimentés, incapables de faire la différence entre deux mammifères aquatiques!)

« Enfin, pollution et braconnage ne seraient peut-être encore rien, pour la loutre de mer, s'il n'y avait l'extension générale des activités humaines, et notamment du *tourisme*. Ce qui tuera peut-être les dernières colonies de l'espè-ce, ce sont les murs de béton sur la côte, les nouveaux ports de plaisance et le tintamarre des chris-krafts, dans les hélices desquels nombre d'individus mal-chanceux ont déjà laissé la tête.

« Je ne parle que pour mémoire de l'anéantissement complet des éco-systèmes indispensables à ces carnivores marins : si l'on prélève tous les coquillages au seul profit de l'homme, si l'on racle les fonds avec des chaluts, ou si, comme il en est question, on procède à la *récolte massive du kelp* pour les besoins de l'agriculture et de l'industrie, alors tout espoir est perdu. »

Jeux subaquatiques.

Du plongeur et de la loutre, qui s'amuse le plus ?

En circuit fermé

Je dois avouer que l'exposé pessimiste de Jud Vandevere, ici, sur *l'Orchilla*, à quelques milles de la station d'Hopkins, nous a fait l'effet d'une douche froide.

Mais tout vaut mieux que la résignation. De la lutte ne peut pas toujours sortir la défaite... Le combat écologique est difficile — mille fois perdu, mille fois recommencé : nous devons cependant aux générations futures de le mener sans faillir. Nous le devons surtout à nous-mêmes.

Jud Vandevere est parfaitement d'accord. Il passe une bonne partie de son existence à chercher des moyens de sauver les dernières loutres de mer, et ce n'est pas lui que l'on pourrait taxer de défaitisme. Simplement, pour un scientifique, l'espoir ne se nourrit pas de sentiments vagues : les réalités doivent être affrontées de face.

J'interprète certainement, mais c'est ce que paraît aussi vouloir me dire à sa façon, à cet instant précis, la loutre de mer qui me regarde, à moins de deux mètres, entre les algues...

Les plongeurs de la *Calypso,* qui se tenaient prêts depuis un moment déjà, se mettent à l'eau. Réaction immédiate : les loutres, qui semblaient si familières moins d'une minute auparavant, s'enfuient en tous sens. Certes, jusqu'ici, le plongeur était leur ennemi mortel — celui qui venait les exécuter à coups de fusil sous-marin. C'est la première fois qu'elles ont affaire à des visiteurs sans armes : leur reste de méfiance paraît légitime. Mais jusqu'à un certain point seulement. Il y a autre chose.

Il nous faut un certain temps pour nous rendre compte que c'est la vue et le bruit des *bulles* de nos scaphandres qui les affolent et les dispersent. Si nous voulons vraiment approcher ces animaux dans leur élément, il nous faut trouver un moyen plus discret.

Tandis que les plongeurs remontent à la surface des coquilles d'ormeaux vides — celles que les loutres ont jetées après avoir arraché le mollusque du fond de l'océan, puis en avoir mangé la chair —, je me dis, avec appréhension, que des moyens d'approche, il n'y en a pas deux. Si nous continuons à vouloir jouer à cache-cache entre les algues avec les loutres de mer, ces clowns timides, ce sera *l'appareil respiratoire en circuit fermé* ou rien...

L'appareil à oxygène en circuit fermé, dont les principaux avantages sont de ne laisser échapper aucune bulle et de ne faire aucun bruit, a été mis au point par (et pour) les militaires. Grâce à lui, les nageurs de combat ne se trahissent plus par leur respiration, et deviennent indétectables depuis la surface.

Nous avons adopté ce système sophistiqué en quelques occasions, lorsque nous avons eu affaire à des animaux farouches, que les chapelets de bulles argentées et le raclement de la respiration des plongeurs en scaphandre ordinaire remplissent de crainte.

Mais je ne cache pas que je n'y tiens guère. Bien que les plongeurs de la *Calypso* aient une grande expérience de tous les dispositifs sous-marins imaginables, je n'aime pas les voir endosser celui-ci. Le scaphandre à oxygène en circuit fermé a provoqué de nombreux accidents chez des nageurs de combat entraînés. Avec lui, la moindre faute peut être fatale.

L'essentiel en est constitué par une cartouche épuratrice, où l'on introduit des granulés de soude, et qui restitue l'oxygène initial à partir du gaz carbonique exhalé par le plongeur. Si rien ne s'échappe du système, il faut par contre veiller à ce que pas la moindre goutte d'eau n'y pénètre : l'efficacité de la cartouche épuratrice en serait amoindrie, et il pourrait en résulter en outre pour l'homme de graves et douloureuses brûlures à la bouche.

Ce n'est pas tout. Avec cet appareil, le plongeur doit commencer par vider soigneusement ses poumons, afin d'en éliminer l'azote. Ce dernier se comporterait, pendant l'utilisation, comme un gaz parasite, qui compromettrait le rendement de l'ensemble.

Mais le principal danger réside dans l'emploi d'oxygène pur. Ce gaz, lorsqu'il passe massivement dans le sang — et c'est le cas avec l'augmentation de la pression, pendant que le plongeur descend dans la mer — provoque des troubles organiques graves. Il atteint le système nerveux, déterminant chez l'homme la fameuse *ivresse des profondeurs,* qui s'achève en convulsions, voire en coma — et dans ce dernier cas, bien entendu, en noyade. La profondeur à laquelle les premières atteintes du « mal de l'oxygène » peuvent commencer à se faire sentir n'est que de 7 m en moyenne : terrible limitation...

La baie de Stillwater

Inutile de dire que je suis dans mes petits souliers, ce matin-là, tandis que Louis Prézelin remplit de granulés de soude la cartouche d'un premier appareil à oxygène en circuit fermé...

Pour filmer en plongée — sans bulles et sans bruit — les loutres de Californie, nous avons piloté *l'Orchilla* le long des côtes, depuis Monterey jusqu'à la baie de Stillwater — et non plus jusqu'à proximité de la station d'Hopkins, où nous nous rendions jusqu'alors. Ici, les loutres de mer constituent une colonie apparemment bien structurée, et leur vie sociale — l'ensemble de leurs rapports interindividuels — doit être aussi complexe que passionnante à décrire.

La loutre de mer a mordu Philippe Cousteau parce qu'elle l'aime...

A peine sommes-nous arrivés sur le grand champ de kelp de la baie, qu'un jeune de l'espèce donne l'alerte. Les loutres de mer disposent de toute une gamme de cris qui traduisent leurs réactions, leurs intentions ou leurs « états d'âme ». Ainsi, le signal sonore qui nous accueille ressemble à une sorte d'aboiement aigu : un « ouah! ouah! » de roquet effrayé. C'est l'appel typique de la jeune loutre de mer abandonnée par sa mère. Même les adultes le poussent dès lors qu'il y a danger, et toute l'espèce le reconnaît comme cri d'alarme.

Mais d'autres manifestations vocales accompagnent ou ponctuent les actes de la vie des loutres de mer. La frustration ou la souffrance se traduisent, chez les jeunes comme chez les adultes, par des piaillements (« ouiii! ouiii! ») ou des aboiements suraigus pathétiques. La colère donne lieu, en particulier

Jeux de lumière, de plongeurs et de loutres dans la baie de Stillwater.

chez les mâles, mais également chez les femelles prises au piège, à des crachements tout à fait semblables à ceux des chats qui se trouvent dans les mêmes
dispositions d'esprit. A l'opposé, la satisfaction se manifeste par de longs
roucoulements, audibles à 30 m : c'est ainsi que se concluent les bons repas
et les séances amoureuses. Je ne parle pas des reniflements, des bâillements,
des couinements, des murmures et des ronflements qui montent presque sans
interruption du troupeau...

Philippe et Jacques Delcoutère, qui ont revêtu l'habit de plongée et passé
le scaphandre à oxygène en circuit fermé, se glissent doucement dans l'eau,
parmi les algues.

Delcoutère tient à la main ce qu'il dit être l'un des plus gros et des plus
appétissants oursins de toute la Californie — garni de piquants noirâtres, et

certainement gonflé, sous la dure carapace, de glandes génitales (gonades) délicieuses... Une offrande de cette classe ne saurait laisser les loutres de mer indifférentes!

Et c'est gagné! Après quelques hésitations, quelques approches timides suivies de courtes fuites, un jeune mâle de l'espèce, à la fourrure presque noire, accepte le présent du plongeur. Voici donc le sujet le plus intrépide du troupeau : le surnom de « Passe-Partout » qu'il reçoit immédiatement lui va comme un gant. En quelques jours, il devient notre ami — ne craignant plus personne, familier de tout, et curieux au-delà de ce que j'imaginais... Abalones, oursins, étoiles de mer : l'animal dévore, pour notre plus grand plaisir. Et c'est un spectacle dont personne ne se lasse, que de le voir évoluer dans l'eau, rapide et souple entre les algues, ou bien encore allongé sur le dos en surface, en train de casser un coquillage pour son dîner, concentré sur son travail (c'en est un!), heureux de vivre surtout... O imbécilité cruelle des hommes! Après avoir quitté Monterey, quelque temps plus tard, nous apprendrons par Jud Vandevere que « Passe-Partout » est mort, tué à coups de fusil. Ayant goûté une fois notre amitié, il aura étendu sa confiance à tous nos congénères : mortelle imprudence.

Ça va, les amours?

Les loutres de mer vivent en petites colonies organisées. Ce sont des carnivores sociaux, même si les liens qui unissent les divers individus du groupe peuvent paraître plutôt lâches au premier abord.

Il n'est pas facile de distinguer les mâles des femelles dans l'eau (sauf quand les animaux flottent sur le dos, dans leur lit de kelp, et qu'on possède de bonnes jumelles). Les représentants du sexe dit « fort » sont un peu plus grands que leurs compagnes, fréquemment plus sombres de fourrure, et ils ont le cou plus gros et plus musculeux.

A l'âge adulte, les premiers sont un peu moins nombreux que les secondes, alors qu'à la naissance on trouve le même pourcentage d'individus des deux sexes, et que cet équilibre se vérifie encore à la fin de la période juvénile (on dit que la *sex ratio* est de 1 : 1).

On a beaucoup de peine à se faire une idée de la longévité des loutres de mer, car demeurant toujours dans le même milieu, ne changeant jamais de régime alimentaire et n'effectuant ni migrations ni mues brutales, elles ne présentent aucun « indicateur d'âge » analogue à ceux que constituent les anneaux de croissance des dents des phoques ou les marques saisonnières des bouchons d'oreilles et des fanons des baleines. Tout ce que l'on peut dire, c'est qu'une loutre de mer capturée à un an mourut à six de maladie, au zoo de Seattle. Maigre indication... Mais comme les loutres de rivière vivent jusqu'à 14 ans et demi, et qu'elles sont plus petites que leurs cousines marines, on suppose que ces dernières atteignent *15 à 20 ans* en liberté.

Dans le Grand Nord (et également, semble-t-il, en Californie), on observe une étonnante *ségrégation des sexes*. De telle sorte que, pour chaque colonie, on parvient à délimiter une « zone des mâles » et une « zone des femelles » (où restent tous les jeunes immatures). Les mâles, de tendance plus solitaire que leurs compagnes, ne quittent leur aire que lorsqu'une aventure sentimentale est en vue.

Il ne semble pas que l'on rencontre fréquemment, chez les loutres de mer, de *comportements de territoire* typiques : quelques colères de mâles accompagnés de leur femelle, à l'encontre d'autres mâles, peuvent toutefois y faire songer. Mais *stricto sensu,* ni les mâles ni les femelles ne s'approprient vraiment une aire géographique, afin d'en faire un fief personnel, un domaine rigoureusement interdit aux étrangers. J'ai déjà souligné combien ces animaux sont pacifiques et tolérants. Leurs combats, lors qu'ils se déclenchent malgré tout, restent essentiellement symboliques.

Le mâle en quête d'une amoureuse nage activement sur le ventre. Il cherche, il renifle les rochers et les algues, il fouille les bancs de kelp en négligeant tout à fait de se nourrir aux heures habituelles des repas.

Lorsqu'il aperçoit enfin une belle entre les vagues, il la rattrape prestement, plonge et émerge juste derrière elle, puis tente de la ceinturer en lui passant une main sous chaque aisselle; il la serre, si possible, de toutes ses forces. D'autres fois, il approche avec plus de douceur, et caresse longuement sa dame du cou au ventre et aux parties génitales. Il arrive également qu'il se contente de la renifler sous toutes ses coutures, avant d'engager davantage la « conversation ». Tout ce comportement, qui nous paraît passablement « humain », s'accompagne de mordillements, d'attouchements et de « baisers » pleins de flamme. Fréquemment, après avoir caressé plusieurs fois sa femelle, il lui offre de la nourriture — deux, trois, quatre, cinq oursins ou abalones... Cela changera, — ô combien — après la copulation, car alors il n'arrêtera pas de lui voler ses coquillages ou ses échinodermes, voire ses outils!

Si la femelle, en dehors de sa période d'*oestrus*,* n'est pas réceptive, elle roule prestement sur elle-même, et repousse l'intrigant des quatre pattes, sans tendresse excessive.

Par contre, si elle se trouve fécondable, elle démarre avec lui une charmante succession de jeux aquatiques (« gambades » à travers les algues, cache-cache dans le kelp, plongées-éclairs et retours-fusées en surface, etc.), qui

vont les conduire tous deux dans l'état d'excitation nécessaire à l'acte d'amour. A ce moment, le mâle redouble de reniflement et de caresses, tente de tenir sa compagne embrassée, et lui mord le cou, puis le côté de la tête ou le nez à plusieurs reprises — jusqu'à parvenir à saisir fermement le museau de sa belle entre ses dents.

Cette *prise de nez* est indispensable à la copulation : en tout cas, on n'a jamais rencontré de femelle accompagnée d'un petit qui n'ait une cicatrice éloquente sur le museau. Comme le mâle maintient ainsi sa compagne pendant environ une heure, et comme celle-ci, en tentant de fuir ou simplement en bougeant, ne fait que le déterminer à renforcer sa prise, ce n'est pas une petite blessure qu'elle doit finalement supporter... Selon certains auteurs, cette morsure nasale déterminerait le dernier acte de l'ovulation chez les dames loutres

◀ Lorsqu'elle cherche activement sa nourriture, la loutre de mer nage sur le ventre.

La nuit, pour dormir, elle s'enroule dans une algue afin de ne pas dériver.

En contrôlant les populations d'oursins, la loutre de mer maintient l'équilibre écologique des zones où elle vit.

de mer. Mais, quoi qu'il en soit, ce comportement inné (et certainement utile) a des conséquences graves aujourd'hui : dans des eaux de plus en plus polluées — notamment par les germes bactériens et viraux venus de nos égouts — ces blessures s'infectent, et on retrouve de plus en plus de femelles mortes d'ulcérations consécutives à leur mariage.

L'*accouplement* des loutres de mer, qui semblent préférer les mers agitées pour s'unir, n'est pas facile à observer. Nous sommes, quant à nous, parvenus à le filmer. Pour autant que l'on distingue ce qui se passe réellement, le mâle,

ayant mordu le nez de la femelle qui nage à cet instant sur le dos, ventre arqué et pattes en l'air, manœuvre de façon à s'engager sous elle, ventre contre dos. Il la pénètre *more canum,* « comme un chien », pendant plusieurs minutes, puis s'interrompt. Il recommence un peu plus tard, sans avoir lâché sa « prise de nez ». La position est assez pénible à tenir, et le mâle, presque en permanence dans l'eau pendant cet intéressant épisode, éprouve beaucoup de difficultés à respirer. Quant à la femelle, elle émet un bruit doux, quasi ininterrompu, qui ressemble à une plainte.

Judson E. Vandevere a vu plusieurs accouplements de loutres de mer en Californie : ils commençaient souvent, d'après lui, la femelle dessous, ventre en bas et le mâle dessus.

« L'introduction du pénis est presque toujours facilitée par l'action d'une patte palmée, dit Jud, mais je n'ai jamais pu distinguer clairement si c'était celle du mâle ou de la femelle ! »

Certains auteurs (Fischer, 1939, repris par P.-P. Grassé) ont décrit, chez la loutre de mer, un accouplement ventre contre ventre, qui semble sinon impossible, du moins très rare.

Les amoureux s'étant fréquentés plusieurs jours, et ayant fait plusieurs fois l'amour, se séparent à l'initiative de la femelle. Elle le quitte soudain, le nez ensanglanté, mais apparemment satisfaite, en déguerpissant au moment précis où il vient de plonger pour se nourrir...

Mères et petits

Les amours, chez les loutres de mer, s'observent à n'importe quelle saison de l'année, sauf en automne (octobre-décembre), où elles deviennent rarissimes.

Les animaux atteignent leur maturité sexuelle vers quatre ans, c'est-à-dire trois ans après avoir quitté leur mère : du moins est-ce le cas général chez les femelles. A cet âge, les mâles doivent encore s'imposer socialement, et leur capacité de reproduction reste très théorique.

La femelle fécondée recherche la solitude. Sa période totale de gestation dure de 12 à 13 mois. Entre deux mises bas successives, il s'écoule deux ans, parfois trois.

Un grand aileron dressé par-dessus la surface de l'eau...

... c'est l'orque épaulard, l'un des ennemis de la loutre de mer.

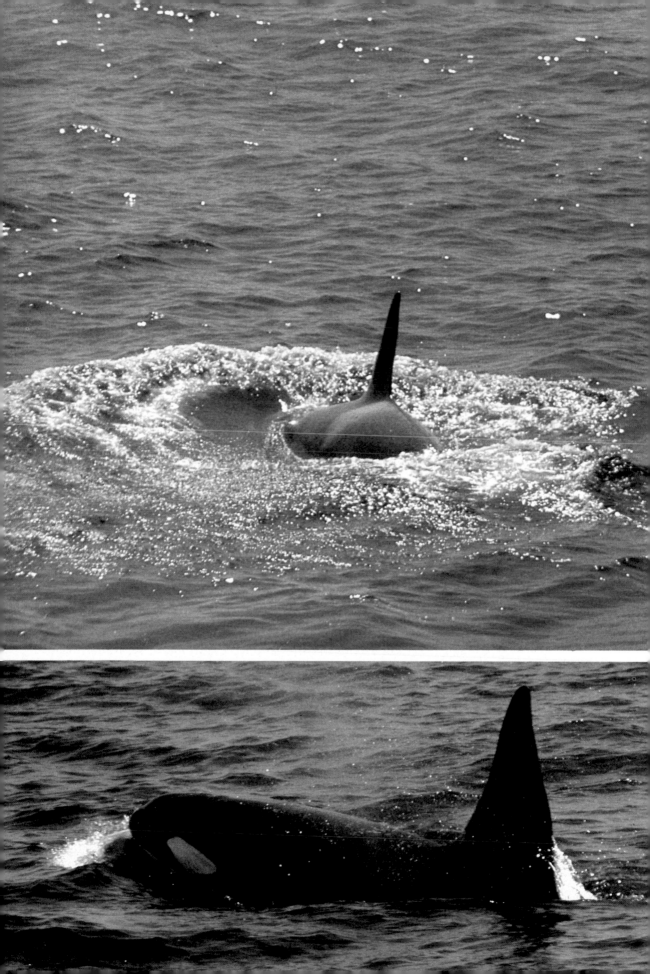

Les jeunes naissent dans l'eau en Californie, mais à terre en Alaska. Cette alternative, fort heureuse pour l'espèce, et qui lui a probablement permis de survivre en plus d'une occasion, possède sa traduction physiologique dans le fait que le fœtus à terme se présentent à 50 % par la queue et à 50 % par la tête. L'embryon se forme, à fréquence égale, dans chacune des deux cornes de l'utérus de la femelle. Les jumeaux sont rares, et lorsqu'il s'en présente, un seul survit. Le jeune pèse à la naissance entre 1,5 et 2,5 kg et mesure entre 50 et 60 cm de longueur, queue comprise. Sa période de complète dépendance envers sa mère est très longue : un an, parfois même davantage. Quand il la quitte, il pèse déjà 14 à 15 kg.

La femelle se montre exceptionnellement attentive au bien-être et à la sécurité de son petit. Lorsqu'un intrus devient menaçant, si gros soit-il, elle le défie : en étendant ses pattes antérieures et en se gonflant autant qu'elle le peut, elle impressionne l'importun, et gagne quelques précieuses secondes, grâce auxquelles le jeune se met en sécurité. Alors seulement, elle s'enfuit à son tour et le rejoint.

Le nouveau-né se trouve tout à fait dépourvu d'armes et de ressources : il ne sait que flotter. A l'âge d'un mois, le bébé se déplace encore à peine. Lorsqu'elle plonge pour s'alimenter, la mère le laisse dormir en surface, entre des algues qui l'empêchent de dériver.

L'*allaitement* a le plus souvent lieu dans l'eau, bien qu'on ait vu des mères nourrir à terre, dans le Grand Nord. Les femelles se montrent fort habiles à « mettre au sein » leur petit. Elles possèdent deux tétons en position abdominale : s'étant couchées sur le dos dans les vagues, elles empoignent leur bébé et le posent sur leur ventre, la bouche bien calée sur un mamelon. Le petit tète par brèves périodes de une ou deux minutes, entrecoupées de longs repos. Lorsqu'il a grandi, il vient prendre le sein lui-même, et le suce alors en nageant sur le ventre, perpendiculairement à sa mère. Les jeunes sevrés cherchent fréquemment à revenir téter : mais la femelle, à leur approche, roule cinq ou six fois sur elle-même ; ce langage est clair : le grand gourmand n'insiste pas.

Le sevrage proprement dit s'effectue de façon très progressive : le bébé de quelques jours est déjà capable d'assimiler certaines nourritures de l'océan, mais le lait maternel domine l'alimentation du jeune pendant quatre ou cinq mois.

La femelle qui plonge à la recherche d'aliments commence toujours par nourrir son petit — et c'est une preuve supplémentaire du grand développement de l'instinct maternel, chez cette espèce. Ce n'est que lorsque le rejeton est rassasié, que l'adulte commence son propre repas.

Un apprentissage vital, chez les jeunes loutres de mer, est bien entendu celui de la *nage*. A la naissance, le bébé flotte comme un bouchon — fourrure remplie d'air; mais c'est tout. Le reste, sa mère le lui enseigne. C'est elle qui, très tôt, quelques jours à peine après l'accouchement, le soulève par-dessus son ventre et le dépose dans l'élément liquide. Le petit patauge comme il peut, sur le ventre, en poussant de petits couinements apeurés. Ses progrès sont d'une lenteur étonnante, pour une espèce aquatique : on ne le voit guère nager correctement — ventre en bas — avant trois mois. Quant à la technique de la nage sur le dos, elle s'acquiert encore plus difficilement, et n'est entièrement maîtrisée qu'à l'âge de six à huit mois.

L'apprentissage de la plongée pose, dans ces conditions, des problèmes ardus. Le jeune ne commence guère ses essais subaquatiques avant l'âge de trois mois. Il s'entraîne fréquemment, vers huit mois, à ramener en surface des organismes marins prélevés sur le fond de l'océan, mais il demeure jusqu'à un an complètement dépendant de sa mère pour son alimentation.

La possessivité de la femelle à l'égard de son petit a étonné tous les observateurs. Cette dernière ne quitte son rejeton que pour plonger à la recherche de leur repas commun. Tant qu'il est tout petit, elle le porte blotti sur sa poitrine, entre ses bras. Plus tard, elle lui laisse davantage de liberté. Mais à la moindre alerte, elle l'attrape entre ses mâchoires par le côté de la tête (plus rarement par la nuque), et n'a de cesse qu'il soit en sûreté : le jeune ainsi pris en bouche se détend totalement, et peut être transporté sans effort. Elle le protège encore jalousement à la veille de leur séparation, alors qu'il est devenu presque aussi gros qu'elle...

Cent histoires — vraies — courent sur l'héroïsme dont la maman loutre de mer fait preuve devant les dangers qui menacent sa progéniture.

Un chasseur nommé Snow écrivait en 1910 : « Nous traquâmes cette loutre pendant deux heures en la poursuivant entre les rochers. Nous avions tué le petit pendant la première heure, mais elle le tint plus fermement que jamais serré contre elle, jusqu'à ce qu'un coup de feu, en la touchant à une patte, le lui fît lâcher; elle fut de nouveau blessée en tentant de le reprendre. Ensuite, elle recommença inlassablement, en laissant échapper sans interruption le cri le plus triste et le plus plaintif ». (Snow et ses compagnons, ayant récupéré le cadavre du petit, puis regagné leur bateau à la nuit, l'histoire se poursuit de la sorte :) « Nous avions parcouru une certaine distance quand, juste sous notre poupe, nous entendîmes la lamentation la plus irréelle qui se puisse imaginer. (...) Un autre cri, de côté, nous permit de localiser la forme sombre de la loutre que nous avions traquée. L'animal suivait maintenant le bateau, en se désolant de la perte de sa progéniture ».

Cet épisode est loin d'être unique. Un jour, un petit de loutre de mer fut pris dans un filet : trois fois de suite, en cinq minutes, sa mère fit surface sous le nez des hommes, et vint tirer sur le filet pour tenter d'entraîner son

Sur le dos, mollement bercée par la houle.

enfant. Une autre fois, une femelle et son jeune furent enfermés dans un enclos; à la nuit, la tempête fit tomber la porte de leur prison; la mère se sauva, mais elle revint à l'aube chercher son rejeton, et fut aussitôt reprise.

Les zoologistes qui capturent des loutres marines pour les baguer observent tous les jours de tels comportements. Lorsqu'ils prennent une mère et son bébé, et qu'ils lâchent d'abord la première, celle-ci attend son petit à peu de distance (de 50 à 100 m) — en l'appelant d'une voix anxieuse. Une mère à laquelle on avait enlevé son bébé spécialement dans le but de tester ses réactions, vint *treize fois* en deux heures et demie tenter de le reprendre aux. hommes; elle s'approcha d'eux jusqu'à 3 m. Plusieurs témoignages montrent que ce courage est à double sens : un enfant loutre, relâché avant sa mère lors d'une

séance de baguage, revient toujours (à partir d'un certain âge) tenter de déchirer le filet qui retient sa génitrice.

Une autre preuve de l'amour que les loutres de mer portent à leur bébé, c'est l'attitude qu'elles adoptent si, par malheur, il vient à mourir (balle de fusil, accident ou maladie...). Elles se mettent à le lécher et à le peigner fébrilement, comme si elles pouvaient, par ce *grooming* intensif, le rappeler à la vie. Elles le tiennent serré contre elles, même lorsqu'elles plongent, et cela parfois pendant plusieurs jours. On a vu des mamans loutres cajoler et nettoyer des cadavres de jeunes déjà passablement décomposés... (Ce comportement bizarre qui veut que les mères emmènent au fond leur petit mort, alors qu'elles le laissent en surface s'il est vivant, a été interprété de deux façons. Ou bien les loutres que l'on a vues agir de la sorte étaient « mal programmées » et avaient elles-mêmes, préalablement, noyé leur petit — une erreur de la nature, en quelque sorte. Ou bien, et c'est plus vraisemblable, les femelles emportent leur rejeton décédé avec elles parce que sa fourrure, dépourvue de couche d'air, le fait couler à pic, et qu'elles ont peur de le perdre.)

Chaque mère loutre aime et protège son enfant, mais il y a plus étonnant encore : l'espèce entière fait preuve d'intelligence, en préservant ses jeunes quels qu'ils soient. Les adultes se montrent tellement tolérants envers les petits étrangers, que les *adoptions* ne sont pas rares. Même les mâles défendent les immatures qui se réfugient auprès d'eux en cas d'alerte. Les femelles prennent en charge les orphelins, leur permettent de téter quand elles ont du lait, et leur rapportent de la nourriture de leurs plongées. Lorsqu'elles ont elles-mêmes perdu leur petit, l'adoption devient la plupart du temps définitive.

Les loutres de mer, le milieu et l'homme

Nous avons observé la vie sociale des loutres de mer. Nous les avons vues danser dans l'océan. Nous les avons regardées nager deux par deux, ou bien se distraire à la poursuite de leur propre queue, ou encore avancer, avec un air très coquin, dans une invraisemblable position — sur le dos et les quatre membres hors de l'eau...

Nous avons suivi, avec un mélange d'attendrissement et d'admiration, les jeux de toute la troupe — les courses-poursuite des jeunes et leurs disputes comiques (que les mères n'apprécient pas : chacune récupère son rejeton bagarreur en un tour de main).

Nous avons observé les adultes en train de se mordiller les uns les autres sous l'effet d'une excitation de crainte. Nous les avons contemplés, au contraire, enroulés dans des lanières de kelp, qui s'endormaient au soleil couchant.

Nous avons surpris la parade nuptiale de ces animaux, et nous avons même assisté à leurs étreintes passionnées.

C'est alors, peut-être, que l'intensité émotionnelle de notre mission a culminé. Philippe s'est mis à suivre, dans l'eau, une femelle au nez ensanglanté par l'amour. Il l'a approchée. Il a tenté de lier connaissance avec elle en lui offrant des oursins. Il a osé déposer un crabe sur son ventre fécondé. Il a enregistré les bruits de mâchoires de la future mère à table, en lui glissant un micro quasiment sous le nez. Il a caressé plusieurs fois la belle. Il a voulu frotter sa barbe sur sa fourrure. Et la loutre l'a mordu !

« Elle m'a mordu très fort : j'ai été surpris, raconte Philippe. Mais s'il y a une chose dont je reste persuadé, c'est qu'elle m'a blessé *par affection*... La même morsure amoureuse que la chatte familière inflige, de temps à autre, à son maître. Rien d'agressif, rien d'effrayé ni de méchant dans son acte. Simplement un baiser appuyé... »

Nous avons ri de la mésaventure de Philippe. Mais si ce qu'il en a conclu est vrai, grande est la signification de cet épisode. Car alors, pour la première fois peut-être, l'espèce *loutre* et l'espèce *homme* se sont rencontrées dans des rapports « *affectifs* »... Pour la première fois, parce que respectées et aimées elles-mêmes, les loutres ont éprouvé de l'amour pour des représentants d'un genre jusque-là abhorré !

Ce moment privilégié, cet *acmé* de notre mission, comme disent les poètes et les musiciens, sur quoi va-t-il déboucher maintenant ?

Nous allons abandonner nos gracieuses et tendres amies. Mais si nous voulons que l'intensité des rapports que nous avons entretenus avec elles ravisse d'autres hommes encore, nous n'avons pas d'autre choix que celui-ci : dresser *un bilan écologique complet* des conditions de survie de l'espèce, et le faire connaître au public.

La loutre de mer a peu d'*ennemis naturels*. En liberté, lorsque l'homme la laisse en paix, elle craint essentiellement les *famines* des hivers durs. Avec l'épuisement de la *vieillesse*, ce sont là les deux grandes causes de décès de l'espèce. A Amchitka, par exemple, où l'on a constaté l'existence d'un « pic de mortalité » en mars, 70 % des cadavres que l'on trouve à cette époque de l'année sur l'île sont ceux de jeunes orphelins, et 30 % ceux d'adultes âgés.

Les *parasites* ne font guère souffrir les loutres marines. Leurs rares hôtes internes (vers nématodes, trématodes ou cestodes) ne sont pas mortels, et elles n'hébergent à peu près aucun suceur de sang externe. Les chasseurs le savaient fort bien, qui allaient répétant que les loutres de mer sont « des animaux particulièrement propres » (Snow, 1910). Le seul représentant de l'espèce que l'on ait décrit couvert de vermine était élevé en captivité, et dans un bassin d'eau douce ! En captivité encore (mais on ne sait s'il faut étendre cette constatation à l'état de liberté), deux maladies microbiennes graves affectent les loutres : l'entérite aiguë et la « maladie dégénérative du foie » (que l'on soupçonne d'être d'origine virale).

Les principaux *prédateurs* de la loutre de mer, selon certains auteurs, seraient les *requins*. C'est certainement inexact. Dans l'Arctique, l'eau reste trop froide pour la plupart des squales. En Californie, les attaques du grand requin blanc *Carcharodon carcharias* ne paraissent pas bien fréquentes.

Plus dangereux sont sûrement les *orques,* ou épaulards. Eux sont tout à fait capables d'engloutir une loutre marine en guise d'amuse-gueule. Lors-

La loutre de mer accepte l'offrande du plongeur.

Sur les fonds de Californie, à la recherche des abalones.

qu'une bande de ces cétacés arrive à proximité d'une colonie, les loutres s'im-mobilisent sur place et ne reprennent, prudemment, leurs activités que long-temps après le départ des grands carnivores noirs et blancs. Le Pr Nikolaev, en 1965, a vu de ses propres yeux l'une de ces « baleines tueuses » dévorer une loutre marine.

Mais le prédateur attitré de l'espèce semble avoir été en fait un oiseau : l'*aigle chauve (Haliaetus leucocephalus)*. Je dis bien « avoir été », car aujour-d'hui, ce rapace (emblème des États-Unis, je le rappelle, et qui n'est d'ailleurs pas chauve : on l'a surnommé ainsi parce qu'il a le crâne couvert de plumes blanches) est devenu plus rare encore que la loutre de mer... En un temps où il peuplait les côtes du Pacifique Est, il s'attaquait volontiers aux jeunes loutres que leurs mères avaient abandonnées un instant pour plonger. Il s'en prenait aussi aux sujets malades ou trop âgés. Bien souvent, il jouait en outre les cha-rognards, en nettoyant les carcasses de loutres mortes (de mort naturelle ou par accident).

Parasites, requins, orques, aigles : peu de chose en vérité. Les loutres de mer, carnivores spécialisés et admirablement adaptés à un milieu d'exten-sion restreint, voyaient surtout leurs populations varier en fonction des res-sources alimentaires de leur biotope. Elles étaient partie intégrante d'un écosystème qui les maintenait en équilibre démographique, et qu'*elles* mainte-naient à leur tour en parfaite « santé ».

Le *seul* responsable de la raréfaction de l'espèce, c'est l'homme. Le lecteur se souvient quel sombre tableau le Pr Judson E. Vandevere a tracé, devant nous, sur *l'Orchilla,* des menaces qui pèsent sur les loutres de mer — qu'il s'agisse de dangers anciens (chasse, braconnage) ou nouveaux (pollu-tion industrielle et domestique, transports, « aménagement des côtes », tou-risme, exploitation massive du kelp, etc.).

Or, si la loutre de mer s'éteint, c'est non seulement une irréparable perte esthétique, mais encore l'occasion d'une profonde perturbation de tous les milieux océaniques à forêts de kelp. En d'autres termes, même si l'on tenait pour absolument nulles les valeurs de beauté; même si l'on négligeait l'intérêt scientifique d'une espèce superbement adaptée; même si l'on « gommait » le plaisir des 40 000 à 50 000 visiteurs annuels du Muséum du Parc d'État de Morro Bay, et des 175 000 à 200 000 du Parc d'État de Point Lobos; même si l'on omettait, une fois de plus, de comptabiliser, dans les calculs économiques, le prix de l'environnement des hommes : même alors, il *faudrait* protéger les loutres de mer.

Les pêcheurs d'*abalones* californiens, qui récoltent ces coquillages en plongée, ont déclaré, voici quelques années déjà, une guerre d'extermination aux loutres de mer. Ils leur reprochent, lorsqu'elles étendent leur territoire

Les phoques des ports fréquentent assez souvent les côtes que les loutres de mer colonisent.

vers le sud, de s'attaquer aux bancs de mollusques qu'ils *se* réservent. (Passons sur cette manie — trop humaine! — de tout s'approprier.) Ils prétendent que les loutres se comportent en fieffées pillardes, qu'elles ramassent même les coquillages n'ayant pas atteint la taille commerciale! (allez donc donner un pied à coulisse aux loutres...), et que, par conséquent, elles doivent être « déplacées » vers le nord, ou anéanties. Faute de quoi, ajoutent-ils (et ils le mettent en pratique), nous sortons nos fusils, et nous faisons régner la « justice » nous-mêmes.

Une forme hydrodynamique dans l'eau pure : il ne tient qu'à nous que nos enfants puissent encore admirer ce spectacle.

La loutre de mer, rassurée, n'interrompt pas son repas quand le plongeur arrive.

L'homme saura-t-il préserver les côtes où les loutres de mer survivent encore ? Ici la petite crique de Cherni Reefs

Toujours la même histoire! Les pêcheurs méditerranéens tuent les derniers phoques moines sous prétexte qu'ils mangent du poisson; leurs collègues japonais exécutent les dauphins parce qu'ils voient dans ces cétacés des concurrents directs; et ainsi de suite... Pas un de ces professionnels de la mer ne mesure la portée réelle de ses actes. Pas un ne cherche à comprendre, *dans leur complexité,* les lois écologiques grâce auxquelles ils vivent eux-mêmes, les relations d'espèces qui leur permettent, au bout du compte, d'exercer leur travail de simple cueillette. Comme si l'océan pouvait, un jour, ne plus « fabriquer » que des espèces « utiles »... Stupidité des stupidités! Pour une seule espèce « utile », il faut compter dix, trente créatures « inutiles », « indifférentes » ou même « nuisibles ».

Si l'on « déplaçait » vers le nord les loutres de mer de Californie, non seulement on en tuerait la moitié à la capture et au transport (proportion courante dans ce genre d'entreprise), mais encore les populations d'abalones *diminueraient* à la longue, au lieu d'augmenter.

En effet, les abalones ont besoin des forêts de kelp pour se développer — au stade larvaire d'abord, au stade adulte ensuite. C'est dans ce milieu qu'elles trouvent le plus de nourriture.

Or, les loutres de mer ne mangent pas que des abalones loin s'en faut (cf. Chapitre VIII). Elles contrôlent, grâce à leur solide appétit, les populations d'herbivores océaniques et notamment d'*oursins*. Là où les loutres disparaissent, les oursins prolifèrent, les algues géantes se raréfient, et les abalones avec elles. Au contraire, si les loutres mangent suffisamment d'oursins, le kelp devient luxuriant, et fait vivre de larges associations d'espèces — parmi lesquelles les abalones!...

Dans les Aléoutiennes, où l'on peut faire des comparaisons, la situation est claire. Les îles Near, rapidement vidées de toutes leurs loutres de mer par les chasseurs, ont encore aujourd'hui des côtes d'une grande pauvreté biologique; le kelp s'y développe mal, car il devient aussitôt la proie des herbivores en surnombre (et notamment des oursins *Strongylocentrotus*). Dans les îles Rat, situées non loin de là, et où les loutres de mer sont redevenues relativement nombreuses après la protection, les fonds océaniques sont au contraire d'une grande richesse; ils nourrissent des oiseaux de mer et des phoques, qui fréquentent les parages en masse (preuve qu'il s'y trouve aussi des poissons); jusqu'aux aigles chauves parviennent à se maintenir dans ce biotope : c'est dire...

Tout bien pesé, la loutre de mer, espèce persécutée, espèce attachante, espèce superbe, est d'abord *l'espèce-clé* d'un type déterminé de structure océanique vivante : *l'écosystème à forêts de kelp.* Anéantir l'une, c'est condamner l'autre. Le simple bon sens dicte la conduite à tenir en pareil cas.

L'empereur romain Marc-Aurèle disait déjà, dans ses *Pensées pour moi-même* :

« Ne vois-tu pas que les arbustes, les moineaux, les fourmis, les araignées, les abeilles remplissent leur tâche respective et contribuent pour leur part à l'ordre du monde ? »

Et le chef des Sioux-Téton Shooter (ou Okute) lui répondait, à dix-sept siècles de distance :

« Depuis l'enfance, j'ai observé les feuilles, les arbres et l'herbe. (...) Toute créature vivante, toute plante est un bienfait. Certains animaux affirment leur raison d'être par des actes précis. Les corbeaux, les buses et les mouches se ressemblent en quelque sorte par leur utilité, et même les serpents ont une raison d'être. »

La conclusion, je voudrais la laisser au grand poète romantique allemand Novalis, qui écrit dans *Les Disciples à Saïs* :

« Mais qui a le sens de la Nature juste et exercé, il jouit d'elle tandis qu'il l'étudie, se réjouit de sa complexité infinie, de l'abondance intarissable de ses plaisirs; et il n'a pas besoin qu'on s'en vienne avec des mots inutiles troubler ses jouissances. »

Belle, intelligente, affectueuse : ne dirait-on pas, aussi, pleine d'humour ?

appendices
et glossaire

appendice I

LES EFFETS DE LA POLLUTION DES EAUX SUR LE SAUMON.

(Extrait de l'*Étude sur le saumon des eaux douces de la France...*, par le Dr Louis Roule, Paris, Imprimerie nationale, 1920.)

« La pollution des eaux courantes constitue une nouvelle cause de dépeuplement. Pour agir de façon indirecte, elle n'en exerce pas moins une action efficace et défavorable. Elle a pour effet d'établir dans la rivière une zone dont les eaux, par leurs propriétés, gênent la vitalité du poisson, le détournent dans sa progression de montée, et l'entraînent à redescendre vers l'aval. Les migrateurs, ainsi arrêtés dans leur course, ne peuvent parvenir sur les frayères, et sont perdus pour la reproduction : d'où motif de dépeuplement. Toute région ainsi disposée représente à leur égard une zone d'interdiction qui arrête le passage. Il suffit d'une seule de ces zones sur le parcours d'une rivière, bien que les eaux en amont se maintiennent pures et favorables, pour aboutir à un résultat déficient, puisque les migrateurs sont incapables de la traverser et d'aller plus haut. L'obstacle, pour être d'une autre sorte que celui d'un barrage, n'en est pas moins aussi infranchissable.

« La cause profonde, en ce cas, est surtout du fait de la gêne respiratoire. L'alimentation ni la progression n'entrent en jeu, puisque le Saumon, dans les eaux douces, ne s'alimente point, et puisque le courant de la rivière n'est point changé. Mais, étant exigeant au sujet de ses besoins respiratoires, et fort sensible de ce côté, l'individu se trouve affecté par tout ce qui diminue la proportion de l'oxygène dissous, ou qui introduit dans l'eau soit des substances toxiques capables de passer dans le sang au niveau des branchies, soit des déchets susceptibles de pénétrer dans la chambre branchiale et d'entraver la respiration.

« Ces circonstances sont de notre époque. Elles n'existaient pas autrefois, ou s'y montraient moins pressantes. Les zones d'interdiction de cette catégorie faisaient défaut, et le Saumon, dans sa rivière, avait libre parcours. Les progrès de l'industrie moderne, les besoins des grandes agglomérations urbaines, ont peu à peu créé de telles zones qui deviennent de plus en plus nombreuses, de plus en plus étendues, et qui finalement entrent pour une part importante dans le phénomène actuel du dépeuplement.

« La production de ces zones reconnaît deux motifs principaux : le jet à la rivière des sous-produits industriels, et le tout-à-l'égout des grandes villes. Sur le premier point, si les matières déversées prêtent à une grande diversité selon les régions et leurs industries dominantes, le résultat, celui du détournement des migrateurs, demeure uniforme et constant. Qu'il s'agisse de produits toxiques, ou de substances se décomposant dans l'eau et absorbant de l'oxygène par leur réduction, ou de matières tenues en suspension, l'effet produit reste le même, d'autant plus grand que les eaux sont plus basses, les dilutions plus faibles et la température plus élevée. On doit remarquer à ce propos que nulle interdiction semblable n'est occasionnée par les sédiments terreux en suspension dans les rivières en crue ; leur finesse, leur innocuité n'amènent aucun trouble dans la progression de montée, qui peut s'amoindrir de façon momentanée, mais non souffrir d'un détournement complet.

« Les matières organiques entraînées à la rivière par fortes quantités, au voisinage des grandes agglomération urbaines, donnent également lieu à un détournement définitif. Elles agissent non point tant d'elles-mêmes et par leur action directe, que par la réduction qu'elles subissent dans l'eau, et qui nécessite le concours de l'oxygène dissous. La proportion de ce dernier diminuant alors d'une quantité proportionnelle, et une récupération suffisante ne pouvant se faire qu'après un assez long parcours, les Saumons, mis en présence d'une eau dont la qualité respiratoire ne leur convient pas, ne cherchent point à y pénétrer, malgré toutes dispositions convenables d'autre part, et restent en aval sans tenter de franchir cette zone. Les exigences de leur respiration les maintiennent sur place, dans un lieu où la reproduction ne saurait s'accomplir avec efficacité. Les eaux polluées des grandes villes jouent donc leur rôle dans le fait du dépeuplement. »

QUELQUES CONDITIONS NÉCESSAIRES
AU REPEUPLEMENT DES RIVIÈRES.
(Ibid.)

« La réglementation de la pêche aura pour objet d'éviter tout prélèvement excessif ou nuisible, afin de conserver, dans la mesure du possible et en tous lieux, la moyenne du peuplement normal. Par suite, et dans ce but, elle devra s'opposer aux causes de perte, soit pour les écarter, soit pour en atténuer les effets.

« En ce qui concerne la pêche dans les estuaires, il conviendrait de placer ces derniers sous un régime semblable à celui des zones fluviales, afin de coordonner et d'uniformiser les mesures prises. Le bassin hydrographique entier, depuis l'embouchure du fleuve jusqu'aux sources de différents affluents, devrait suivre une même règle, conforme à son unité. Les périodes d'autorisation et celles de prohibition, les engins tolérés et les engins interdits, les lieux où la pêche est permise et ceux où elle est défendue, mériteraient de faire l'objet de réglementations communes et conduisant à un résultat identique.

« Au sujet des barrages, le moyen le plus rationnel en apparence pour permettre le libre parcours des Saumons semble consister à annexer une échelle à chacun de ces ouvrages, lorsque le passage normal n'est pas possible. Mais les circonstances s'y prêtent rarement, du moins quant à l'effet utile. Ou l'eau fait défaut une partie de l'année, rendant l'échelle inutilisée; ou les conditions de lieu et d'époque, ayant conduit à placer l'échelle dans un angle du barrage auprès de la berge, l'ont converti en un piège à Saumons; ou encore la construction défectueuse de l'appareil empêche d'en obtenir le parti désiré. En outre, les échelles de type perfectionné coûtent cher et nécessitent un entretien continu. Il paraît donc difficile d'en placer partout où il en faudrait.

« On ne saurait, comme on le fait souvent, accorder à la construction d'échelles une sorte de vertu générale, capable de remédier au dépeuplement par elle seule, et de permettre au repeuplement de s'effectuer. Une échelle n'est profitable qu'à la condition de prolonger vraiment le lit de la rivière, en offrant avec continuité à la montée des Saumons toutes dispositions nécessaires et favorables. Elle est inutile de toute autre façon, ou même nuisible.

« Il est important, par contre, d'améliorer autant que possible, en dehors de leur action, le passage des Saumons. Il suffit souvent de mesures prises par les administrations locales, de concert avec les usagers et les divers ayants droit, pour aboutir au résultat désiré; le tout consistant à observer constamment les dispositions qui permettent d'assurer la circulation des Saumons et d'empêcher, au moyen de vannes et de grillages, toute pénétration de leur part dans les canaux de service des usines. Chaque barrage possède en cela sa qualité propre, et nécessite une étude particulière, dont le programme spécial doit s'inspirer d'une méthode générale tendant à procurer aux Saumons la possibilité de franchir l'obstacle, tout en lui interdisant l'entrée dans les conduites d'amenée et de décharge.

« Les autres mesures utiles d'une réglementation rationnelle de la pêche ont déjà été prises ou préconisées; il suffira souvent de veiller à leur observation pour remédier aux inconvénients du braconnage, de la pollution des eaux, des pêches illicites, ou tout au moins pour en atténuer la plus grande part. J'ai déjà donné en 1912, dans mon rapport relatif à la Bretagne, la liste de ces mesures; je n'ai qu'à la reprendre ici, sous une forme plus générale, car elle serait également opérante pour ailleurs.

« A. *Circulation et pêche du Saumon dans les estuaires.* — 1° Interdire, dans le domaine maritime, la pêche du Saumon dans les régions étroites des estuaires;

« 2° Interdire, dans le domaine maritime, la pêche du Saumon au voisinage des ouvrages;

« 3° Interdire les pêches à la serpillière, surtout d'avril à juin, pour éviter la capture des Tacons mélangés à d'autres alevins de poissons;

« 4° Entente entre administrations pour avoir les mêmes dates d'ouverture et de fermeture de la pêche dans le domaine maritime et dans le domaine fluvial, et pour obéir à une même réglementation.

« B. *Circulation et pêche du Saumon dans les rivières.* — 5° Supprimer et interdire les ouvrages complémentaires ajoutés sans autorisation aux barrages;

« 6° Modifier, le cas échéant, les crêtes des déversoirs pour localiser la lame d'eau recouvrante en augmentant son épaisseur, et pour permettre ainsi le passage du poisson;

« 7° Limiter à la période d'arrosage l'établissement et le maintien des barrages temporaires d'irrigation;

« 8° Prendre toutes dispositions convenables pour empêcher en tout temps, au voisinage des barrages, la pénétration des Saumons dans les canaux de service des usines, et pour observer le niveau légal de retenue.

« 9° Observation rigoureuse de toute réglementation concernant la pollution des eaux;

« 10° Remettre, toutes les fois que la chose sera possible, le cours de la rivière en son état naturel;

« 11° Lever en permanence à toute hauteur, ou démonter et enlever les vannes des barrages qui ont cessé d'être utilisées;

« 12° Prendre toutes dispositions convenables pour régler à 1 centimètre l'écartement des verges dans les grilles annexées aux chambres des turbines, afin d'éviter la perte des Tacons à leur descente;

« 13° Entente des départements d'un même bassin hydrographique, ou d'une même province naturelle, pour établir une réglementation identique;

« 14° Surveillance de la pêche et répression du braconnage poursuivies avec continuité et méthode dans un but majeur d'intérêt public. »

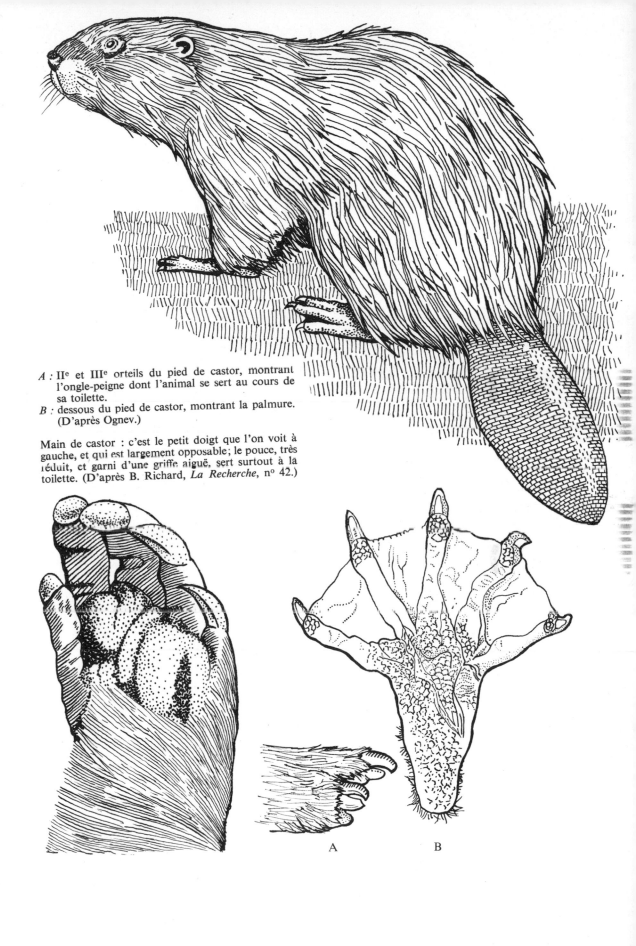

A : IIe et IIIe orteils du pied de castor, montrant l'ongle-peigne dont l'animal se sert au cours de sa toilette.

B : dessous du pied de castor, montrant la palmure.
(D'après Ognev.)

Main de castor : c'est le petit doigt que l'on voit à gauche, et qui est largement opposable; le pouce, très réduit, et garni d'une griffe aiguë, sert surtout à la toilette. (D'après B. Richard, *La Recherche*, n° 42.)

A   B

Hutte haute de 1,80 m
et large de 3,60 m
construite à la lisière de l'eau

Zone moins épaisse de bois
avec des orifices permettant
la ventilation

Sommet du barrage

Plancher couvert d'un tapis
de copeaux de bois

Sommet de la réserve
de nourriture

Entrée du second tunnel

NEIGE

GLACE

Réserve de nourriture

Castor revenant de la réserve
de nourriture

Tunnel de 4,5 m
de long

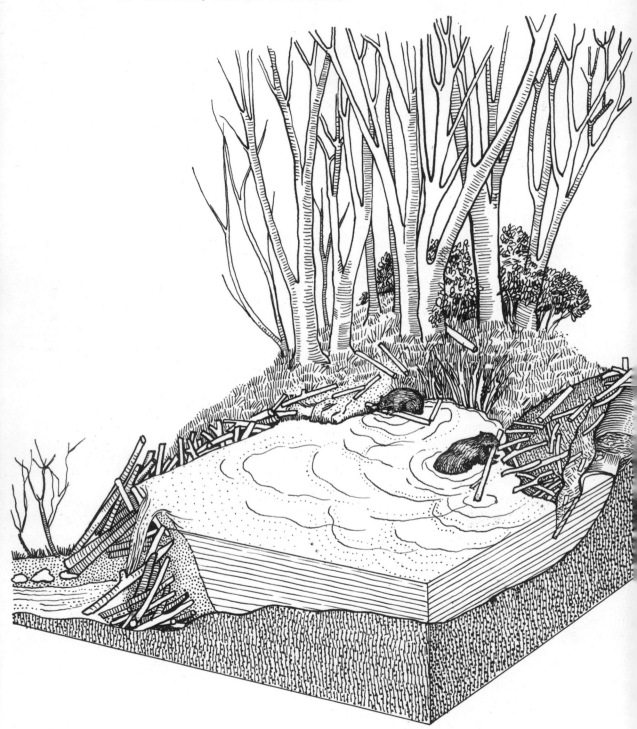

Castors au travail : bloc-diagramme montrant la coupe et le barrage. (D'après B. Richard, *La Recherche*, nº 42.)

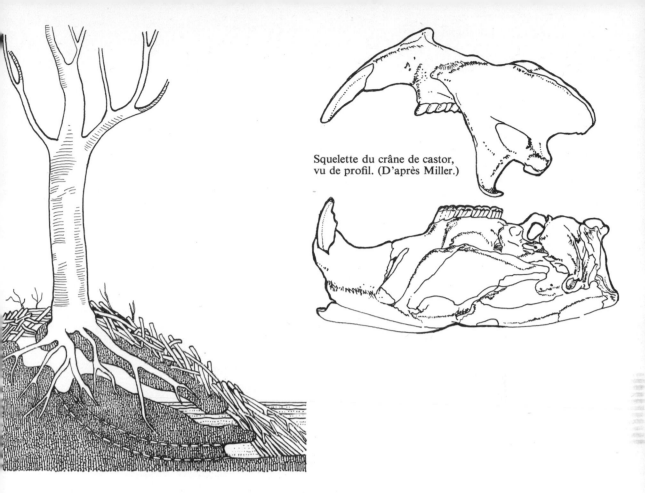

Squelette du crâne de castor,
vu de profil. (D'après Miller.)

Coupe transversale du terrier et de la fagotière d'une famille de castors du Rhône. (D'après B. Richard.)

Schéma montrant que le barrage (en haut) et la hutte (en bas) du castor sont édifiés selon la même) technique. (D'après B. Richard, *La Recherche*, nº 42.)

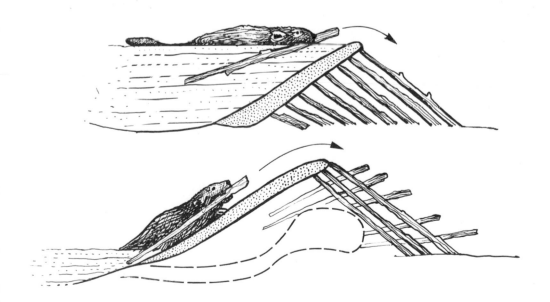

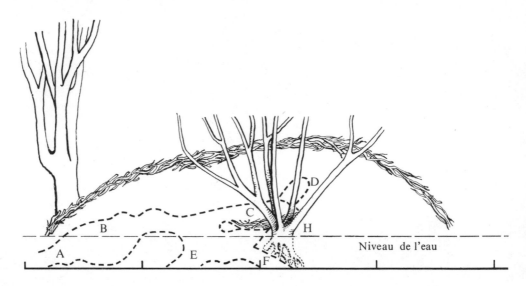

Niveau de l'eau

1 M

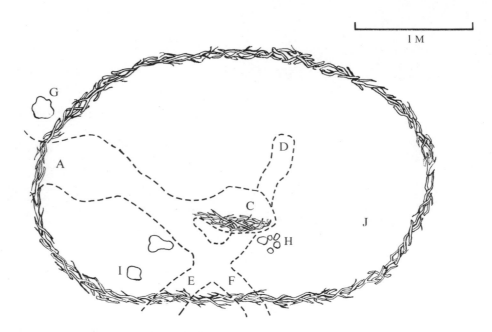

COUPE D'UNE HUTTE DE CASTORS
A : entrée; B : antichambre; C : nid; D : annexe; E et F : sorties de secours.
En bas : PLAN DE LA MÊME HUTTE
(D'après Grinnel, Dixon et Linsdale.)

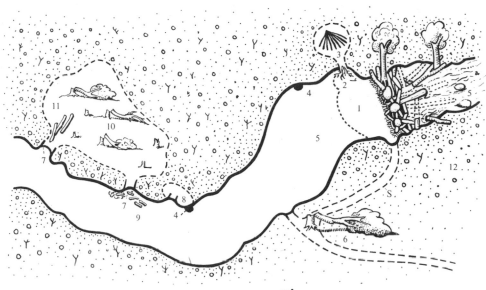

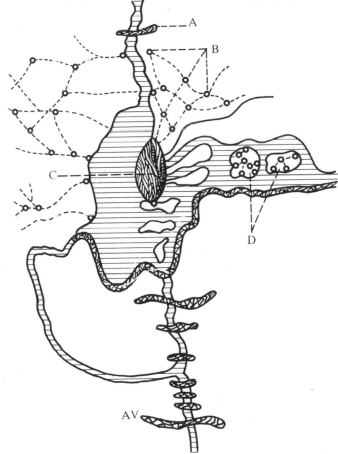

**SCHÉMA RAPPROCHÉ
D'UNE COLONIE DE
CASTORS DU RHONE**
1 : bassin et barrage;
2 : terrier principal;
3 : fagotière;
4 : terriers annexes;
5 : lit de la rivière;
6 : arbre coupé
par les animaux;
7 : lieux de mise à l'eau
des arbustes coupés;
8 : aire de repos;
9 : bois coupé;
10 et 11 : coupe;
12 : sentier.
(D'après J. Lecomte et
B. Richard.)

**PLAN GÉNÉRAL
DU DOMAINE
D'UNE COLONIE
DE CASTORS**
A : barrage amont;
B : galeries souterraines;
C : hutte;
D : lits de nourriture;
Av : barrage aval,
ou barrage principal.
(D'après Chlebovitch.)

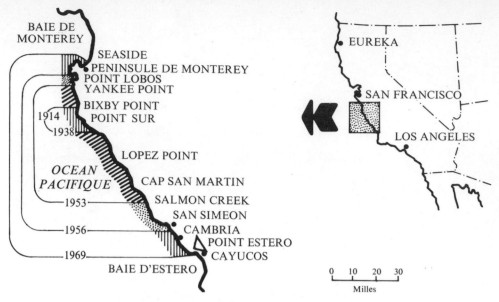

EXTENSION DE L'AIRE DES LOUTRES DE MER
EN CALIFORNIE, 1914-1969
(Source : Report on the sea otter, Abalone and Kelp Resources,... op. cit.)

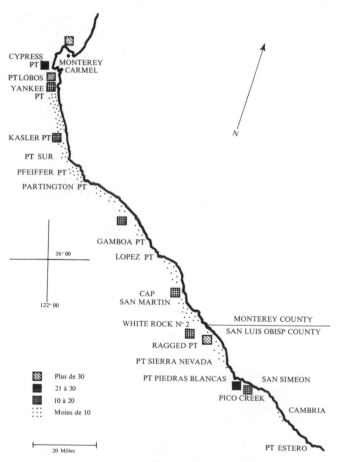

DISTRIBUTION DES LOUTRES DE MER
EN CALIFORNIE, OCTOBRE 1967
Recensement aérien du Fish & Game
(Source : Report on the sea otter, Abalone and Kelp Resources,... op. cit.)

appendice II

OBSERVATION DE LOUTRES DE MER EN CALIFORNIE
DE 1915 A 1967

Date	Observateur Auteur	Lieu	Nombre estimé	Source
1915 2 février	H.C. Bryant	Près de Point Sur	14 dans un nid de varech	CF & G 1915 1 (3) pp. 134-135
1916 22 octobre	P.H.Oyer	Entre Del Monte Wharf et Seaside, Monterey	2	CF & G 1917 3 (2) p. 88
18 mars	George Farnsworth	Au sud de l'île de Santa Catalina	31	CF & G 1917 3 (2) p. 90
1933	Joseph Grinnell	Côtes des comtés de Monterey et de San Luis Obispo	31	Univ. Calif. Pub. Zoo 40 (2) p. 104
1938	Edna Fisher	Bixby Creek (Mill Creek) Comté de Monterey au sud de Carmel	100	Jour. of Mamm. 20 (1) pp. 21-36
Août	R.L. Bolin	Idem	150	Jour. of Mamm. 19 (3) pp. 301-303
		Bixby Creek vers San Simeon	300	"Outdoor Calif." 8-58
1948	Fullerton	San Simeon Creek	5	Diary

Date	Observateur Auteur	Lieu	Nombre estimé	Source
1954 11 juin	H. Shebley	Loutre de mer dans le kelp, à mis distance de San Simeon et de Piedras Blancas	1	Warden's diary
1955	Al Allanson	Cuyler Harb. San Miguel Island	2	Pacific Discovery 8 (3) pp. 24-25
1956 28 juin	K. Cox	Carmel	50-60	Abalone files, Menlo Park
	W. Bentley	Trinidad Head	2	Noted in Boolootian's paper, CF & G 47 (3) pp. 287-292
	Ray Gilmore	Monterey vers San Miguel Island	500	"Our Endangered Wildlife", Wash. D.C., pp. 7-8
13 août	H. Shebley	Près de San Simeon Creek	7	Warden's diary
12 septembre	H. Shebley	Près de Slate Hot Springs	1	Warden's diary
6 décembre	H. Shebley	Près de Piedras Blancas	1	Warden's diary
1957 21 mars	H. Shebley	Juste au sud de San Simeon Pier	7	Warden's diary
	K. Cox	Carmel, Stillwater Cove	communauté importante	Abalone files, Menlo Park
27 août	R. Boolootian	Au nord de Santa Barbara, vers Carmel Bay Californie	638	CF & G 47 (3) pp. 287-292
		(Détail du comptage) :		
		Carmel Bay	144	
		Point Lobos	29	
		Yankee Point	12	
		Malpaso Creek	15	
		Lobos Rocks	18	
		Rocky Point	18	
		Point Sur	7	
		Big Sur	23	
		Anderson Canyon	48	
		Lopez Rocks	15	
		Cape San Martin	100	

Date	Observateur Auteur	Lieu	Nombre estimé	Source
		San Simeon	17	
		Salmon Creek	96	
		Piedras Blancas	93	
		Point Conception	3	
31 octobre	H. Shebley	Anse au sud de Pietras Blancas	14	Warden's diary
1958 23 mai	D. Miller	Carmel, au sud vers San Simeon 61 à Carmel et 63 quatre milles au nord de Piedras Blancas	176	Flight Report 58-6
1959 10 janvier	H. Shebley	Pico Creek	16	Warden's diary
16 mars	K. Cox	Approx. 20 milles au nord de Cambria	50-80	Flight Report
1960 15 mars	H. Shebley	Un mille au sud de San Simeon	5	Warden's diary
1963 Avril	J.B. Phillips	Troupeau rassemblé à mi-chemin entre Pt. Pinos et Lover's Pt. Monterey Bay	75	Communication pers.
1963 11 juillet	Orr and Poulter	Ile de Ano Nuevo Comté de San Mateo	2	CF & G 50 (2) 1964
Août	K. Cox	San Simeon vers le nord de Piedras Blancas (environ 7 milles)	20-30	Cruise Report 63-S-5 63-M-1
13 novembre	K. Cox	Pacific Grove vers Cape San Martin	53	MRO Monthly Report
15 novembre	K. Cox	Pacific Grove	120-145	MRO Monthly Report
	J.B. Phillips	Loutres en mouvement autour de Pt. Pinos, dans Monterey Bay	120-145	Newspaper clipping quoting Phillips
1964 29 janvier	J. Carlisle	Monterey Bay vers Cambria	236	Flight Report CF & G
13 février	J. Carlisle	Monterey Bay vers Cambria	345	Flight Report CF & G

Date	Observateur Auteur	Lieu	Nombre estimé	Source
15 mai	J. Carlisle	Monterey 5 milles vers le nord de Cayucos	387	Flight Report CF & G
1965 10 février	J. Carlisle	Monterey vers le nord de Cayucos	137	Flight Report CF & G
2 juin	J. Carlisle	Monterey vers Cambria	497	Flight Report CF & G
15 septembre	J. Carlisle	Monterey vers Cambria	330	Flight Report CF & G
1965 2 décembre	J. Carlisle	Monterey vers Cambria	296	Flight Report CF & G
décembre	H. Martin	Pico Creek au sud de San Simeon Point	65	Pers. Commun.
avril	J.B. Phillips	Dans Monterey Marina	1	Pers. Commun.
1966 17 janvier	D. Miller	Yankee Point vers Cannery Row (Pacific Grove)	145	Flight Report CF & G
3 mars	E. Ebert	Pico Creek au sud de San Simeon Point	45-50	Monthly Report
4 mars	D. Miller	Yankee Point vers Cannery Row (Pacific Grove)	150	Flight Report CF & G
8 avril	D. Miller	Yankee Point vers Monterey	116	Flight Report CF & G
6 mai	D. Miller	Yankee Point vers Monterey Breakwater	117	Flight Report CF & G
8 juin	J. Carlisle	Cayucos vers Monterey	591	Flight Report CF & G
24 juin	D. Miller	Yankee Point vers Monterey	55	Flight Report CF & G
12 août	D. Miller	Yankee Point vers Monterey	77	Flight Report CF & G
7 septembre	R. Goodrich	Point Estero	1	Verbal
10 septembre	D. Miller	Yankee Point vers Monterey	106	Flight Report CF & G
24 octobre	E. Ebert	Près de Point San Simeon	40-60	CF & G Report Jan. 6, 1967
11 novembre	E. Ebert	Yankee Point vers Monterey CF & G	69	Flight Report CF & G

Date	Observateur Auteur	Lieu	Nombre estimé	Source
10 décembre	E. Ebert	Yankee Point vers Monterey	59	Flight Report CF & G
1967 3 mars	E. Ebert	Près de Santa Rosa Creek	20-25	MRO Monthly Report
19 mai	E. Ebert	Lover's Point	6	Recorded in diving logbook
1er juin	J. Carlisle	Cambria vers Monterey Bay	537	Flight Report CF & G
3 juillet	J. Dupont	Malibu Point	1	Commun. pers.
16 juillet	R.C. Fay	Venice, Santa Monica Bay	1	Commun. pers. et image de loutre
1er août	D. Duckett	Santa Barbara Harbor	1	Commun. pers. et article de journal
16 octobre	J. Carlisle	Monterey vers Point Estero	562	Flight Report CF & G
23 octobre	Martin	Lodge Hill	30	Warden's diary
9 novembre	J. Carlisle	Lodge Hill	19	Observation de 2 jours

Repris du « Report on the sea otter, Abalone and Kelp Resources in San Luis Obispo and Monterey Counties, and Proposals for reducing the conflict between the commercial Abalone Industry and the sea otter », requested by Senate Concurrent Resolution 74 in the 1967 Legislative, Session, January, 1968.

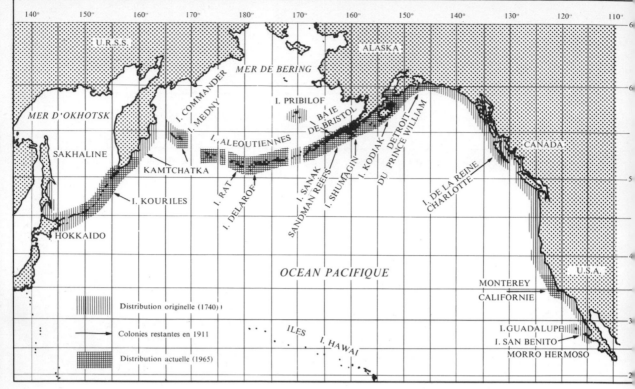

EVOLUTION DE LA DISTRIBUTION DES LOUTRES DE MER
ENTRE 1740 et 1965

(Deux colonies restantes en 1911, celles des îles de la Reine Charlotte et des îles San Benito, ont été exterminées vers 1920)
(D'après Karl W. Kenyon, 1969)

PRINCIPALES LOCALISATIONS ACTUELLES
DE LA LOUTRE DE MER EN ALASKA ET DANS LES ILES ALEOUTIENNES
(D'après Karl W. Kenyon, 1969)

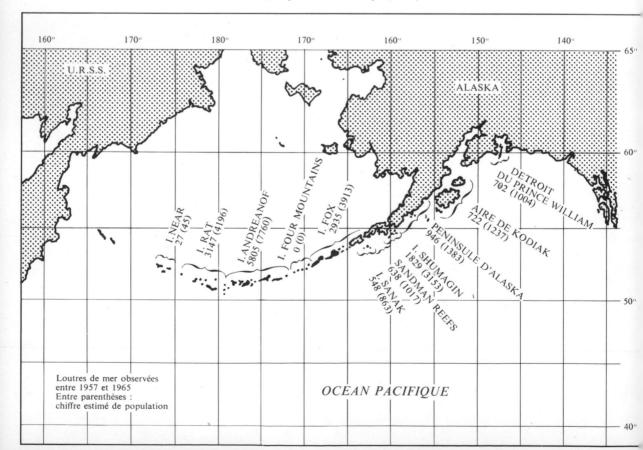

glossaire

ABALONE
Mollusque marin de la classe des gastéropodes et de la sous-classe des prosobranches. On l'appelle aussi *ormeau, haliotide,* ou vulgairement *oreille de mer,* à cause de la forme caractéristique de sa coquille. En Californie, on en compte cinq espèces principales : l'abalone rouge *(Haliotis rufescens),* qui fournit l'essentiel des prises commerciales; l'abalone rose *(Haliotis corrugata);* l'abalone verte *(Haliotis fulgens);* l'abalone blanche *(Haliotis sorenseni);* et l'abalone noire *(Haliotis cracherodii),* qui n'est guère utilisée que comme appât de pêche.

ALEVIN
Jeune poisson. Bien que l'alevin ne soit pas fondamentalement différent de l'adulte par sa forme, on peut néanmoins considérer qu'il constitue le stade *larvaire* des espèces piscicoles.

ALGUES
Végétaux primitifs, qui se distinguent de ces autres végétaux primitifs que sont les champignons par le fait qu'elles possèdent de la chlorophylle, et qu'elles utilisent donc l'énergie lumineuse pour fabriquer leurs substances nutritives (par photosynthèse). Les algues ne possèdent pas de vaisseaux conducteurs internes, et sont donc, de ce fait, nécessairement aquatiques (ou du moins liées aux milieux très humides). On ne classe plus parmi elles les cyanophycées (anciennement dites « algues bleues »). Par contre, on y range les rhodophytes (ou algues rouges), les chromophytes (ou algues colorées : algues dorées, algues brunes, etc.), et les chlorophytes (ou algues vertes).

ANNÉLIDES
Grand embranchement de vers, principalement caractérisés par un corps composé d'anneaux successifs, ou métamères. Certaines annélides sont terrestres, comme le lombric, ou ver de terre. D'autres sont aquatiques, comme la néréis, qui vit dans la mer.

BENTHOS
Ensemble des êtres vivants qui habitent au fond de l'eau (de l'océan ou des eaux douces). Certaines espèces appartenant au benthos se tiennent à l'intérieur même des sédiments océaniques ou lacustres (nombreux vers). D'autres sont fixées sur le plancher aquatique (moules, etc.). D'autres encore sont libres (étoiles de mer, etc.).

BIOSPHÈRE
Ce mot désigne, selon les auteurs, ou bien la mince couche de la Terre où la vie est possible (entre l'écorce terrestre et l'atmosphère), ou bien la totalité des êtres vivants : microorganismes, plantes et animaux.

BIOTOPE
Lieu d'existence (synonyme de « milieu ») d'une espèce vivante. Le biotope est caractérisé par des facteurs écologiques *non vivants* (eau, sol, température, lumière, etc.), et par des facteurs écologiques *vivants* (autres espèces — indifférentes, concurrentes, proies, prédateurs, etc.).

CARNIVORES
En classification animale, ordre de mammifères constitué de sept familles : canidés (chien, loup, renard, chacal...), ursidés (ours), procyonidés (raton-laveur, coati, panda...), mustélidés (voir ce mot), viverridés (civette, genette, mangouste), hyénidés (hyènes), et félidés (chat, lion, tigre, panthère, guépard, lynx, jaguar...).

CERVIDÉS
Famille de mammifères ruminants notamment caractérisés par leurs bois (« cornes ») caducs. Les principaux représentants en sont les cerfs, les chevreuils, les rennes, les élans, les daims... (Au Canada, le renne s'appelle *caribou,* l'élan *original,* et il existe une espèce de cerf particulière, baptisée *wapiti.*)

CHORDÉS ou CORDÉS
Vaste groupe évolutif *(phylum)* d'animaux, caractérisés par leur symétrie bilatérale, leur axe squelettique dorsal (corde), leur système nerveux dorsal, leur tube digestif ventral, et leur système circulatoire clos. Deux grands embranchements y sont rattachés : les prochordés (ou procordés), qui comprennent deux classes (céphalochordés et urochordés); et les vertébrés, où l'on range les classes suivantes : agnathes ou cyclostomes (poissons sans mâchoires), acanthotidés (poissons fossiles), placodermes (poissons fossiles), chondrichthyens ou poissons cartilagineux, ostéichthyens ou poissons osseux, batraciens ou amphibiens, reptiles, oiseaux et mammifères.

CHROMOSOMES
Microsystèmes porteurs de l'hérédité (du patrimoine génétique) des espèces vivantes. Chez les espèces les plus primitives (microorganismes sans noyau, ou procaryotes), les chromosomes sont étroitement groupés. Chez les microorganismes les plus évolués, chez les plantes et chez les animaux (grand groupe des eucaryotes), les chromosomes sont contenus dans le noyau des cellules. Chaque espèce en possède un nombre fixe (46 chez l'homme). Les chromosomes ne sont rien d'autre que de longs filaments d'ADN (acide désoxyribonucléique), mélangés d'ARN (acide ribonucléique) et de protéines. Avant la division cellulaire, l'ADN se copie lui-même (se « replique ») grâce à une enzyme spécialisée. Quand la cellule se divise, la cellule-fille hérite de chromosomes « copies-conformes », et possède donc exactement le même patrimoine génétique que sa cellule-mère.

COMMENSAL
En écologie, se dit d'une espèce qui vit associée avec une autre, en profitant d'elle (la plupart du temps, en récupérant ses déchets ou ses surplus alimentaires), mais sans lui porter directement préjudice, comme le ferait un parasite.

CRUSTACÉS
Classe d'animaux articulés (phylum des arthropodes), caractérisés par leurs antennes, leur respiration branchiale, leur carapace (*crusta,* « croûte »), et leur larve nageuse dite *nauplius.* On y distingue plusieurs sous-classes (branchiopodes, ostracodes, copépodes, branchioures, cirripèdes, malacostracés, etc.), de nombreux ordres, et des dizaines de milliers d'espèces. Les plus évolués sont les malacostracés décapodes, parmi lesquels on trouve les écrevisses, les crevettes, les homards, les langoustes, les crabes, etc.

ÉCHINODERMES
Embranchement d'invertébrés marins, vivant sur les fonds, possédant à l'état adulte une symétrie rayonnée, et couverts de téguments rugueux ou épineux (*échinoderme* vient du grec *echinos,* « hérisson », et *derma,* « peau »). Actuellement, il n'existe plus que cinq classes de ces animaux (qui ont eu leur apogée à l'ère primaire) : les crinoïdes (comatules et encrines), les holothurides (holothuries ou concombres de mer), les ophiurides (ophiures), les échinides (oursins) et les astérides (étoiles de mer).

ÉCOSYSTÈME
L' « unité » de base, en écologie. L'écosystème comprend l'ensemble du milieu naturel et des espèces vivantes qui le peuplent. Selon le point de vue où l'on se place, on distingue de grands écosystèmes (macroécosystèmes), des écosystèmes moyens (médioécosystèmes), et de petits écosystèmes

(microécosystèmes). Par exemple : la forêt méditerranéenne dans le premier cas; la forêt de chênes-lièges des Maures dans le second; un seul chêne-liège dans le troisième.

ÉPITHÉLIUM
Tissu vivant de protection, formé d'une ou de plusieurs couches de cellules, et recouvrant soit la totalité du corps (par exemple : l'épiderme), soit des cavités internes (par exemple : la muqueuse de l'estomac), soit encore des organes.

ÉTHOLOGIE
Du grec *éthos*, « mœurs », et *logos*, « discours » : l'éthologie est la « science des mœurs », la science du comportement — animal et humain. Les trois « pères fondateurs » de l'éthologie moderne, récompensés conjointement par le prix Nobel de Médecine et de Physiologie, sont Konrad Lorenz, Niklaas Tinbergen et Karl von Frisch.

FRAI
Ce mot désigne à la fois l'époque de la reproduction chez les poissons et les batraciens, et les œufs pondus par les femelles de ces animaux (avec fécondation externe par les mâles).

HIBERNATION
État léthargique dans lequel certains animaux sont plongés en hiver, et qui leur permet de passer la mauvaise saison pratiquement sans s'alimenter, grâce à une vie ralentie : respiration et rythme cardiaque très lents, température interne abaissée, échanges cellulaires réduits au strict minimum, telles sont certaines caractéristiques de l'animal hibernant.

HOMOCHROMIE
Similitude de couleur avec le milieu environnant : c'est, pour l'animal, un moyen d'échapper à ses ennemis. L'homochromie peut être permanente (sauterelle verte dans l'herbe) ou transitoire (caméléon ou poulpe prenant la teinte de leur support). Il existe d'autres types de camouflage, notamment l'*homotypie* et le *mimétisme*. La première désigne la faculté, pour un animal, de prendre une forme qui le confond avec son environnement (le phasme immobile ressemble à une brindille). Le second s'applique aux animaux qui copient d'autres espèces, soit végétales (le papillon feuille de chêne ressemble effectivement à une feuille de cet arbre), soit animales (certaines mouches ont les rayures jaunes et noires des guêpes).

HOMO SAPIENS
Nom scientifique de l'espèce humaine (ordre des primates, famille des hominidés, genre *Homo*, espèce dite « sage »...).

HORMONES
Substances sécrétées par des glandes et agissant en très petites quantités, à distance, sur des organes — après avoir été transportées par le sang (par la sève, chez les végétaux). Chez les animaux, les principales hormones sont produites par l'hypophyse, la thyroïde, le thymus, les surrénales, le pancréas, les testicules, les ovaires, etc.

HYPOPHYSE
Glande endocrine située sous l'encéphale, et qui joue le rôle de relais entre le cerveau et les autres glandes endocrines. C'est, en quelque sorte, la « reine des glandes ». Elle sécrète directement plusieurs hormones, et en fait sécréter davantage encore par les autres glandes endocrines, en leur envoyant des « stimulines ».

HYPOTHALAMUS
Région de l'encéphale située à la base du cerveau, et où se trouve le centre des principales activités végétatives de l'organisme : centre de l'activité sympathique, centre du sommeil, centre de la faim, centre de la régulation thermique, etc. L'hypothalamus est en relation directe avec l'hypophyse.

INCISIVES
Chez les mammifères, dents placées à l'avant des mâchoires, originellement destinées à assurer la préhension des aliments, mais qui sont sujettes à de très nombreuses variations selon les espèces : disparitions partielles (ruminants), allongements en ciseaux (rongeurs), allongements en défenses (éléphant), etc.

KELP
On baptise *kelp* diverses espèces d'algues brunes de grande taille, du groupe des laminaires, et qui appartiennent notamment aux genres *Laminaria, Macrocystis, Nereocystis* et *Alaria*. Le plus souvent, c'est *Macrocystis* que l'on cite en exemple, et plus précisément *Macrocystis pyrifera*, le géant des végétaux, qui peut atteindre 200 à 300 m de longueur (soit bien davantage que les plus grands

arbres, les eucalyptus et les séquoias), et qui croît de plus de 60 cm par jour...

LAMANTIN
Genre de mammifères siréniens appelés scientifiquement *Trichechus,* et vulgairement vaches de mer, propres aux estuaires de l'Atlantique tropical et équatorial (Floride, Mexique, Caraïbes, Brésil, Afrique). Ce sont les cousins des dugongs, qui vivent de l'océan Indien aux Philippines et à l'Australie, et des rhytines, qui peuplaient le détroit de Béring, mais dont l'homme a tué le dernier spécimen en 1768, vingt-six ans seulement après la découverte de l'espèce (Steller, 1742).

LIGNE LATÉRALE
Organe des sens propre aux poissons, et constitué par une série d'orifices alignés à peu près à mi-hauteur de chacun des flancs de l'animal. Ces orifices se trouvent en relation avec un canal tapissé de récepteurs sensoriels, les neuromastes, lesquels sont sensibles aux mouvements de l'eau. Grâce à eux, le poisson détermine la force et la direction des courants et des vagues auxquels il a affaire; il s'oriente par rapport à ces derniers; il évite les obstacles (il s'agit donc d'un véritable « toucher à distance », si l'on peut dire). En outre, les sons n'étant que des vibrations que l'eau transmet très bien, la ligne latérale joue le rôle d'une oreille supplémentaire, d'une finesse souvent supérieure à celle de l'oreille vraie.

MÉRISTÈME
Tissu végétal indifférencié, source de toute croissance de la plante (en largeur comme en longueur). Après être restées de longs mois au repos (l'hiver, par exemple) — voire même des années —, les cellules du méristème se divisent activement sous l'influence des hormones végétales de croissance, et notamment des auxines.

MÉTABOLISME
Ensemble des réactions subies par les substances constitutives de l'être vivant. On distingue le métabolisme de synthèse, ou anabolisme, et le métabolisme de dégradation, ou catabolisme. Le *métabolisme basal* correspond à la quantité de chaleur produite, au repos, par heure et par mètre carré de surface corporelle.

MÉTAMORPHOSES
Ensemble de transformations anatomiques et physiologiques, qui interviennent au cours du développement de certains animaux. L'œuf donne naissance à une *larve,* plus ou moins éloignée de l'adulte du point de vue morphologique. Cette larve subit un ou plusieurs remaniements profonds, avant de se muer en animal parfait.

MOLLUSQUES
Phylum d'animaux principalement caractérisés par leur corps mou recouvert d'un manteau qui sécrète souvent une coquille. On y distingue cinq classes essentielles : les amphineures (chitons), les gastéropodes (escargot, abalone...), les scaphopodes (dentale), les lamellibranches (moule, huître...) et les céphalopodes (calmar, seiche, poulpe...)

MUSTÉLIDÉS
Famille de mammifères carnivores, comprenant les mustélinés (martre, fouine, zibeline, hermine, belette, vison, putois, furet, glouton), les mellivorinés, les mellinés (blaireau), les méphitinés (mouffette, sconce...), et les lutrinés (loutres).

NUTRIMENTS
En écologie, ensemble des substances nourricières contenues dans le milieu.

ŒSTRUS
A l'origine, ce mot désigne la modification de la muqueuse de l'utérus de la femelle, permettant la fixation (nidation) de l'œuf fécondé. On l'emploie couramment comme synonyme de « rut » ou, ce qui revient au même, pour nommer la courte période pendant laquelle la femelle des animaux, devenue fécondable, accepte les avances du mâle.

ORMEAU
Synonyme d'*abalone* (voir ce mot).

PALÉONTOLOGIE
Science des fossiles ou, plus exactement, des plantes et des animaux dont on ne connaît que des restes fossiles. Georges Cuvier est considéré comme le fondateur de la paléontologie.

PINÉALE (GLANDE)
Encore appelée *épiphyse,* cette petite glande, située au-dessus du cerveau moyen, joue un rôle assez mal connu. Elle paraît sensible à la lumière, et c'est pour cette raison qu'on lui a parfois donné le nom de « troisième

œil ». Elle est très développée chez certains reptiles primitifs, comme les sphénodons (ou hattérias).

PLANCTON
Ensemble des êtres vivants des eaux douces ou salées qui flottent passivement dans l'élément liquide, ou qui, du moins, sont incapables de résister aux courants. Du point de vue de la nature de ces organismes, on distingue le phytoplancton (plancton végétal) du zooplancton (plancton animal). Du point de vue de leur taille, on différencie le microplancton (plancton microscopique) du mésoplancton (plancton de petite taille), et du macroplancton (plancton de grande taille).

PLANTIGRADES
Nom que l'on donne communément aux ours (famille des ursidés, ordre des carnivores), et qui caractérise leur type de marche — sur la plante des pieds, et non pas sur les doigts, comme le font par exemple les canidés et les félidés.

PRÉDATEUR
Animal qui se nourrit de proies qu'il tue lui-même.

RAPACES
Nom générique que l'on donne aux oiseaux de proie, dotés d'un bec crochu et de serres puissantes. Le groupe des rapaces est aujourd'hui partagé en deux ordres bien distincts : celui des rapaces diurnes, ou accipitriformes, dont le type est l'épervier *(Accipiter)*; et celui des rapaces nocturnes, ou strigiformes, dont le principal représentant est la chouette *(Strix)*. Dans le premier, on classe les éperviers, les autours, les faucons, les milans, les aigles, les buses, les busards, les vautours, les serpentaires et les condors. Dans le second, on range les grands-ducs, les hiboux, les chouettes, les effraies, etc.

RONGEURS
Ordre de mammifères principalement caractérisés par leur denture, en particulier par leurs incisives très développées. Les duplicidentés ont encore deux incisives par demi-mâchoire supérieure : ce sont les lapins et les lièvres, ou lagomorphes. Tous les autres rongeurs, dits simplicidentés, possèdent une seule incisive par demi-mâchoire. Principales familles : sciuridés (écureuil, marmotte, spermophile, chien de prairie, écureuil volant), gliroïdés (loir, lérot, muscardin), géomyoïdés (rat-kangourou, géomys), dipodoïdés (gerboise), muroïdés (hamster, campagnol, rat d'eau, rat musqué, rat des moissons, rat d'égout, rat noir, souris), hystricidés (porc-épic), castoridés (castor), spalacidés (spalax), etc. En Amérique du Sud, on trouve toute une faune de rongeurs très particuliers : cobayes, maras, cabiais, pacas, chinchillas, viscaches, ragondins, agoutis...

SEX RATIO
Dans une population donnée, ou dans un fragment de population (nouveau-nés, adolescents, adultes, vieillards, etc.), rapport du nombre de mâles au nombre de femelles. S'il y a autant de sujets des deux sexes, la *sex ratio* est égale à 1.

STIMULUS
A l'origine, ce mot latin (pluriel : *stimuli*) désignait l'excitation d'un organe. Aujourd'hui, on l'emploie plutôt pour nommer le *facteur externe* qui détermine cette excitation.

STRESS
Ensemble des perturbations organiques et psychiques provoquées par un agent agresseur isolé, ou par un groupe d'agents agresseurs. Le froid, la peur, les émotions fortes, la privation de liberté, etc., déterminent des stresses (ou stress...) plus ou moins graves.

THYROIDE
Glande endocrine située devant la trachée artère, et produisant essentiellement de la thyroxine, hormone qui intervient dans la croissance et le métabolisme. La thyroïde règle également le devenir de l'iode dans l'organisme.

TROPISME
Attirance d'une plante ou d'un animal pour un facteur donné de l'environnement. Le tropisme peut être *positif* (attirance réelle) ou *négatif* (attirance inversée, c'est-à-dire répulsion). Si le facteur qui est en cause est la lumière, on parle de phototropisme; si c'est l'eau, d'hydrotropisme; si c'est la pesanteur, de géotropisme; si c'est un corps chimique, de chimiotropisme, etc.

bibliographie

OUVRAGES GÉNÉRAUX

H. BOUÉ et R. CHANTON
ZOOLOGIE, II, PROCORDÉS
ET VERTÉBRÉS
Doin, Paris, 1966

H. BOUÉ et R. CHANTON
ZOOLOGIE, II, MAMMIFÈRES,
ANATOMIE COMPARÉE
DES VERTÉBRÉS, ZOOGÉOGRAPHIE
Doin, Paris, 1967

P.-P. GRASSÉ
TRAITÉ DE ZOOLOGIE, XIII,
AGNATHES ET POISSONS
Masson, Paris, 1958

P.-P. GRASSÉ
TRAITÉ DE ZOOLOGIE, XVII,
LES MAMMIFÈRES
Masson, Paris, 1955

ERNEST P. WALKER
MAMMALS OF THE WORLD
The Johns Hopkins Press, Baltimore, 1964

SAUMONS

PIERRE-YVES AFFRE
LE SAUMON ATLANTIQUE (SALMO
SALAR LINNÉ) EN FRANCE
ET DANS LE MONDE
Thèse Médecine vétérinaire,
École nationale vétérinaire, Lyon, 1974,
n° 51

ROBERT L. BURGNER, éd.
FURTHER STUDIES OF ALASKA
SOCKEYE SALMON
University of Washington, Seattle, 1968

JAMES A. CRUTCHFIELD and
GIULIO PONTECORVO
THE PACIFIC SALMON FISHERIES:
A STUDY OF IRRATIONAL
CONSERVATION
Washington, D.C.: Resources for the future;
Baltimore: Johns Hopkins Press, 1969

R.E. FOERSTER
THE SOCKEYE SALMON,
ONCORHYNCHUS NERKA
Bulletin, Fisheries research board of
Canada, 162, 1968

ARTHUR D. HASLER
UNDERWATER GUIDEPOSTS:
HOMING OF SALMON
Madison; Milwaukee; London:
University of Wisconsin press, 1966

TED S.Y. KOO, éd.
STUDIES OF ALASKA RED SALMON
Seattle, University of Washington
press, 1962

DEREK MILLS
SALMON AND TROUT:
A RESOURCE, ITS ECOLOGY,
CONSERVATION AND
MANAGEMENT
Oliver and Boyd, Edinburgh, 1971

ANTHONY NETBOY
THE ATLANTIC SALMON,
A VANISHING SPECIES?
Faber and Faber, London, 1968

ANTHONY NETBOY
THE SALMON: THEIR FIGHT FOR
SURVIVAL
Houghton Mifflin Co, Boston, 1974

LOUIS ROULE
ÉTUDE SUR LE SAUMON
DES EAUX DOUCES DE LA FRANCE,
CONSIDÉRÉ AU POINT DE VUE
DE SON ÉTAT NATUREL
ET DU REPEUPLEMENT
DE NOS RIVIÈRES
Ministère de l'Agriculture, Paris, 1920

BERNARD JEAN MARC ROUZIER
LES SALMONIDÉS MIGRATEURS
AMPHIBIOTIQUES, LEUR ÉLEVAGE
Thèse vétérinaire, Toulouse, 1975, n° 118

CASTORS

VERNON BAILEY
HOW BEAVERS BUILD THEIR
HOUSES
Journal of Mammalogy, vol. 7, 1926

G.W. BRADT
BREEDING HABITS OF BEAVER
Journal of Mammalogy, 20 (4), Nov., 1939

A.H. CARHART
THE RETURN OF THE FUR
BRIGADE
Natural History, vol. 53, n° 2, Feb., 1944

WILLIAM H. CARR
BEAVER, BUILDER OF EMPIRE
Natural History, vol. 42, n° 2, Sept., 1938

LUCIE and WENDELL CHAPMAN
BEAVER
Natural History, vol. 34, n° 6, Oct., 1934

P. CORDIER
LE CASTOR DU RHONE
La Terre et la Vie, Revue d'Histoire
naturelle, vol. 3, n° 2, février 1933

WILLIAM L. FINLEY
THE BEAVER, CONSERVER OF
SOIL AND WATER
Trans. N.A., Wildlife Conf., 2, 1937

VICTOR FORBIN
LES MŒURS DES CASTORS
La Nature, Paris, vol. 37, n° 3013,
novembre 1937

JOHN ERIC HILL
BEAVER ENGINEERS
Natural History, vol. 52, n° 1, June, 1943

JOHN ERIC HILL
UNDERWATER STORE
Natural History, vol. 52, n° 5, Dec., 1943

W.F. KELLIS
RIVER « DIES » WHEN BEAVERS
ARE REMOVED
Texas Game and Fish, Austin, vol. 2,
n° 6, May, 1944

GEORGE NEALE
THE FUTURE OF THE BEAVER
California Fish and Game, vol. 10,
July, 1924

BERNARD RICHARD
LES MAMMIFÈRES CONSTRUCTEURS
La Recherche, n° 42, février 1974

ALBERT R. SHADLE
THE AMERICAN BEAVER
Animal Kingdom, New York Zool. Soc.,
59 (4), (5), (6), July-Dec., 1956

LOUTRES DE MER

RICHARD A. BOOLOOTIAN
THE DISTRIBUTION OF THE
CALIFORNIA SEA OTTER
California Fish and Game, vol. 47, n° 3,
1961

EARL E. EBERT
A FOOD HABITS STUDY OF THE
SOUTHERN SEA OTTER
California Fish and Game, vol. 54, n° 1,
1968

JAMES A. ESTES and JOHN F. PALMISANO
SEA OTTERS: THEIR ROLE IN
STRUCTURING NEARSHORE
COMMUNITIES
Science, vol. 185, n° 4156, 1974

JAMES A. ESTES and JOHN F. PALMISANO
SEA OTTERS: PILLARS OF THE
NEARSHORE COMMUNITY
Natural History, vol. 85, n° 7, 1976

JEFFREY O. FOOTT
NOSE SCARS IN FEMALE SEA
OTTERS
Proceedings of the Sixth Annual Conference
on biological sonar..., Biological sonar
laboratory, Menlo Park, California,
October, 1969

A.M. JOHNSON
SEA OTTER (ENHYDRA LUTRIS)
Comité Consultatif de la recherche sur
les ressources de la mer, Bergen,
Norvège, 1976

KARL W. KENYON
RECOVERY OF A FUR BEARER,
Natural history, vol. 52, n° 9, 1963

KARL W. KENYON
THE SEA OTTER IN THE
EASTERN PACIFIC OCEAN
Washington, U.S. Government printing
office, XIII, 1969

KARL W. KENYON and JAMES A. MATTISON
RETURN OF THE SEA OTTER
National geographic, vol. 140, n° 4, 1971

JAMES A. Jr MATTISON and
RICHARD C. HUBBARD
AUTOPSY FINDINGS ON
THIRTEEN SEA OTTERS WITH
CORRELATIONS WITH CAPTIVE
ANIMAL FEEDING AND
BEHAVIOR
Proceedings of the Sixth Annual
Conference on biological sonar...,
Biological sonar laboratory, Menlo Park,
California, October, 1969

ROBERT T. ORR
MARINE MAMMALS OF CALIFORNA
California natural history guides,
Berkeley, Los Angeles, London, 1972

RICHARD S. PETERSON and
MELVYN W. ODEMAR
POPULATION GROWTH OF THE
SEA OTTER IN CALIFORNIA:
RESULTS OF AERIAL CENSUSES
AND BEHAVIORAL STUDIES
Proceedings of the Sixth Annual
Conference on biological sonar...,
Biological sonar laboratory, Menlo Park,
California, October, 1969

RONALD REAGAN, NORMAN B.
LIVERMORE and WALTER T.
SHANNON
REPORT ON THE SEA OTTER,
ABALONE AND KELP
RESOURCES IN SAN LUIS
OBISPO AND MONTEREY
COUNTIES, AND
PROPOSALS FOR REDUCING
THE CONFLICT BETWEEN THE
COMMERCIAL ABALONE
INDUSTRY AND THE SEA OTTER,
Requested by Senate Current
Resolution 74 in the
1967 Legislative Session,
January, 1968

JUDSON E. VANDEVERE
FEEDING BEHAVIOR OF THE
SOUTHERN SEA OTTER
Proceedings of the Sixth Annual
Conference on biological sonar...,
Biological sonar laboratory, Menlo Park,
California, October, 1969

JUDSON E. VANDEVERE
REPRODUCTION IN THE SOUTHERN
SEA OTTER
Proceedings of the Seventh Annual
Conference on biological sonar...,
Biological sonar laboratory, Menlo Park,
California, October, 1970

JUDSON E. VANDEVERE
FECAL ANALYSIS OF THE
SOUTHERN SEA OTTER
ibid., Eighth Annual Conference,
October 1971

JUDSON E. VANDEVERE
BEHAVIOR OF SOUTHERN SEA
OTTER PUPS
ibid., Ninth Annual Conference,
October, 1972

origine
des documents
reproduits

Les photos publiées dans ce livre sont de « Les Requins Associés ».
Cartes et dessins de Claudine Caruette et Pierre Lepetit.

Dépôt légal 4e trimestre 1978 - Flammarion, éditeur, N° 10069 - N° d'imp. : 6815.
Imprimerie Déchaux, 93 Aulnay-sous-Bois - Printed in France